大夏书系·新教育实验文丛

朱永新 著

未来因你而来

我与新教育人的故事

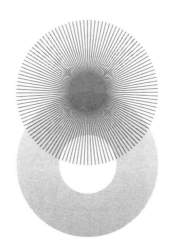

华东师范大学出版社
全国百佳图书出版单位
·上海·

图书在版编目（CIP）数据

未来因你而来：我与新教育人的故事 / 朱永新著 . —上海：华东师范大学出版社，2020

ISBN 978-7-5760-1067-1

Ⅰ.①未... Ⅱ.①朱... Ⅲ.①教育工作—文集 Ⅳ.① G4-53

中国版本图书馆 CIP 数据核字（2020）第 250145 号

大夏书系·新教育实验文丛

未来因你而来
——我与新教育人的故事

著　　者	朱永新
策划编辑	李永梅
责任编辑	杨　坤　韩贝多
责任校对	殷艳红
封面设计	奇文云海·设计顾问
出版发行	华东师范大学出版社
社　　址	上海市中山北路 3663 号　邮编　200062
网　　址	www.ecnupress.com.cn
电　　话	021－60821666　行政传真　021－62572105
客服电话	021－62865537
邮购电话	021－62869887　地址　上海市中山北路 3663 号华东师范大学校内先锋路口
网　　店	http://hdsdcbs.tmall.com/
印 刷 者	北京季蜂印刷有限公司
开　　本	700×1000　16 开
插　　页	2
印　　张	23
字　　数	350 千字
版　　次	2021 年 1 月第一版
印　　次	2021 年 1 月第一次
印　　数	6 100
书　　号	ISBN 978－7－5760－1067－1
定　　价	59.80 元
出版人	王　焰

（如发现本版图书有印订质量问题，请寄回本社市场部调换或电话 021-62865537 联系）

目 录

自序　教育的未来因你而来　001

辑一　幸福澎湃的行动

储昌楼：新教育的一盏灯　003
严文藩：为新教育架起世界之桥　009
卢志文："三军统帅"　014
李镇西：童心、爱心与用心　020
许新海：一生只干一件事　030
陈东强：在希望的田野上　034
童喜喜：飞翔的光芒　038
张荣伟：为新教育理论大厦筑基　047
袁卫星：为生命奠基　051
梅子涵：相信童话，呵护童年　058
孙云晓：走进儿童世界　062
郝京华："最接地气"的教授　067
王庚飞：艺术教育成人之美　073
王雄、王胜：新教育的哥俩　079
张丙辰：局长本是一书生　084
郝晓东：在新教育里遇见新的自己　091
李玉龙：特立独行教育龙　093
张勇：杏坛评价的孤雁　100

辑二 / 一路风雨一路歌

奚亚英：从一所乡村小学到一个教育集团　121

庄惠芬：20年教育梦想的远征　126

焦晓骏：才华横溢的"苏州人"　131

陶新华：用心理学知识助力教师成长　136

张菊荣：日知与日行　140

高万祥：让学校有灵魂的人　146

卜延中：一切尽在不言中　150

冯卫东：淡泊而勤奋　153

陈国安：大学老师的小学课堂　157

于春祥：一个"用脚做梦"的老师　160

苏静：创造奇迹的年轻人　162

魏智渊、干国祥、马玲："魔鬼团队"　168

朱寅年：一路追梦　174

窦桂梅：新教育的玫瑰　176

章敬平：新希望工程的命名者　181

营伟华：来自台湾的"一号义工"　187

吴国平、王海波：新教育的"山"和"海"　194

徐锋、陈瑞献：新教育的颜色　199

朱雪晴：我们一起寻找好教育　208

陈惠芳：在网络上成长　214

孙惠芳：勤于"三耕"乐为师　216

吴樱花："孩子，我看着你长大"　219

于洁：把生命之根深深地扎在教室里　227

高子阳：共读共写的魔力　232

周惠琴：种子的梦想　234

潘文新：极点坚守与华丽转身　238

何盛华：新教育的垦荒者　241

张曼凌：魅力女教师　244

方红：柴园的守护者　247

陈晓华：贵在守望　249

方海东：细节的力量　253

张志愿、洪延平：让孤独的心不再孤独　256

李庆平、李熙良局长及王德：美好几时有？把酒问诸城！　260

李志强：校长、书家、诗人　264

周信达："首席教师"　273

游和平：追梦人的朴实情怀　276

赵红婷：最好的教育风景在教室　278

王羽：让新教育扎根在农田　281

辑三 / 为了种子的深耕

郭明晓：中国飓风　287

王元磊：在新教育的三生石上播撒种子　293

李西西：不说话的"南瓜"　298

王丽君：一朵玫瑰的蓝色新生　301

顾舟群：小舟在远航　306

张硕果：中原大地上的第一粒种子　309

赵素香：百花千卉共芬芳　315

苗麦青、黄永明：监狱教育的新探索　318

孙茜、常瑞霞：幸福在哪里？　324

尤晓慧、王丽娜、赵莉莉：我要飞得更高　327

敖双英：每间教室都是生命的原野　333

丁莉莉：美丽的紫色　336

倪颖娟：一间不完美的完美教室　339

时朝莉：上路的"毛毛虫"　344

王桂香：新教育的麦子　347

郭丽萍：小教室大乾坤　352

李乐明：造就新教育的热土家园　355

自　序
教育的未来因你而来

这是一本特别的书。

不仅因为这本书记录着新教育的历史，更因为书中的人物，每一个都曾经走进我的生活——他们全部与新教育事业相关。

在整理这本书的过程中，新教育人的形象在我眼前一一浮现，这些年来与他们朝夕相处、并肩战斗的情形也历历在目。心中感慨万千。

这是一本感恩之书。书中记录的一些人，有的至今还和我一起并肩前行，有的由于各种原因已经离开了新教育团队，也有的离开了一段时间又"归队"。进进出出，来来回回，是任何哪怕再伟大的机构和团队都会发生的事。我衷心感谢所有和我一起行走过的朋友。一边写作，一边给其中许多人发去了"想念老朋友"的邮件。

非常痛惜的是，还有几位朋友已经离开了这个世界。因此，我要特别把这本书献给李玉龙先生、何盛华校长和张勇先生的在天之灵。

这也是一本历史之书。虽然我们开拓的足迹、探索的身影、滴滴汗水和点点收获已经用行动留下了脚印，但是，新教育号召老师书写教师的生命传奇，我们自己的历史，也应该由我们自己真诚地书写。后人知道了我们的处境，我们的痛苦与欢乐、彷徨与抉择，就能够避开我们的错误，更好地前行。

当然，对于我来说，整理这些文字，已经远远不是记录历史那么简单。我也在记录"人"，甚至是在记录着"我"。因为发起新教育后，我们一直在共同书写自己的生命故事。任何历史都不只是宏大事件的堆砌，而是一个个具体的"人"的活动。历史因有血有肉的人而有声有色。新教育的发展史，是因为有了包括无数教师、学生及其父母的"人"，而鲜活，而动人。

需要说明的是，书中的人物排序，原则上是按照他们在新教育发展进程中先后出场的时序排列的，但在分类时，因为有些人担任了不同的角色，作为不同角色的出场时间不完全一致。书中有些文章，写作的时间比较久远，有的是当时为作者的著作撰写的序言，虽然其中大部分人后来都有新的精彩的故事，或者是职务有所调整等，但是由于时间、精力和篇幅所限，这一次无法详细补充新的资料了。同时，有不少特别优秀的新教育人，如新生命教育研究所的冯建军教授、新公民教育研究所的张卓玉先生、新教育研究中心的林忠玲先生等，也没有来得及写，希望以后有机会补上。

还有许多虽然不是新教育实验团队成员却一直为我们的事业摇旗呐喊、鼎力相助的专家学者：陶西平先生、李吉林老师、朱小蔓老师、杨东平先生、王定华先生、成尚荣先生、叶水涛先生……虽然他们未能出现在这本书中，但我和所有新教育人都知道，没有他们的思想和智慧，离开了他们的支持与指点，新教育走不到今天。所以我一直怀着感恩之情，将他们的故事铭记心中。

我要特别把这本书献给所有的新教育同仁，献给千千万万个你。现在，新教育实验已经累计拥有 162 个县级实验区，5216 所实验学校，570 多万教师和学生参与。你也许在明亮、宽敞的办公室里，规划着本区域的新教育蓝图；你也许在朴素、简陋的乡村校园里，用新教育的行动点亮老师们的梦想；你也许在每一个薄雾氤氲的早晨，和孩子们一起吟诵着诗歌迎接太阳的升起；你也许跋涉在支教的山路上，把新教育的种子播进大山深处……你们——不，就是你，是新教育实验的参与者，也是新教育史诗的创造者。

未来，需要我们共同创造。希望有更多的朋友，更多的你，投身到我们的新教育事业中来。

教育的未来，因你而来！

朱永新

2017 年 1 月 30 日，初稿

2020 年 1 月 24 日，改稿

2020 年 4 月 11 日，三稿

2020 年 7 月 5 日，定稿

辑一　幸福澎湃的行动

以 2000 年《我的教育理想》一书的出版为标志，新教育正式扬帆起航。2002 年，第一所新教育实验学校在昆山正式挂牌。2003 年，第一届新教育实验研讨会举行。

20 年时光，一群人以热血和智慧，先后锻造着新教育，这些幸福澎湃的行动，也开启了这一段激情燃烧的时光。

储昌楼：
新教育的一盏灯

储昌楼是新教育的"元老"。

说起储昌楼与新教育的渊源，有着许多感人的故事。

认识储昌楼的人都知道，他写得一手好文章。在 2002 年前，他的名字经常出现在江苏省的教科会议、颁奖仪式上，从"教海探航"到"金帆杯"，他的论文经常获一等奖，而且还是第一名。他在 K12 和教育在线网站上，曾经呼风唤雨，写下了许多美文。到现在，人们还怀念《淀山湖》《大闸蟹》和《亭林人》。

但认识储昌楼的人也感觉到，从 2002 年开始，他似乎突然"消失"了。见到他的人都说，好久没有读到他的美文了，好久没有看到他去拿奖了。尽管这对于他是易如反掌的事。

而了解储昌楼的人会说，这个储昌楼啊，把他的生命交给新教育实验了！你只要上教育在线网站，只要走进新教育实验论坛，就会发现，他把一切都献给这个论坛了。

我知道，为了新教育实验，他曾经在许多个晚上加班加点，一碗方便面，伴他到天明。

我知道，为了新教育实验，他曾经多次到学校指导、讲解、示范，从昆山、吴江，到苏州、南京，都可以看到他忙碌的身影。

我知道，为了新教育实验，他曾经写过数十万字的方案、报告，打过成百上千的电话，发过不计其数的短消息、邮件。

在新教育最初的几年，正是储昌楼陪同我走南闯北，朝夕相处，播种点火，使新教育实验风生水起，声名远扬。

2006年，由于新教育事业发展的需要，我们组建了专业化的团队。昌楼卸任了新教育实验总课题组秘书长，担任新教育理事，具体负责昆山的新教育实验工作。工作的任务有了调整，虽然不再直接从事新教育实验的领导工作，但昌楼胸有大局、矢志不移的行动并未改变。他仍然积极在昆山努力推进新教育实验的项目，仍然积极参加每年的年会，仍然积极参与新教育理事会和新教育基金会的各项工作。

2013年3月28日，好久没有联系的昌楼，突然给我发来短信，邀请我第二天去昆山参加他儿子的婚礼。

他在短信中说，一直不想惊动我，知道我工作忙难以参加，但还是希望我为他的孩子夫妇写点文字。

无论于情于理，我是应该赶回去的。但是工作安排冲突，临时改变有困难。看着昌楼朴实、真诚的话语，我心中又是感动，又是歉疚。于是，在婚礼的当天，我写了一封信聊表祝贺，也感谢他为新教育的默默付出。

昌楼兄和各位亲朋好友：

欣闻昌楼公子储汇与柳国燕喜结良缘。本应专程赶来参加婚礼，因为刚刚得知消息，工作无法安排，只能遥致贺信，祝这对新人携手走在新教育路上，人生美满幸福，白头到老！也祝昌楼夫妇早日升级，含饴弄孙，健康快乐！

今天，作为新教育人，昌楼是幸福的。还清晰地记得11年前与昌楼一起为新教育筚路蓝缕、四处奔走的情形。现在，我们都已经步入中年，我们当时播种的事业不断发展，许多师生从中受惠，我们也从给他人带去的幸福中，感到了深切的幸福。听说卢志文、许新海等新教育的朋友也参加了婚礼。请他们代我向昌楼祝福致谢！

今天，作为父亲，昌楼也是幸福的。因为儿子找到了他生命中的另外一半。虽然我与储汇和国燕接触不多，但我知道储汇成长中的一些故事，也知道他们是一对善良淳朴的老师。特别让我感动的是，他们取消了原来准备的婚礼车队与鲜花，将这5000元捐赠给贵州凤冈的一间新教育完美教室。这是一粒善的种子。

在这个播种的季节，让我们也为这对新人一起播下幸福的种子。我相信，明年，将是一个丰收年！

是的，新教育不会忘记任何共同行走的伙伴。昌楼作为最早的新教育志工，值得尊敬，作为坚定的新教育同路人，值得珍惜。

三个月后的一天，我又收到了储昌楼的一封信。他在信中这样写道：

朱老师：

您好！

语文高考结束了，我终于松了一口气。

这些年，为了种种报答，我被绑在高考的战车上走得太久，太累了。大家对我越放心，对我的期望就越大，从学科到分管，工作范围越来越广，工作担子越来越重。我越来越难以在高考与新教育间左右手兼顾。高考成绩一直在苏州名列前茅，领导满意，但我失落：其他地区新教育如火如荼，昆山却不死不活。

现在到了应该决断的时候，我的选择当然很明确：十年高考成绩数一数二，已经能够报答昆山，还有五年能干事的年华，我要全部付给新教育事业。

我想了很久，决心到学校去，用三到五年的时间，打造最有新教育基因的样板学校。我已经跟局领导说了我的想法，并明确提出我一不考虑个人名利得失，二不考虑学校大小，三不考虑城乡，四不考虑学校新旧，只要是一所学校就行。我相信，新教育会扎根于每一所学校，只要行动，就会开花结果。

昌楼在信中告诉我，他希望"全身心全时段全资源"地投入，才能打造一所真正的新教育学校。随信他还附上了未来学校的事业规划，承诺"一年我会让学校项目有模有样，三年我会让学校经看耐看。当我退居二线的时候，我会给新教育发源地的昆山、苏州留下一所公认的新教育学校，这是我应该也能够为新教育做到的一件实事"。

昌楼的诚恳与执着感动了昆山教育局的领导。两个月后，他放下做了30年的高中教育，年过50做校长，不畏艰难险阻，从高中语文教研员分管高中的教研室主任岗位上，一头扎进乡镇小学。他凡事从头学起，从头做起，创造了三年办一所"好学校"，600天创一个"好课程"的办学奇迹。

从开学的第一天开始，他每天给老师们写一封信，谈自己的办学思路，谈学校的发展愿景，谈课程研发与学校文化。他的"储老师每天一谈"成为与老师们对话的一个重要平台，也成为他思考学校管理的重要成果。每天早晨，他写完以后第一时间发给我，我也经常被他感动，为他加油。记得有一天，他是这样和老师们谈自己的办学观的。

他说，其实办学的核心词就是一个字——"还"。第一，还校于民。孩子、父母、教职员工，对学校有知情权、建议权、参与权、监督权和评价权。学校的重大决策，应该通过各种渠道，让社会了解，让民众参与，让大家有发表意见的平台与空间，也就是所谓的民主参与、民主决策。第二，还教室于老师。你的教室你做主：老师们做主教室内的文化建设，老师们做主教室内的师生课程，老师们做主教室内师生们最佳的生活方式。老师们应该与孩子们一起生活，与孩子们一起收获，缔造完美教室。第三，还课堂于学生。还课堂于学生不是简单地把课堂交给学生，而是使课堂的每一分钟都要从学生出发，要根据学生的情况，切合学情，使最多的学生获取最大的学习快乐。把课堂还给学生，就要有和谐的师生互动；把课堂还给学生，就要有优化的课堂结构；把课堂还给学生，就要有可感的教学成效。

就这样，昌楼用心经营着他的一亩三分地，把一所农村学校搞得风生水起。苏州市教育局有一个"金色大厅"，定期展出学校的艺术教育成果，昌楼所在的千灯小学是到目前为止唯一一所在"金色大厅"参展的乡镇学校。

就这样，昌楼实现了自己"一年有模有样"的承诺。在2014年新教育年会上，与会的500余名代表对千灯小学的艺术教育成果大为惊叹，"千小六艺"（曲、乐、笔、画、作、球）也给大家留下了深刻印象。

原辽宁省铁岭市教委副主任、教育文学家傅东缨先生在《极目新教育》一书中专门写了千灯小学：

这是笔者记忆最深、思索最多的一所凸显文化特色的秀美乡村学校——苏州市昆山市千灯镇的千灯小学。在中国相当多学校的软件太软，文化缺文，育人少育的当下，这所南国小学却卓尔不群，横空出世，校长埋头，师生戮力，千方百计地寻找属于自己的文化密码，一点一滴地凝聚学校的神魂气韵，让"文化立校，课程育人，特色办学，又好又美"的方略，"一灯一世界，一灯亮一灯，灯灯相映照，千灯耀乾坤"的宣言，为这里的每一个生命，注入了强劲鲜活的文化自觉、文化自信和文化自立的优秀基因，让这所拥有112年办学史的乡村学校，上承百年教魂，下启时代丽彩，内担树人重任，外接民族需求，演绎成艺术、科学、文化等特色奇崛的圣园，江苏省学校文化现场会上众口由衷点赞的好学校。

2016年8月，储昌楼被调到昆山市的娄江实验学校。他执掌新学校的法则，仍是用新教育文化立校，新教育课程育人。娄江"全人课程"致力于每一滴水都最美。在保障国家课程的基础上，大力开发校本特色课程——建构生命课程、公民课程、艺术课程、智识课程、特色课程、亲子课程等六大板块，关怀娄江每一名学生的各种可能性，培育学生独特的个性气质，让学生能够获得全面而具个性的发展，把学校办成有品牌、有特色的学校。

2019年，储昌楼把自己这两所学校的办学经历整理成《办一所新教育的好学校》一书。我为这本书写了一篇序言，讲述了他担任校长的两所学校的文化与课程，留给广大新教育同仁的启示是：

启示之一：发掘本地优秀文化传统，解决学校文化的古今联通问题。努力开发当地学校文化底蕴的源头，会发现优秀传统文化距当下并不遥远，就在身后。不管其深浅，价值极大。教育同仁应从学校和地域的历史里汲取营养，深度尊重传统，唤醒文化自觉；从学校的未来发展中获得激情，主动把握脉象，强化文化自信。古今一脉联通，织密扎牢学校文化发展的保障网。

启示之二：依据文化的润泽效应，解决学校文化的多方融汇问题。这两所学校的文化皆不是外在硬贴强挂上的，而是浑然一体，圆融了课程，和融了活动,丰融了学校,暖融了家庭,具有多元性;如水之浸润,润物无声;气之弥漫,随器成形;光之辉耀,悄然给予,具有自然性;师生无不接受追逐它,以之为"雅",为"高",为"圣",为"洁",具有神圣性。如此运作,铺架起学校文化四通八达的"立交桥"。

启示之三:遵循文化的悄然内化作用,解决学校文化的塑魂开智问题。两校的文化,以其顶层设计的科学性、内涵挖掘的深邃性、特色打造的精准性和软件把握的实用性,全覆盖整个教育时空,浸润着圣园的每一个师生,引导生命,直击灵魂,激活智能,各美其美。塑魂直通开智,开智馈赠塑魂,让全人化的教育取代了畸形教育,个性化的教育取代了千人一面的教育。

启示之四:做精做细文化的实体,解决学校文化的"根""魂""色"三角支撑问题。这里的一流文化昭示人们:"根"是做好文化的信仰和情怀,为定海神针;"魂"是对文化的理念、思想的良知的坚守,为望远镜;"色"是对文化特色的智慧探寻,为"百宝盒"。三者缺一不可,共存共荣。

启示之五:做强做大文化的生命,解决校长、教师、学生三者的联动问题。学校文化为师生,师生共做新文化。储昌楼说:学校的神、学校的魂在我们心里,我们在孕育学校的文化生命,只要我与师生们用心用情地思考、用脑用脚去运作,就能完善学校文化的每一个细节。

我在序言中说,教育点亮人生。昌楼其实就是一盏灯,一盏照亮千灯小学的灯。千灯也是一盏灯,一盏照亮孩子们的灯,一盏新教育的灯。每一所新教育的学校,都是一盏灯,照亮着500多万新教育师生的路程。

严文藩：
为新教育架起世界之桥

40年前，我走进美丽的上海师范大学校园，和他相遇。

40年后，他架起的桥梁，让新教育与世界教育紧密相连。

40年前，我们30多位来自不同学校、不同专业背景、不同年龄的学生，从1980年到1982年，用两年的时间，学完了大学教育学、心理学系的本科主要课程。我清晰地记得，我们上生理学课程时做动物解剖实验，上专业英语课程时吴福元老师带着我们翻译皮亚杰的《儿童心理学》，上心理学史课程时燕国材教授教诲我们要"标新立异，自圆其说"。

两年的学习之后，我回到苏州大学教书，他留在上海师范大学任教。

在两年的学习期间，与他联系并不多，只知道他的专业是学化学教育的。

没有想到，毕业20年后，我们神奇相遇。

更没有想到，毕业40年后，他成为我们新教育理事会的副理事长！

他，就是美国波士顿麻州大学终身教授、博士生导师，国际比较教育研究院院长严文藩教授。

留校以后的第三年，严文藩赴美留学。凭着扎实的专业基础和优异的学业成就，他于1989年、1991年分获纽约州立大学布法罗分校教育心理学硕士学位和博士学位。他的博士论文，还获得了美国心理学会优秀博士论文奖。作为在教育政策量化分析领域的大型数据与分析处理方面的著名专家，他曾担任美国教育研究会国家数据库研究小组的主席，2003年、2005年两度获得美国富布莱特项目（Fulbright Program）高级学者奖，并且担任《美国教育研究杂志》《比较教育评论》《当代教育心理学》等高端学术期刊和出版商的审稿工作。

由于我们在上海学习期间是同时兼修心理学与教育学，我们相对其他的教育学者和心理学家，在研究领域就有种独特的优势。严文藩的研究也显示了这个特点。他也是从心理学转向教育学的，这些年来主要从事教育公平、机会均等、有效性及其评价等方面的研究，在教育领导、教育统计、研究方法论等学术领域著述丰硕。

大约是在 2000 年，我在主持编写教育部重点教材《管理心理学》时发现，我国教育、心理学学科的教材陈旧老化、学术水平不高的问题比较严重，就决定组织国内外专家编写一套"教育科学精品教材译丛"。于是想到了老同学严文藩。当我把自己的想法和严文藩交流的时候，双方一拍即合。

作为当时反应速度最快、最积极的在国外工作的学者，严文藩成为这套教材的第一副主编，协助我主持整个丛书的选编、翻译和出版工作。我们差不多用近十年的时间，从国外精心选择了近 50 种教育、心理学的教材，基本覆盖了教育科学领域的主要学科。这些教材，大部分是国外的经典，有些是几十年不断修订的经典教材，为国内教材编写树立了一个标杆。

那个时候，文藩还是美国宾州印第安纳大学教育博士专业的主任，他对美国大学教育学科教材的使用情况了如指掌，烂熟于心。在这次深度合作的过程中，文藩对工作的用心，对朋友的热心，对学问的细心，深深地感动着我。从此，进入了我们长达 20 年的学术蜜月期。

2003 年 11 月，我们在苏州市会议中心召开了第三次 21 世纪教育沙龙，主题是"营造书香校园"。那个时候，新教育实验刚刚起步，第一所新教育实验学校挂牌不久，需要集思广益，邀请专家对新教育实验的关键项目建言谋策。于是邀请到了时任中央教科所所长的朱小蔓教授、中央教科所研究员程方平、首都师范大学党委书记谢维和、北京师范大学教育政策与法律研究所所长劳凯声、江苏省教育科学研究院副院长杨九俊、上海师范大学校长杨德广、西北师范大学副校长王嘉毅、浙江省教育学院院长方展画、天津教育学院院长张武升、复旦大学管理学院会计系主任张文贤、南京师范大学德育模式研究室主任班华、江苏教育学院教育管理系主任王铁军等。严文藩，当时作为美国富布莱特项目的高级访问学者,是唯一的一位国外专家。从此,他正式地走进了新教育。

2003年12月,"新教育理论的实践及推广研究"成为全国教育科学"十五"规划重点课题。2004年4月,课题开题会在江苏省张家港高级中学和常州武进湖塘桥中心小学举行。严文藩参加了开题会,为课题研究奉献了精彩的智慧。

2004年5月,我邀请严文藩和美国著名教育家奥恩斯坦、鲍里奇等访问中国。当时,奥恩斯坦的《教育基础》(第八版)、《课程论:基础、原理和问题》(第三版)和鲍里奇的《有效教学方法》都被选为我们的教育科学精品教材译丛,在中国出版以后非常受一线教师的欢迎。为此,我们专门在苏州大学举行了一个中美教育论坛。

记得是5月9日那一天,中美教育论坛在苏州大学的老图书馆里举行。"在座的有多少校长?有多少人想做校长?请举手!"文藩用两个风趣独特的开场提问开讲。那一天,他详细介绍了美国大学评价的研究。他指出,美国大学教师评价不仅仅强调科研与教学,还强调服务。在美国,教授的主要任务是上课和辅导学生,还有一部分任务是研究,另外,他们还多了一项任务,就是服务。在美国大学,教授基本参与各个方面的学校管理,也就少不了要为学校服务。

那一天,文藩还用自己女儿的故事,讲述了中美教育的差异。有一回,他的女儿参加了州里的科技竞赛,拿了个很好的名次。回校后向校长报告,校长的评价很简单,就用了两个字"很好"打发了。在同一天,学校的足球队踢败了邻校的足球队,校长第二天在广播里大肆渲染足球队如何如何协调作战,用智慧和勇敢击败了对手,而对他女儿在科技比赛中的好成绩却只字未提。这说明美国的校长比较重视学生的综合素质及团队精神的培养,他们不像中国人那样特别看重学生的学业成绩。

他在演讲中还介绍了美国家长特别爱鼓励学生参加体育锻炼。美国家长认为,通过体育或各种实践类活动,不仅锻炼孩子的吃苦耐劳精神,而且可以培养他们的拼搏精神。如果孩子获得体育方面的嘉奖,他们就非常开心,孩子能够被学校的体育运动队或乐队选中,那就会一家子聚会庆贺,而如果孩子能够成为体育明星,那就是家里最为荣耀的事情。

这次讲演,给我们留下了深刻印象。而这个中美论坛,后来就与我们的新教育年会结合起来，成为每年新教育年度会议的序曲性学术会议，文藩带着他的博士生团队和美国的中小学校长、专家来参加我们的年会。在年会前一天，美方的专家与我们中国的专家，会就年会的主题共同交流、讨论。

2011年上半年，鄂尔多斯东胜新教育实验区提出了希望推迟原定在暑期举办的新教育年会的申请。为推动新教育的国际交流，把新教育实验融入到国际教育改革与创新的洪流之中，早就纳入到新教育的议事日程之中。利用这次鄂尔多斯的特殊情况，我和文藩以及新教育团队沟通以后，决定利用暑假时间举行一次新教育国际论坛。我们化"危"为"机"，于7月9日在常州武进清英外国语学校举办了以"守望我们的田野"为主题的新教育国际高峰论坛。来自日本、美国等国内外从事新教育研究的800多名代表出席论坛，共同探讨交流新教育实验成果。

2011年9月24—25日，第十一届新教育实验研讨会在鄂尔多斯圆满举行。从2012年开始，新教育国际高峰论坛就逐步固定在每年的下半年举行。每年的国际论坛，也把主题逐步定位为下一个年度的新教育年会重点要解决和探讨的问题。每年的这个时候，文藩也总会帮忙邀请几位国际知名的学者参加我们的会议。而每一次的国际论坛，文藩不仅自己作主旨讲演，还要帮助专家做学术翻译。记得在好几次会议上，文藩都及时地纠正专职翻译的错误，让我们更加清晰地理解专家的意思。而他自己的讲演，也给我们许多启示。

如2018年11月，我们在江苏海门举行的新教育国际论坛，讨论了科学教育的问题。他在讲演中介绍的写作对于科学家的意义，就让我们感触很深。许多研究发现，在科学家群体中，诺贝尔奖获得者中爱好写作的比其他科学家高20倍。而严文藩认为这是一个保守的数据，事实上应该高100倍。他认为新教育强调科学写作是非常有远见的。

正是由于文藩越来越深度地参与新教育实验，对新教育的实践行动也倾注了越来越深的感情，2015年，他接受新教育研究院的聘请，出任新教育研究中心主任，主持新教育的理论研究与课程研发工作。2019年，他又接受聘请，担任新教育理事会副理事长，成为新教育的核心成员。

我曾经问文藩，他对新教育印象最深的一点是什么？他说，新教育是一座伟大的桥梁。他告诉我,在美国,乃至在国际教育界,最大的困惑之一,就是教育理论研究与一线教育实践之间的脱节。教育理论工作者研究了很多理论,发表了许多论著,却很难被一线教师理解和实践;而一线教师在教育实践中有许多困惑,又不会主动寻求理论的指导。但是,新教育成功地在两者之间架起了一座桥梁。

文藩在2009年的新教育年会上曾经评论说:中国教育面临的主要问题是教师问题。而教师的主要问题首先是自身的内驱力不足,其次是专业素养不足。

而新教育实验最大的贡献或者说最有成效的地方,就是激发了教师内在的动力,并且为教师提供了具体的专业成长路径。新教育在教师教育上不是采用一般的培训,而是有非常具体的行动、课程和路径,把教师外在的职业行为与内在的幸福体验和价值尊严结合在一起。也就是说,教师不仅仅是为了学生的成长,也是为了自己的发展,更是为了自己的幸福人生。在这个过程中,新教育实验教师成长项目通过网络师范学院、新教育种子计划等平台,在教育理论和教育实践之间架设了一座中介性的桥梁,解决了教育理论进不了中小学学校,一线老师对艰深难懂的教育理论不感兴趣的问题。

新教育实验提出的教师成长理论模型和操作方法,在中国的数千所学校进行了成功的实践,被称为教师成长的"新教育范式",它将有可能为中国和全球教师成长提供一个范例和操作路径。

我想,我们同样可以把文藩视为一座伟大的桥梁。他帮助新教育架起了一座通往世界的桥梁,他不断地把国外的先进的教育理论带回新教育,又不断地把新教育的声音传向世界。他让新教育拥有更加开阔的天空,更加开阔的视野。

卢志文：
"三军统帅"

最早认识翔宇教育集团的总校长卢志文，大概是 2002 年在江苏省召开的一次教育会议上。组织者让我为会议作一场报告，我以"教育理想"为题作了一场讲演。

在对话阶段，两个年轻的校长出场了，他们思想敏锐，斗志昂扬。

一个是许新海，另一个就是卢志文。一个要与我商榷，一个对我的观点发表评论。记得会后卢志文还送了一本他的《今天我们怎么做教育》给我。因缘际会，当时无法想象的是，后来他们一个成为我的博士生，一个成为我的莫逆之交，而且他们两位现在都已成为新教育事业的干将，成为我的左膀右臂。

2002 年，教育在线网站开张，我邀请卢志文主持其中的一个校长论坛。于是，"卢志文在线——教育管理论坛"便隆重登场。毫无疑问，版主就是卢志文。当时，在教育在线只有他享受了与李镇西同样的待遇——用自己的名字为论坛命名。想当初，我申请一个"朱永新茶馆"，李镇西就是不批准，而卢志文的论坛却爽快地得到批准并且开业到今天。说实话，我还是蛮嫉妒的。我甚至想，这个卢志文，是不是给李镇西"塞红包"了？我知道，教育在线开张之前，他去过翔宇教育集团。

多年来，志文一直在这里深耕细作，与比他更加年轻的校长们交流对话，一群"螺丝"（卢志文的"粉丝"）也应运而生。

随着时间的推移，我逐渐理解镇西总版主的决策是正确的。

一则是我经常在教育在线上看到卢志文的身影。我发现他主要的精力是在打点他自己的"自留地"——他差不多能够天天在"卢志文在线"上发帖子，应该是很不容易了。我问他：作为翔宇教育集团的总校长，还有时间做教育在线的版主？他的回答很简单：我总忙不过你吧？把皮球又踢给了我。虽然后来因为博客、微博、微信的兴起，教育在线网站逐步成为一个以新教育实验交流为主的工作性网站，志文等也很少在那里露面，但是最初的辉煌仍然历历在目。

二则是我有了机会真正了解卢志文及其翔宇教育集团。2003年5月，志文请我为学校的老师们作一个报告，我欣然同意了。其实，我来学校的另外一个目的是想考察一下名校改制的问题。因为通过媒体我知道江苏宝应县的三所重点学校——宝应中学、宝应实验小学和宝应实验初中，已经被卢志文所在的淮安外国语学校蛇吞象般收入囊中。本来我对于公办学校的改革心存疑虑，我最关心改革过程中的三个关键问题：第一，教育事业有没有得到发展？第二，老百姓的利益有没有受到影响？第三，国家的资产有没有流失？在宝应期间，通过明察暗访，通过与政府领导、学校老师、附近居民和卢志文及王玉芬董事长等人的接触，对于这些问题有了比较清楚的答案，于是写下了《翔宇教育行》一文，肯定了他们的探索。我一直在想，中国如此之大，千万不能够想当然，"一刀切"会扼杀民间的教育改革智慧，

应该允许民间进行各种尝试与探索。

2004年暑假，新教育实验第三次全国大会在志文的学校召开，他举重若轻，圆满地完成了组织会议的任务，也让教育界的朋友们第一次走进宝应，走进翔宇，走进志文。而卢志文，从此也与新教育真正结缘。

2006年7月，新教育"进京赶考"。新教育专业团队正式组建。

2007年，卢志文领导的宝应实验小学成立了校中校的新教育实验基地小学，一群新教育研究中心的研究人员正式进驻宝应，在这里探索"晨诵、午读、暮省"的新教育儿童生活方式，探索教师"专业阅读、专业写作、专业发展共同体"的"三专"模式，探索理想课堂的构建，"新教育开放周"等也在这里起航。志文负责研究中心的后勤保障，用心用力甚多。

2007年3月，我父亲因病去世。志文在第一时间驱车到达我的老家，帮忙张罗许多事情，一直到葬礼结束。他是五六个学校的总校长，忙碌的程度是可

以想象的，但是他还是陪同我一起度过那段悲伤的日子。他还为我父亲的墓碑撰写了碑文，其中写道：

余与其哲嗣朱君永新谊若管鲍，堪叹音容渐远，默念遗爱，遂虔诚铭颂：治家善教，耆宿硕德。远绍清品，浴德澡身。温兮如云，蔼然若春。孝亲慈后，播惠施仁。杏坛飞花，三千颜曾。毓秀成杰，张大斯文。遐迩怀馨，郁郁情深。封丘呈瑞，芝茁兰根。公之魂也，尽享其歆。

从那时候开始，我心中已经把志文视为可以托孤之人。

后来，卢志文担任了新教育的"三军统帅"，兼任了新教育研究院院长、新教育理事会理事长和新教育基金会理事长。

志文是忙碌的，因为他最主要的工作是翔宇教育集团的总校长。他说，他必须首先把翔宇的工作做好，他是职业经理人，必须具有起码的职业操守。但是，出于对新教育事业的感情和对于朋友的支持，他还是挑起了新教育的重担。

新教育的担子不好挑。作为一个民间的教育实验，作为一个"草根"的教育改革，除了理想和激情，我们没有其他的资源，而当时全国28个新教育实验区、852所实验学校（现在已经发展到近162个实验区，5216所实验学校）需要专业的指导，研究院日常的开支需要筹措，教育在线网站、新教育刊物需要维护，一个个的担子，压在他的肩上，他只好牺牲本来属于他自己的休息时间。

记得有一次，我们约好在北京商量新教育的事宜，他晚上10点的飞机来北京，在我家开会到凌晨3点，第二天一早，他又飞回江苏，上午就回到了学校，继续他的工作。

2010年7月，第十届新教育大会在河北石家庄市桥西区召开。志文代表研究院作工作报告。在结束的时候，他停顿了一下说：最后，我们还特别要感谢一个人——在写这句话的时候，我在犹豫……大家说我会感谢哪个人？（台下喊：朱老师！）我们真的，最要感谢的这个人，就是朱老师。本来我想最后这句可以不写，因为我自己心里也有很多委屈。我想朱老师应该感谢我……但是，我再一想：新教育，真的不是朱老师的，真的不是哪几个人的，它是我们大家的，它是我们这个民族的，是我们这个国家的，甚至是我们全人类的！他付出的努力，是我们难以想象的。所以我们也是被朱老师感动得走进新教育，不离不弃，永远在新教育的路上走下去，走下去。

这样的一个场景，让我热泪长流。在我的脑海里，经常播放着这个场景，仿佛如电影画面一样，在眼前浮现。

是啊，知我者谓我心忧，不知我者谓我何求。志文是知我的。为此，他也饱受委屈，饱受误会。他有一次对我说："朱老师，我最好的办法是给新教育捐钱，这样可以落一个好名声。但是，这几个摊子，明摆着要得罪人的。"我心中感动，却笑着说："你不下地狱，谁下地狱？"

志文总校长多才多艺。作为化学老师出身的他，人文素养让许多文科教师望尘莫及。他喜欢灯谜，看到什么词语都会不自觉地去用"灯谜思维"加工一下。每一次聚会，他总会带上几个灯谜，让大家苦思冥想。据内行的人说，他的灯谜制作水平，已经达到专家的水平了。据说有一回中秋在医院住着，备感孤独之际，他用医学名词作谜底，在病房内开展有奖猜谜活动，引来病友、医生、护士热情参与，最后一护士独中一谜，奖品上写"西服一套"，他取过自己的西服，让护士穿上又脱下来，谓之"一套"。这个把戏现在他还经常使用，尤其在教学中，他的学生就没有少"套"过他的西服！

现在，在志文的学校，灯谜已经成为选修课程，他主持的灯谜教材已经在学校正式使用，校本灯谜课程也正式开设。他还主持着全国灯谜爱好者的许多活动。在温州翔宇学校，建立了中国校园里的第一个灯谜馆。他还应邀在云南电视台主持了全国的灯谜节目。

志文的书法与篆刻也是专业水平的。一方石头，在他的摆弄下，会成为精美的工艺品。一张宣纸，他三下五除二，就写出了苍劲的书法，楷行草篆，无不在行。在翔宇的报刊中，在他自己制作的贺年卡上，我们都领教过卢志文的书法、篆刻的艺术风采。在新教育的许多学校，都留下了他的墨宝。他的书法篆刻不仅被地方政府作为礼品送给外宾，而且还拥有国家发明专利呢！记得南怀瑾先生90寿辰的时候，我就请志文写了一幅书法祝贺，南老师称赞了半天。

志文是翔宇教育集团的总校长，麾下拥有十余所学校，从小学到大学，从普教到职教，师生超过了五万人。一般的校长，管理一所学校就会忙得团团转了，但是他有条不紊，忙而不乱。他善于管理，善于挤时间。他要求学校中层干部做"法家"，落实"制度第一"的管理理念；要求副校级干部做"儒家"，协调好学校人际关系，处理好学校各种矛盾；而他自己，则做"道家"，掌握大方向，把握大原则，放眼光，拿策略。这样，不仅校长解脱了，大家的积极性也提高了。他把教职工例会分为五大板块：一是艺术鉴赏，二是道德建设，三是科研论坛，四是时政速递，五是校务工作。他这样解释其中的奥妙：对于一个人来说，品位第一，然后是道德，最后是方法，这三个问题解决了，没有做不好的事；当教师员工沉浸在《天鹅湖》中的时候，他是不会去过分计较职称评聘的先后的。关于卢志文管理学校的故事，大概可以写成比这本书更加厚的好几本来。举几个精彩的小片段吧。

之一：一名教师从外地学校调进翔宇，人事关系还没有建成，就发现患了胃癌。翔宇完全可以因此放弃进人的计划，但卢志文却在一个星期内让这位老师在上海最好的肿瘤医院接受了成功的手术，并且在教工会上宣布这名教师为集团第一位终身员工，数万元手术费由学校承担。

之二：一名园艺工工作勤恳，兢兢业业，卢志文把他推上翔宇讲坛，号召全体教师员工向他学习，认真做好每一件事。学校还为这位园艺工涨了一百元工资，后来还把他的妻子请到学校工作。

之三：一名负责后勤采购的员工为学校采购10只灯泡，批发价是6毛钱一只，零售价是1元2毛钱一只，这名员工在开票报销的时候，弄了个9毛钱一只，私吞3元钱进了自己的口袋。卢志文知道后，非常生气，毫不犹豫地开除了这名员工。他在教工会上解释原因：那不是3元钱，那是50%的回扣！

之四：卢志文亲姐姐家的孩子到学校来要求插班读书，管教学的副校长问收不收，他说，和别的学生一起参加考试，通不过就别进来。结果考试通过了，需交6000元费用，他告诉姐姐要交3000元，姐姐交完3000元，志文兄自己从银行卡上取出3000元补上，并且关照别人别和他姐姐说，更不要和他外甥女说。

之五：卢志文在集团近万名师生员工中曾经掷地有声地宣称，他的教育理想是：翔宇人不随地吐痰！卢志文清醒地认识到，让学生做到不随地吐痰容易，让教职员工做到不随地吐痰困难！让大部分翔宇人做到不随地吐痰容易，让所有的翔宇人都做到不随地吐痰困难！让翔宇人在校园里做到不随地吐痰容易，让翔宇人在社会上做到不随地吐痰困难！让翔宇人在一段时间内做到不随地吐痰容易，让翔宇人在任何时候做到不随地吐痰困难！他说："我们有鲜明的办学特色：体制创新、文化管理、人本理念、环境育人……我们有严谨的育人目标：德智双全、文理兼通、学创俱能、身心两健……我们有严明的执业规范：不接受家长宴请、不收受家长礼物、不利用家长办事……我们更要有值得自豪的'小节'：所有翔宇人在任何地方永远不随地吐痰。"

卢志文把消灭吐痰"小题大做"——建立随地吐痰者档案，在宝应翔宇教育集团的学校里长期陈列随地吐痰者名单。吐痰者档案还没有建成，情况就有了变化：校园内已基本看不到有人吐痰，原来的痰迹，也有人自发地清洗干净。

这些年来，卢志文的知名度越来越高，一顶顶桂冠也纷至沓来：十一届湖北省人大代表、扬州市十大杰出青年、江苏省劳动模范、中国教育学会管理分会理事、学校管理体制改革专业委员会副理事长、中国民办教育十大风云人物，等等。这些年来，从江苏宝应到湖北监利，从苏州工业园区职业技术学院到温州翔宇中学，他像一个高明的外科医生一样，手到病除，使每个学校都生气勃勃，非常火爆。

但是他一直很清醒。在他的特别的名片上，我们经常会读到他为人处世的感悟：

有可能就多做一些能感动别人的事，没有可能，至少要学会被别人感动。

有舞台就好好地演一个角色，没有舞台就静静地做一名观众。很多人的失败在于——处于舞台的中央，却做起了观众；或者人在观众席上，却把自己当个角色。

聪明人会把弯路走直，因为他总在努力寻找捷径；豁达者不悔把直路走弯，因为他着实多看了几道风景；成功者会把窄路走宽，因为他心中装着远大的前途；失败者常把宽路走窄，因为他眼里只有足尖前面的分寸空间。

从容、淡定、坚韧、幽默、讲大局、识大体、明大理，这就是我眼中的卢志文总校长。

李镇西：
童心、爱心与用心

李镇西是我的学生，在21世纪初叶，他曾经跟随我读博士。这是大家都知道的事情。但我是先做了他的学生，却是许多人都不知道的事实。

1999年，我们共同的朋友，当时在张家港高级中学担任校长的高万祥先生告诉我，四川成都有一位中学老师，是一位非常了不起的班主任，写了一本很有影响的著作《爱心与教育》，让许多老师流下了这个时代不太容易流的感动的泪水。

当时，我正在苏州推进一个培养名师名校长的工程，聘请了许多著名专家来苏州讲学带徒。听说有这样一位人才，我当然不会放过。于是，我请高校长把李镇西请到苏州，为我们的名师班学员作报告。

那一天，我故意坐在最后一排，准备随时出去处理公务。没有想到，他的报告是那么精彩。他没有慷慨激昂的陈词，而是把自己与学生交往的日常故事，如数家珍，娓娓道来。然而，在人们的心灵被口号式的呐喊震动得逐日麻木时，正是这真实的生活点滴，有如涓涓细流润物无声，深深地打动了在场的每一个人。细心的李镇西后来在文章里写道，他发现了我盈眶的热泪。

也许是命中注定的缘分，李镇西很快成为我的博士生。开学的时候，大家发现他是一个比较特殊的人。说他特殊，一是因为他已经有相当的知名度，经常有学校邀请他作报告；二是因为他英语基础比较差，我专门请了一位学生帮助他，他竟然像高中生那样，每天早上坚持背单词。上课讨论问题，他有时也会像一个高中学生一样，争论得脸红脖子粗。他打给我的电话也特别多，差不多成了早请示晚汇报。同学们悄悄对我说:"这个李镇西,像个小孩子!"但是,我特别喜欢他这样的天真与认真。

镇西是个天真的人。他特别喜欢网络,当时在中青网和K12都是呼风唤雨的网络"达人"。在我们上课的时候,他也经常在课堂上说起"网事"。为此,我曾经没少当面"批评"他,劝他不要像中学生那样沉湎网络。但是他"阳奉阴违",我行我素。

有一个周末,我请镇西餐叙,说着说着,话题就转到了网络上,我继续着苦口婆心的劝说。没想到这一次他有备而来,不一会儿,他就搬来了同盟军——不知道从哪里找来了苏州的两位年轻教师焦晓骏和袁卫星。他们三人汇聚,醉翁之意不在酒,竟是冲着游说我而来。他们先是讲网络上那些有趣的八卦,再说哪些名家在网络上有什么精彩言论。听着听着,我的口水没有为饭菜而下,却险些为被他们说的"网事"而流。

既然网络能够与大家分享思想、讨论问题、交流情感,既然网络可以成为走近一线老师的平台,为什么不建一个自己的网站呢?就这样,在镇西他们的密谋下,我被拉下了水、拖进了网,成立了教育在线网站(www.eduol.cn)。

2002年6月18日,教育在线网站正式开张,镇西担任了网站的总版主。在他和一群网友的努力下,网站人气很旺,当月的点击量就超过25万,注册会员突破5000人。现在,教育在线网站的注册会员已经超过了40万人,成为中国最大的网络师范学院,中国教师的精神家园,应该说:"始作俑者"的镇西功不可没。

而镇西在教育在线网站上的头像,就是一个光着屁股不断扭动的小孩子。他美其名曰:这是没有被污染的童心!他甚至理直气壮地宣称:我不愿长大!因为他不愿长大,他始终和他的学生们在一起玩耍,把自己视为他们的一分子。因为他不愿长大,他始终童言无忌。也因为他不愿长大,他始终不善伪装,争论时往往会搞得面红脖子粗,开心时又往往拥抱加亲吻。

镇西更是个认真的人。在研究博士论文选题的时候,考虑到镇西的英语基础相对薄弱,需要用较多的时间补课,我建议他以自己的某一本书作为博士论文的基础。在来苏州大学读书之前,他已经出版了《爱心与教育》《走进心灵》

等一系列有影响的著作，先后获得过中国图书奖、全国"五个一工程"优秀作品奖、冰心文学大奖等重要奖项。但是，镇西拒绝了这个建议。他说，愿意给自己一个新的挑战。

写博士论文对镇西的确是个挑战。尽管他之前出版过不少教育方面的著作，但是，这些著作更多是用叙事的方式进行的，是他自己教育生活的记录和思考；尽管他也读过不少教育理论的著作，但是，那种阅读更多是率性的、自由的，而且主要集中在陶行知、苏霍姆林斯基等他特别感兴趣的作者上。因此，我们制订了一个读书计划，从卢梭到杜威，从马克思到后现代主义。

博士论文的提纲出来后，我们又进行了长时间的讨论。说实在的，对镇西的文章，我不敢轻易地改动。这不仅因为我们的年龄差不多，比镇西大得多的学生我也带过。更重要的是，我不想轻易地去改变一个学生已经形成的风格。风格就是生命，特色就是卓越，这是我一直倡导的东西。但是，镇西的论文提纲的确与博士论文有差距。博士论文除了要求概念的清晰、逻辑的严密外，还要求具有相当的原创性。我与我的助手许庆豫教授，反复研究论文提纲的结构和写作的可能性，研究材料的来源和镇西自己的特长，最后才确定了论文的提纲。这个过程，差不多花了两个月的时间。

博士论文的形式也是一个重要的问题。说一句心里话，我这么多年，一直在审查本校和外校的博士论文，许多论文是没有什么看头的，味同嚼蜡。而且，许多论文是在玩概念的游戏，不仅解决不了任何现实问题，也没有真正的理论价值。因此，我一直在鼓励李镇西有所突破与创新，我甚至对他说："我还真希望你能写出散文式的博士论文！"但是，论文草稿出来以后，我还是有不少担心的地方。尽管镇西和我们一起努力使论文更具有理论的色彩和逻辑的力量，但是论文的叙事特征还是比较明显。好在镇西自己也是清醒的，尽管用另外一种方式说话可能比较吃力，但是当你真正学会用另外一种方式说话的时候，你就会发现你进入了一个新的世界。他努力地修改，认真地读书，同时还把论文的一些篇章发在教育在线上，广泛征求意见。

由于"非典"的原因，镇西博士论文的答辩最后不得不通过电话进行。但这不妨碍答辩老师对他的评价。一则，镇西的好学是出名的，教授们对他认真的态度给予高度的评价，虽然这与论文本身没有关系，但多少会有点作用。二则，他从预答辩到最后的答辩，论文有了很大程度的提升，这更是大家有目共睹的。尽管专家的通讯评审中，有一部分人认为博士论文的写作规范仍然应该坚持，也有人对李镇西关于民主概念的解释、民主教育特征的说明等还有不同的看法，但是大家对于镇西的研究能力，特别是对他丰富的教育经验和对民主教育的情怀，都给予高度评价。结果，大家一致给了他优秀的分数。

在论文顺利通过答辩以后，我曾经给镇西打了一个很长的电话。我希望他能够真正从民主教育的理论探索走向民主教育的实践追求，真正地使生活中的民主教育"成为真正实行民主的准备"，希望他能成为中国教育历史上有影响的、以民主教育为教育理想的教育家。

镇西为教育理想跳动的那颗心，始终是炽热的。博士毕业以后，他放弃了可以留在江南，有着比成都更高的收入和更舒适的生活的机会，回到四川工作。由于有着博士的头衔，成都教育科学研究所请他去当了一段时间的研究人员，他也一本正经地想努力适应这个搞理论研究的新角色，甚至要我为成都的教育发展规划出主意。但是，他是一条教育的鱼。鱼是无法离开鲜活的水的。离开了课堂、离开了孩子的镇西，就像鱼儿离开了水，就像离开大地就失去力量的古希腊神话人物安泰，随着时间推移，他日渐痛苦不堪。我告诉他：听从自己内心的选择吧！于是，镇西回到了课堂。

回到课堂的李镇西，记住了我在他离开苏州时的嘱托——把新教育的火种播撒到西南。于是，他所在的成都市盐道街中学外语学校成为成都第一所新教育实验学校，他们那位网名叫作"棒棒"的谢校长，也成为教育在线的明星人物。

2004年，在中央电视台西部频道，镇西和我做了一次节目，讲述新教育的故事。当时我就对镇西说，你名字叫李镇西，就应该为新教育在西部的发展作出更大的贡献，成为新教育的"镇西将军"。2005年7月，镇西所在的学校承办了新教育实验第四届研讨会，主题是"新德育，新公民"。

一年以后，镇西再次作出了选择：成都武侯区的教育局长慧眼识珠，邀请他去城乡结合部的一所普通困难学校武侯实验学校担任校长，他欣然上任。同时，在李镇西的努力说服之下，武侯区正式成为新教育实验区。

一开始，许多人不看好镇西当校长，理由是他过于率直，不善于处理人际关系。其实，刚开始镇西自己也不够自信，自己是一位好班主任、优秀语文老师，但不一定能够做好一校之长。我对他说：我相信你！既然你能够当好班主任和语文老师，你就能够当好校长！而且，只有当校长，才有做事情的平台和空间，才有全面推广新教育的机会！"

于是，镇西成了一位不像校长的校长。当校长的第一天，在与老师的见面会上，他就讲了这样一段话："老师们不要对我寄予太多的厚望，书上的李镇西只是局部的，生活中的李镇西有很多的缺点。""我不会新官上任先烧三把火，今后也不会烧，让你们烧，我只会慢慢点火，点新教育实验的燎原之火。"接着，镇西在他的校园里分别建设了"陶园""苏园"和"新园"，前两个园，是为了纪念和学习陶行知先生和苏霍姆林斯基先生的教育思想，后一个园，则是为了弘扬和推广新教育的理念与实践。

当校长以后，镇西把很多精力与时间用在培养教师团队上。出版社找他出书，他说，要出就与老师们一起出；有单位邀请他讲学，他说，要讲学就与老师们一起讲。之前，他就和学校的两位老师参加了《班主任》杂志社在宁波举行的李镇西教育思想报告会。主办者的广告这样写道："全国优秀班主任，全国知名校长李镇西是一位真正的教育思想者，在他追求自己教育理想的同时，也为全国广大班主任指明了前进的方向。作为一名优秀班主任，他以自己的思想和行动引领了全国一大批优秀班主任的成长：李俊兴、薛海荣、方海东、石春红、郭文红、杜美清、李迪、王晓波等；他亲手打造了武侯实验学校一支优秀的班主任团队：邹显惠、潘玉婷、许忠应、郑聪、胡成、张清珍、李青青等，这些优秀的班主任将李镇西的教育思想与自己的教育实际、教育个性相结合，形成了自己独特的教育教学风格，用言行感染并影响着更多的年轻班主任。"这些年，镇西和他的师生一起合作出版了很多著作，如《民主教育在课堂》《每个孩子都是故事》等。

就这样，镇西一路走来，且歌且行。他始终没有忘记自己在西南推广新教育的承诺。2011 年 7 月的一个晚上，利用我在成都参加民进中央常委会的空隙，镇西召集了他的学校所在片区有新教育梦想的小学校长们与我见面。在这次见面会上,镇西对大家说:"搞新教育,不是投机,不是赶时髦,而是追寻我们教育的理想,实现我们理想的教育!我们做新教育,绝不只是为了表达对朱老师的敬意,而是为了给孩子留下一个美好的童年少年记忆,为了他们现在和将来的幸福。我希望今天来的校长们,从现在起,下决心真做新教育;我也坚信,成都地区的新教育实验,会越来越红火。也许是三年后,也许是五年后,我们也会有虽然不那么辉煌,也绝对实在的新教育成果。到那时,我们再请朱老师来到成都,检阅新教育实验成都方面军!"

2011年9月,镇西的学校又有了小学部。这一次,他更是一马当先,从校园陈设到教师培训,从课程设置到课堂教学……方方面面齐头并进,力争做成新教育示范学校。就在2012年2月13日,在我应邀到成都为"文翁大讲堂"演讲时,镇西又积极谋划着为他所在的武侯区教育局的全体校级干部作了一场演讲,同时把他学校里的十几位骨干教师都"偷偷"请到会场……

2012年7月,在山东淄博临淄区举行的新教育实验第12届年会上,镇西给我立了一个军令状。他说:"朱老师,我回去以后,一定把武侯的新教育实验推动起来。你再给我几年时间,到武侯区来检阅一下我们武侯的新教育军团。"

2013年,以"阅读的力量"为主题的新教育国际论坛在武侯区召开。那个时候,镇西已经从校长的岗位上退居"二线",担任武侯新教育实验区办公室主任。我知道,镇西是为了借论坛之力来推进新教育实验在武侯区的发展。那一次,我就发现镇西的确在努力,武侯区新教育已经做得有声有色。

2016年,以"师韵武侯——教师成长与新教育实验"为主题的新教育开放周在武侯区举行。那次会议上,一批新教育一线教师的故事,让我和许多与会者振奋不已。我曾经说过,衡量一个新教育实验区是否做得卓有成效,关键是看新教育是否成为区域教育不可分割的血肉部分,是否真正扎根在教师的心中,是否真正物化在教育生活中、落实在课程中、体现在行动中。武侯区给了我们一个惊喜,给了新教育一份骄傲的答卷。

经过十余年的努力,武侯区的教育现代化发展水平总达成度、教育国际化发展水平均位列全市第一(而且名次逐年提升,最早是二三名,后来是和其他区并列第一，最终是一枝独秀，名列第一）；公共服务满意度达89%，在成都五个城区排名第一。教育教学质量也逐年提升，一大批教师脱颖而出，在全国崭露头角。

与此同时，新教育在武侯区也在发展壮大着。从最初的9所新教育实验学校到如今的近50所学校的携手同行，从最初的10余人到如今200余位优秀实验教师，1000余名新教育人的汇聚绽放，如小溪汇聚成江海，新教育人一路追梦前行，为武侯区教育注入了新的活力，成为日益推动武侯区教育蒸蒸日上、高速发展的重要力量，成为武侯区教育生态圈中的重要一环，也成为武侯区教育的一张闪亮的名片。

随着新教育实验在武侯区的纵深推进，产生了许多积极的影响。一方面，在区内，榜样教师与普通教师之间积极帮扶结对，交流实践经验，形成学习共同体，促进师徒间共同进步；另一方面，通过专业阅读＋专业写作＋专业交往的成长路径改变了教师的行走方式，也改变了学校的发展模式，更多的学校积极主动加入到新教育实验中来，目前实验学校已达60%。玉林小学的李承军老师说，新教育让她找到了魂，她全身心地投入进去了，走心的教育让她和学生的心灵找到了栖息地。武侯区实验小学的付华校长总结了三点做新教育的理由：新教育是她向往的理想教育，新教育人是她希望成为的人，新教育有太多成长的机会。

武侯区新教育实验的影响力还辐射到成都周边地区。武侯区新教育建设办公室成立了由榜样教师和优秀校长组成的新教育宣讲团，先后在广元、武胜、眉山等地现身说法，他们的学识、视野和情怀，他们富有激情、震撼人心的教育叙事，赢得了教师们的强烈反响和深刻共鸣，直接带动了周边众多学校和区县整体加盟新教育实验。广元市的旺苍县、攀枝花市等都成立了实验区，他们迫切地希望以新教育实验为抓手促进当地教育的积极发展。

2012年4月24日，李镇西从教30年教育思想研讨会在北京举行。我在会上讲述了我眼中的李镇西。我用童心、爱心和用心"三心"来概括了我心目中的他。

首先是他的童心。镇西曾经写过一篇《保持童心》的文章。他认为，童心就是儿童的天真纯朴之心。人不可能永远处于儿童时代，但却可以永远拥有一颗童心。因为儿童的纯真与善良，在一个人不同的年龄阶段，都可以以不同的方式体现出来。他写道——

保持童心，就是保持对人民的善良之心。我小学时曾扶盲人过街，替迷路幼儿找妈妈，我愿意把这可贵的善良之心随着我年龄的增长而扩展、升华为对集体、对国家、对民族的爱，并把这种爱体现在工作、生活中的每一件小事上，体现于我对每一位网友的爱。

保持童心，就是保持对邪恶的正直之心。儿童的眼睛是容不下一粒沙子的，儿童的嘴巴是很难说一句假话的。童话《皇帝的新衣》中，不正是一个小孩首先说出皇帝什么也没穿吗？……

保持童心，就是保持对事业的创造之心。儿童对一切都感到新奇，什么都想试试。科学家最可贵的品质之一，就是永远对这个世界保持着孩童般好奇、探寻的眼光，而不断开拓、进取。这也是一种童心。

保持童心，就是保持对生活的热情之心。儿童对生活总是充满憧憬、幻想，拥有童心的人总是对生活保持着激情与乐观。有的人年纪轻轻，便对生活缺乏信心，而有的人虽已退休，却仍创造着生活的乐趣，正所谓"越活越年轻。"

其次是他的爱心。李镇西的成名代表作是《爱心与教育》。他告诉我，经常有人问他："当一个好老师最基本的条件是什么？"他总是不假思索地回答："拥有一颗爱学生的心！"在镇西的教育辞典里，童心与爱心是相辅相成的。他认为，只有童心能够唤醒爱心，只有爱心能够滋润童心。"离开了情感，一切教育都无从谈起。"他说，教师真正的尊严，从某种意义上讲，并不是老师们个人的主观感受，而是学生对老师的道德肯定、知识折服和感情依恋。"爱心与童心，是我教育事业永不言败的最后一道防线。"

我曾经在博客上读到镇西的一篇文章《歌声穿越三十年》，讲的是 2012 年清明节期间，他与乐山一中初 84 届一班聚会的故事。我是含着泪水读完的，何静红、田晓敏、许艳、彭霞、陈晓梅、冯萍、陈建、王红川、韩军、呼延涛、周涛、刘大庆、王琦、杨虹、黄杰、张海波、周一，参加聚会的每一个人，镇西都能够亲切地叫出他们的名字，讲出他们当年的故事，其中许多名字，在《爱心与教育》中曾经读到过。30 年前的"未来班"，是镇西教育生涯的"处女作"，也是"成名作"。真是爱心，才铸就了这部名作。

最后是他的用心。镇西的用心，是一般人难以想象的。30 年前孩子们的声音，他能够完整地保留着；谷建芬老师 30 年前的来信，他能够完整地收藏着。他几十年如一日坚持写日记，记录着班上和学校发生的一切，他写过很多书，如《青春期悄悄话——致青少年的 101 封信》《爱心与教育——李镇西素质教育探索手记》《从批判走向建设——语文教育手记》《走进心灵——民主教育手记》《教育是心灵的艺术——李镇西教育随笔选》《风中芦苇在思索——李镇西随笔选》《花开的声音——李镇西的班级史册之二》《教有所思》《心灵写诗——李镇西班主任日记》《李镇西班级管理日志》《民主与教育——一个中学教师对民主教育的思考》《做最好的班主任》《做最好的家长——李镇西老师教养女儿手记》《做最好的老师——李镇西 30 年教育教学精华》《用心灵赢得心灵——李镇西教育讲演录》，等等，其中大部分是在教育手记与工作日记的基础上整理出来的。

更为可贵的是，镇西一直没有丢掉这"三心"。我曾经听李镇西讲述过他经历的一件小事——

做了小学校长后，镇西希望培养孩子的自立精神，从让孩子自己背书包开始。有天早晨，他在小学门口迎接上学的孩子，看到一位母亲帮一年级的女儿把书包背到校门口，再把书包给女儿。在和孩子互相问好后，他和颜悦色地问："小朋友，刚才书包是你自己背的吗？"孩子摇头。他说："从明天起，你自己背书包，不要让妈妈背，好吗？"孩子不说话，满脸紧张地看着他。他就蹲下身子，说："好吗？"结果孩子一下哭了起来。尽管他接下去哄了又哄，可孩子最终还是哭着走进了校门……

事后，镇西很难过，觉得自己破坏了一个高高兴兴来上学的孩子一天的心情；他觉得自己的表达方式有错误，应该用积极的方式，比如说"小姑娘，你来得真早！真好！如果你明天自己背书包就更棒了"；他觉得自己之前一直面对中学生，还吃不准小学生、特别是低段小学生的心理，需要进一步学习……

如果没有童心，怎么能为一个孩子的难过而难过？如果没有爱心，怎么会为如何贴近孩子的心灵而想出更好的办法？如果没有用心，又怎么能通过这件小事反思出自己的欠缺所在？

2017年1月，新教育理事会集体研究决定，聘请李镇西为新教育研究院的第三任院长。镇西承担了更重的使命与责任。几年来，他奔走在全国各地，利用他在一线教师中的影响力，不遗余力地宣传新教育，并且成功"策反"了好几个教育局、区域参加新教育实验。

我曾经说过，李镇西的意义，在于他离我们并不遥远，而他用童心、爱心、用心这"三心"，创造了教育的奇迹，也书写了自己生命的传奇。他就在我们每个人的身边，他的教室，与我们何其相似？他的学校，与我们何等相仿？他的孩子，与我们多么相同？为什么他能够做到，我们做不到？

韩愈有言："弟子不必不如师，师不必贤于弟子。"虽然李镇西曾经做过我的学生，但是我一直把他视为自己的老师和弟兄。向自己的学生学习，也是我不断前行的力量源泉。

许新海：
一生只干一件事

与许新海的第一次见面，是在2002年那次与卢志文相会的会议上。

那一年，江苏省教育厅举办了一次骨干校长和教师的培训班，邀我去讲"理想的教师"。在讲演结束后的提问阶段，他和卢志文先后"发难"，提出了自己的意见。我从此记住了这个名字：许新海。

出生于1967年的许新海是江苏省教育界的一颗新星。1992年，25岁的他受命创办海门市东洲小学，办学四年，使学校成为江苏省实验小学、全国现代教育技术实验学校，少帅校长从此创造了"没有石头也过河"的神话。1996年，29岁的他，又创办了海门市少年宫，短短几年便筹集社会资金3000多万元，创造了卓越的办学业绩，在省内外产生了广泛的影响。

一直在寻找优秀人才的我，通过教育在线网站等途径在江苏网罗了一批青年才俊，如苏州的储昌楼、焦晓俊、卜延中、张菊荣、高万祥、王开东、袁卫星，扬州的卢志文，盐城的王军、潘文新，南通的冯卫东等，可等来盼去，加盟的各路人马中却一直没见到许新海的身影，我多少有些遗憾。一打听，原来他去澳大利亚访学去了。

2005年年初，得知新海从澳大利亚访学归来，手中有一大包研究心得和笔记，正在南京开会的我迫不及待地找到了他。看着厚厚一大摞稿子，我很感动。中国派出了多少访问学者到国外学习，有多少人能够像许新海这样用心地思考、全身心地投入？

在我的推荐下，他的研究成果分别以《澳洲课程故事——一位中国著名校长的域外教育体验》《澳中教育与课程跨文化比较》两本书在福建教育出版社出版，前者还被列入我主编的"新教育文库"。

也因为这个缘分，这个充满智慧和活力的年轻人也正式加盟新教育团队。说来非常有趣，许新海和卢志文，当年"发难"的两位年轻人，竟然先后都进入了新教育团队，而且分别执掌着新教育研究院和新教育研究会的两枚大印。

许多事情冥冥之中暗合着天机。在新海加盟新教育之前，海门与新教育就有一种特别的缘分。2003 年 3 月，《江苏教育》报刊社组织的"弘謇杯"全省第三届新世纪园丁征文颁奖活动在海门举行，我应邀在会议上作了一个主题报告，报告的内容就是"新教育实验"。这是我第一次较为系统地阐释新教育理念，新教育的五大理念、六大行动等观点在报告中第一次完整地呈现。参加会议的海门教师们在与我对话时就强烈地希望早日牵手新教育。当时我就预感，海门，迟早会成为新教育的一方热土。

果然，2005 年 9 月，新海成为我的博士生，而海门也以区域的形式整体加入新教育实验，"从此，新教育就像一条奔腾不息的河流，在海门大地上穿行，改变着海门师生的生活方式，也演绎了一个又一个海门新教育的成功与传奇"。

海门参加新教育实验的第一个课题是"区域新教育共同体建设与发展研究"。他们希望以这个课题为依托，努力打造在省内外有影响力的海门教育品牌，为全市教师打造专业成长的平台，为全市学校打造研究理想课堂模型的平台，为各学科研究共同体打造深入推进课程改革的平台，为海门市基础教育打造全面实施素质教育的平台。

他们这样想着，也这样做了。他们通过构建区域新教育共同体组织网络，开展丰富多彩的专题性研究活动、校际之间的对话合作交流，建立"教育在线论坛——海门新教育共同体"网络平台，改善教师的行走方式，致力于学生的素质发展，加强学校的特色建设，全面推动区域间学校的均衡、整体、和谐、高位的互动式发展。共同体组织以分享合作为宗旨，以学科建设为重点，以儿童发展为中心，以实践反思为方式，优化区域教育资源，强化区域新教育共同体的管理模式和运作方式的研究，从而建构起区域教育的新平衡，摸索出一条区域教育发展的新思路。

在推进新教育的第一年,新海和他的团队就做了几件让新教育人刮目相看的事情:一是以"图书漂流行动"为引导,全面推进"书香童年"计划。二是以"打造理想课堂"为任务,深入推进基础学科建设。三是以"送艺下村小"为切入口,推动乡村艺术教育发展。四是以"校长俱乐部"为依托,培养卓越校长群体。

这些事,很多地区、很多人在做,但能做到像新海和他的团队那么扎实的,却不多。比如为了推进"书香童年"计划,海门全市的32所农村小学,新海半年内带着团队成员统统跑遍,彻底摸清情况后,才制订出最适宜的方案——精选了75种适合小学生阅读的优秀中外读物1875册和20种适合教师阅读的书籍420册,在全市村小开始漂流。在每所村小停留时间为四个星期,一学期,就惠及9799名学生、180位教师,学生人均读书4.3本,教师读书3本。150余名村小学生被评为"三星级小书迷"。

又比如针对偏远农村的村小普遍缺乏专职的音乐、美术教师的情况,他们围绕区域新教育共同体的工作目标与要求,构建了新型城乡联动艺术教育共同体,即由七所直属小学的艺术教师,双周至少送艺下村小一次,一年时间,为每一所村小排演一曲大合唱、一支集体舞,举行一次专题美术作品展览。每当送艺教师来到村小,师生们就仿佛沉浸在节日的欢乐中,这个计划有力地推进了乡村艺术教育的发展……

2007年,正在苏州大学读博士的新海,无论工作多忙,都坚持参加我们每周的"相约星期二"讨论,而且很快把讨论中研究的项目如"推进每月一事"在海门率先试验。正如曾有人惊叹,他的"精神世界里,可能根本没有忽圆忽弯的月亮,而只有太阳。在他独特的个人词典里,可能压根儿就没有泪水、软弱、失败、痛苦、纠结一类的词汇"一般,新海雷厉风行的作风和高效办事的能力,很快让他在新教育团队中脱颖而出。2007年11月,新教育研究会在海门正式成立,新海也成为研究会的第一任理事长。

2009年7月,第九届新教育大会在海门召开,海门完美地呈现了从2005年以来追随新教育的一路精彩。这场盛会成为新教育篇章中的一段令人无法忘却的雄浑乐章,但新海从不沉溺在过去的辉煌之中,他又带着团队开始了新教育

"完美教室"的探索之旅……

除了海门新教育实验区外,新海在新教育实验的整体发展中,更是起到了无可替代的作用。他妥善管理新教育实验区,为新教育实验的区域化推进出谋划策;他积极为新教育招揽人才,介绍了李庆明等人加盟;他更是新教育的尖刀,有突发的重大任务,他总能圆满完成——2011年6月,原定在鄂尔多斯东胜区举办的新教育年会因意外推迟举行,但年会邀请的国际嘉宾却无法调整日程安排,新海作为总协调人,在极短时间内组织各方人马,临时易地到常州,成功举办了一次新教育国际教育高峰论坛。

2012年,新海接替卢志文担任了新教育研究院的院长。2013年3月,新教育研究院与海门市教育局联合成立了新教育教师成长学院(海门新教育培训中心)。现在,海门新教育培训中心每年要接待18000余人培训学习。后来,研究院换届之后,新海担任了新教育理事会的理事长。与此同时,江苏省教育学会新教育实验专业委员会理事长、中国陶行知研究会新教育实验专业委员会的理事长等新教育的多个担子压在了他的身上,新海正在新教育中发挥着越来越多的光与热,正在用生命践行他常说的一句话:"人一生干好一件事就够了,我这辈子只做一件事:新教育!"

陈东强：
在希望的田野上

绛县，是新教育实验的一个传奇。陈东强，原绛县教育局局长，是书写这个传奇的主笔。

2004年春，运城市教育学会召开年度会议，时任绛县教研室主任、教育学会会长的王敬国前去参加，回来后带给陈东强局长一些会议的材料，其中有一篇关于运城市人民路学校的新教育实验的文章深深打动了他。

于是，绛县开始了自己的新教育之旅。

2005年7月，新教育第四届年会在四川成都盐道街实验学校举行。在网络上得知这一消息以后，陈东强亲自率领30多人的团队参加会议。临行之前，陈东强局长为每位前去考察的老师购买了一本《新教育之梦》，并要求大家带着梦想上路，希望大家在旅途中一边学习，一边思考。

陈东强是一个有心人。他知道，仅仅靠领导起劲是不够的，否则很容易导致用形式主义对付官僚主义。所以，30多人的团队包括了教育局局委会的全部成员、中心小学的全部校长和教研室的全部教研员。旅途中，他们用一首《牵手》，表达了与新教育邂逅的心情："因为爱着你的爱，因为梦着你的梦，所以悲伤着你的悲伤，幸福着你的幸福，因为路过你的路，因为苦过你的苦，所以快乐着你的快乐，追逐着你的追逐。"

这一年的年底，"北国之春——新教育实验与教师专业成长研讨会"在吉林实验一小召开。绛县教育局又派出了以王副局长带队的代表团赴会。大会安排了陈东强局长的一个发言。由于工作冲突，他在发言前一天晚上赶到，发言后立即返程。但是，他的发言感动了许多人，也让我记住了一个新的名字——陈东强。

随后，他带着县人大政府的领导专程赶到苏州，正式提出区域整体参加新教育实验。这次苏州之行，更让我对他的管理智慧刮目相看。我开玩笑地对他说，陈局长既能够调动下级的积极性，也能够调动上级的积极性。

2006年7月，新教育"进京赶考"。以"过一种幸福完整的教育生活"为主题的第六届新教育实验研讨会在北京清华大学礼堂举行。陈东强局长又带领30多人参加了会议。这次会议，他特别安排了一年来在新教育实验中涌现出的10位优秀教师参加年会，并带去了这10位优秀教师的教育随笔专辑。他告诉我，这是多年来教育局第一次出资安排教育一线的普通老师外出学习。可以想象，对于乡村教师来说，能够有机会到北京参加学术会议，并且展示自己的作品，是一件多么幸福的事情。后来，这些教师中的许多人，如王丽娟等，都成了新教育实验的榜样教师。

北京会议以后，绛县很快成为新教育的一支生力军。他们不仅积极参加新教育的所有会议、活动与培训，而且主动邀请新教育研究中心的老师们到绛县进行田野培训。2007年11月16日至23日，"灵山—新教育绛县行"在绛县作了为期八天的培训。12所学校的考察指导交流互动，两天200多人集中的通识培训，五天的学校里课堂中的田野研究，作为教育局长的陈东强几乎全程参加。即使赶往省城参加会议，也是星夜兼程，马不停蹄地赶回绛县，生怕漏掉一点点信息。

2009年5月，我随全国人大常委会副委员长、民进主席严隽琪带领的民进中央教育考察团在山西调研农村教育综合改革，原计划在绛县会有一天或至少半天的调研日程安排，由于种种原因日程缩短和调整，取消了绛县之行。但是，在调研前我已经作好了去绛县的准备，我太想亲眼看看绛县的新教育人在那片黄土地上创造的奇迹了！

于是，在芮城考察的活动结束后，我没有吃晚饭就匆匆忙忙赶往绛县。在暮霭中，我第一次踏上那片土地，用了四个多小时的时间，看了四所学校与一个展览，并召开了一个教师座谈会。在这里，我看到了绛县新教育人是如何和新教育一路同行的：从大量的实验原始资料积累中，看到了新教育一月一事、晨诵、午读、暮省、有效教学框架应用、农历课程、师生共读一本书等新教育六大行动、核心理念在一个区域教育中、学校中、教师中、学生中的有效落实和广泛传播；从县教研室的教研成果和实验行动历程中，看到了绛县新教育实验和推广团队为新教育所付出的劳动和智慧……晚上11点，我又赶回考察的下一个地点运城。回到运城，已经是第二天凌晨了。虽然有些辛苦，但是看到绛县新教育人的努力，心里很开心。

同年12月，在雪花的飞舞中，我第二次踏上那片土地，和全国新教育同仁汇聚绛县，召开实验区工作会议绛县现场会。我们这次用一天的时间，走进了八所学校。每一所学校都有每一所学校的动人之处，但最让我感动的倒不是县城里的学校，而是村小，像东吴小学、眭村小学、陈村小学。我在闭幕讲话中说："如果中国所有的村小都能达到绛县村小那样的教学品质，依据木桶原理——木桶最短的这块板是木桶能装多少水的决定性因素，我相信中国的教育会有另外一份精彩。"

就这样，绛县的新教育不断书写新的故事，不断创造新的经验。他们把新教育的所有行动操作化，编写了详细的操作指导手册，如《构筑理想课堂100问》《新教育学校仪式》等。他们把新教育学校仪式分为四类20个，关注到孩子在小学阶段生命成长的每一个重要时刻，点亮了童年，丰盈了生活，润泽了生命，带给很多教育工作者以启迪，也给予在学校文化中不断探索的人们很好的参考。在《新教育学校仪式》这本书正式出版前，我为他们撰写了序言。我在序言中说："虽然我不认识每一位参与编写的老师，虽然我没有亲眼看到他们为新教育付出的努力，虽然他们的思考与行动还与卓越有着一定距离，但他们的付出我知道，他们的秘密我知道，他们的艰辛与拼搏、他们的委屈与执着，我都知道。面对这片古老而又年轻的黄土地，绛县新教育人始终心怀梦想，一直在奋力前行。"

陈东强局长是一个处事低调务实的人。在担任教育局长期间，他一再要求十年之内不宣传、不报道，默默耕耘。但是，我却非常希望这朵初绽的蓓蕾，让大家闻到它的芬芳，从而沿着它成长的轨迹去开拓新的农村教育发展模式。

在很多场合，我不止一次地言说绛县，也推荐很多学者与媒体深入绛县，关注绛县，报道绛县。最得意的事情，是介绍凤凰卫视的记者去绛县拍摄了一个专题片。这位记者告诉我，她也无法想象，在中国的乡村，有如此浓郁的书香。

我一直认为，新教育在绛县的耕耘，在村小的探索，我们可以把它称为"绛县模式"。这个发展模式不仅对新教育实验自身，也对中国农村教育未来发展之路有着自己的贡献。在这个发展模式中，我们能看到中国未来农村教育的希望和曙光。

2014年，52岁的陈东强退居二线。新教育研究院立即邀请他加盟，他担任了新教育理事会副理事长兼秘书长、新教育研究院副院长，成为新教育实验的专职管理人员。这几年，他南征北战，沟通协调，为新教育实验区的发展、新教育团队的建设做了许多深入细致的工作。他精心经营的"守望新教育"公众号，也成为新教育实验的重要宣传平台。他仍然像在绛县那样，务实而低调地劳作，在新教育这片希望的田野上耕耘着。

童喜喜：
飞翔的光芒

和我认识的很多新教育人一样，认识童喜喜老师，也是因为教育在线。

2009年6月的一天，我照常早晨5点起床，无意间在教育在线看到了一个转帖，是一位叫童喜喜的儿童文学作家写给新教育人的《一个逃兵的敬礼》。

文中对新教育人热情的鼓励和殷切的期待，让我非常感动。

为此，我在当天的博客里写道："我想对童老师说，新教育人不会辜负您的期待，我们一定会坚守，一定会坚定地往前走。欢迎您参加我们7月10日在江苏海门的新教育年会，欢迎您加入我们的阅读推广队伍。"

2009年7月，喜喜老师果然参加了海门新教育年会。其后不到10天时间，她在教育在线上写出了10余万字的长帖《我想做个新的孩子——海门年会的感动与忧虑》。一时间跟帖者众多，在论坛上引起强烈反响。

就这样，喜喜老师走进了新教育的队伍。她是一位儿童文学作家，曾在作品里自称是成人世界里的"特务"。她不仅是儿童在成人世界的"特务"，也是作家在新教育中的"特务"。最后"特务"成为"同志"，与我们一起同行了。

一

其实，在进入新教育以前，喜喜老师就一直用阅读推广行动把儿童文学作家和教育公益人两个角色天衣无缝地结合起来。

作为专业儿童文学作家，2003年，喜喜老师出版第一部儿童文学作品《嘭嘭嘭》开始，就获得了广泛关注。这部10万字的原创经典童书，喜喜老师仅仅用了六天时间就一气呵成，荣获大大小小数十个奖项，畅销至今。2009年，喜喜老师又推出了长达五年、20多次写作与修改的《影之翼》。《影之翼》是中国第一部反思南京大屠杀的童书。对于儿童文学来说，描述战争、介绍史实是容易的，反思战争、复活历史是艰难的，让儿童反思战争、与历史共鸣但不会造成心灵阴影更加艰难，让儿童学会反思战争、拥有一种博大的辩证历史观和人生观，则是难上加难。但是，喜喜老师完成了这个艰难的挑战。

国际安徒生奖评委、美国圣地亚哥大学的阿丽达·埃里森教授听到口译的《嘭嘭嘭》《影之翼》两部作品的简介后，一听倾心，当场泪流满面，并主动要求将这两部作品组织翻译为英文，亲自编辑润色。阿丽达·埃里森教授说："我想我理解为什么《嘭嘭嘭》对很多中国孩子来说是一本如此重要和独创的书——它展示了孩子们对他们所承受的教育压力和父母缺席的看法，同时也向孩子们展示了父母那么努力工作的原因。即使是成年人——或是一些成年人，也能保持（或被唤起）一种嬉戏的感觉，就像王杰的父亲在《影之翼》中那样。"《窗边的小豆豆》的出版人、日本知名翻译家猿渡静子博士直言喜喜老师是"中国作家中故事讲得最好的"。国际儿童读物联盟（IBBY）的张明舟主席、国际安徒生奖评委会前主席帕齐·亚当娜等国内外诸多专家，均对喜喜老师的作品盛赞有加。

作为教育公益人，喜喜老师从1999年资助一位失学女童开始，从此走上教育公益之路。2003年《嘭嘭嘭》写作出版时，喜喜老师还用行动讲述了另一个故事：她把《嘭嘭嘭》一书的所有稿费，捐赠给30位失学的乡村女孩，在十堰成立了"喜喜老师春蕾班"，帮助她们重新回到了学校。

2004年，喜喜老师赴山区小学支教时，发现了农村儿童阅读的匮乏。支教结束后又与一起支教的好友李西西成立"喜阅会"，几年内，自费购买各类课外书3000余册，赠送给贫困儿童。

2008年，喜喜老师创作灾后心理关怀小说《亲亲e家人》，将该书稿费捐赠汶川受灾群众，又购买数百册寄赠灾区孩子。

为写作《影之翼》查阅历史资料时，喜喜老师被日本重视教育的种种行为震撼，写完《影之翼》之后，她恰好在一次偶然的机会，参加了一次新教育会议，被新教育人的理想情怀、专业精神深深打动。于是，她不仅将《影之翼》的首印稿费全部捐赠给新教育，而且从此担任了新教育义工，直到今天。

新教育实验让喜喜老师发现了更为广阔的世界，也发现了一个新的自己。她行走在学校中，面向学生、教师、学生父母作了数百场阅读推广讲座之后，敏锐地发现父母在教育中的缺失和阅读在家庭中的缺失。她感到，没有父母参与的教育是残缺不全的，没有父母与孩子的共同成长，教育是难以成功的。

于是，2011年11月23日，喜喜老师主动请缨，发起了新教育萤火虫亲子共读项目。2012年，以该项目为基础，喜喜老师创建了新父母研究所。她以义工身份全职担任所长，并捐赠自己的全部积蓄——33万余元，组建起专职研究推广团队，全力以赴做起了阅读推广工作。

的确，这些年来，喜喜老师承担了太多教育公益事务。

2014年，她启动"新孩子"乡村阅读公益行，只身一人，一年中日夜兼程，走遍大陆所有省市自治区直辖市的100所乡村学校，免费作了196场阅读推广讲座，总里程接近绕地球四圈。

2015年，她捐赠工作经费，担任总统筹，带领团队完成从幼儿园到高中26册《新教育晨诵》教材和一本教学指导手册的编写。她将这套书的全部稿酬捐赠给新教育实验的公益项目，又带领团队制作出全套《新教育晨诵》PPT课件，向全社会免费赠送。

2016年，她又捐赠启动经费，义务创刊并主编《教育·读写生活》杂志，为一线教育行动搭建展示平台，挖掘和帮助有潜力的老师成长为榜样；除此之外，她还负责新教育的出版事务。

她作为新教育年度主报告研究团队的核心成员，持续进行教育理论的研究探索；在她担任新教育理事会副理事长和新教育研究院副院长期间，分管新阅读研究所、新家庭教育研究院等机构……

喜喜老师是一个性情中人。她喜欢的事情，她认准的道理，就会义无反顾，有时自己没有条件就去创造条件，全力以赴地投入，尽力完成。

二

2014年,喜喜老师交出了一份特别的成绩单——"新孩子"系列之《新教育的一年级》。这是她担任五年新教育义工、继《影之翼》之后又一个在为期五年的沉淀中,捧出的心血之作。其后,她又用了五年时间,把这套书完善为针对小学一至六年级、共24册的"新孩子"系列,于2019年出版。

喜喜老师用十年磨一剑的专注,潜心创作的"新孩子"系列,以风趣幽默的文字,描绘活灵活现的人物,讲述引人入胜的故事,将新教育的探索深入浅出地蕴含其中,让孩子通过自主阅读达成自我教育,节省孩子的时间,节制父母的成本,节约老师的精力,可谓一举多得,堪称儿童教育文学的典范之作。

"新孩子"系列具有非常重要的意义。它从传统的儿童校园小说发展到儿童教育小说,有着非常独特的创造性。儿童校园小说,更多的是直观反映校园生活,儿童教育小说,不仅仅反映我们的校园生活,更是来源于生活又高于生活,把教育的理念、教育的思想、教育的智慧融合进一个个故事中。

"新孩子"系列更是把孩子自主学习的课程,融合进喜闻乐见的故事里,并组合成有主题、有结构的整套体系。所以它既是儿童教育小说,又是新教育实验的教材,能够同时帮助我们的教师、父母,在家庭、在学校中更好地实践新教育的理念、思想、课程,帮助孩子们更好地成长,帮助学校更好地发展。

"新孩子"系列的诞生,则更让知情者对喜喜老师充满敬意。这些繁重的教育工作,无疑占用了她许多文学创作的时间。但是,也正因这样的百炼成钢,让喜喜老师的教育人生有了更为深厚的底蕴。如此又一轮五年深耕,以十年积累酿造的"新孩子"系列,果然让人惊喜。

"新孩子"系列首创了"童书即课程"的创作手法。文学作品是珍珠,课程是珍珠项链。课程是作品的集中与升华。真正的课程和孩子的生命相融合,会影响其一生。"新孩子"系列依托于新教育实验丰富独特的课程体系,成为富有新教育特色的课程,通过作品中的人与事,达到润物细无声的教育效果。

"新孩子"系列首创了以文学提升核心素养的童书体系。根据教育部推出的《中国学生发展核心素养》的要求,结合耶鲁大学耗时40年得出的儿童心理研究成果，喜喜老师为"新孩子"系列提炼出好奇观察、主动模仿、认真钻研、专注细致等24大主题，每一本书侧重一个主题，以螺旋上升的方式，对六大核心素养持续细化、深化、内化、强化，帮助孩子汲取精神力量，养成说写习惯，提升核心素养。

"新孩子"系列以新教育"午读"的主题推出，也有特别的意义。

整本书共读，既需要阅读经典著作，也需要阅读反映当下的佳作。这套书中的故事原型，全都来自新教育实验。如果说《窗边的小豆豆》记录了一位日本教育家的传说，"新孩子"系列则是书写了中国新教育人的传奇。因此，这也是一部新教育实验的教科书。我们身处的网络时代，是前所未有的时代。我们所遇到的很多教育问题，是前从未有的挑战。新教育的美好与智慧，是由一线行动者不断创造的，可以给孩子、父母、老师最直接的启发。所有经典都来自时光的沉淀，我们相信孕育十年而生的"新孩子"系列，也能够经得起时光的淘洗。

"新孩子"系列中配套的说写启蒙课程，则是一项让众人惊喜的教育研究。以说为写、出口成章是写作教学的理想。喜喜老师研发的说写课程，将理想变成了现实。经过多轮实证研究证明，参与喜喜老师说写课程的孩子和接受传统写作教学的孩子相比，在写作兴趣、写作自信、写作习惯和观察思考的能力方面的提高幅度极其显著。

定南中学高三（4）班在叶娇美老师的带领下开展为期40天的说写课程，在期末考试中取得了前所未有的成绩：全班作文平均分荣获年级第一名。美国波士顿麻州大学教育领导学系主任、"中国教育三十人论坛"成员严文藩教授评价说，世界范围内来看，说写课程对写作和阅读方面，都是很具有引领性、创新性和引导意义的。"新孩子"系列童书，作为说写课程启蒙读物，让孩子通过阅读故事学习说写，通过附录的趣味习题自主说写，打通阅读和写作、思考与行动之间的最后一道关卡，是前所未有的创造之举，是开展新人文教育的抓手，是落实"师生共写随笔"和"培养卓越口才"两大新教育行动的高效途径。

2020年，正值新教育实验诞生20周年。这一套"新孩子"系列童书，历经十年终于全面出版，正是为新教育20周年献上的一份厚礼。

三

我曾经说过,喜喜老师对理论有着天然的悟性。读她的《影之翼》《嘭嘭嘭》《我找我》《织梦人》等作品,能感受到她在童书创作中的哲学思考。读她为每一期《教育·读写生活》写的卷首语,更会直接认识到她对教育的思考力度。哲学功底、教育悟性、人文素养和文字能力,再加上过人的勤奋,让她脱颖而出,成为新教育主报告研制团队最重要的核心成员,也让新教育主报告研制团队如虎添翼。

在与新教育同行的日子里,喜喜老师走访过数百所新教育学校,网上网下结交了数百位新教育朋友,为了给单枪匹马做新教育的一线老师鼓劲,她还曾多次自费去四川、湖南的偏远山区,去探望当地的新教育老师、学生……

2011年5月,喜喜老师交出了第一张成绩单:她创作出的报告文学集《那些新教育的花儿》由福建教育出版社出版。正如著名评论家、作家出版社前总编张陵所说:"喜喜老师不仅具有成人文学的创作才华,而且具有儿童文学创作上的出众才华。一般说来,这两种思维形态很难互为转换,但喜喜老师就有本事实现成功转换。"

喜喜老师是一个爱憎分明的人。敢爱,敢恨,敢说,有时候不敢相信,她瘦小的身躯竟然有如此大的能量。有一位报告文学作家曾经采访了许多新教育人,也被"感动"了,但是后来开出来一个不小的"价",我们一口回绝了。因为我们坚持,新教育绝不会花钱"买宣传"。而喜喜老师,竟然把自己的稿酬拿出来——她曾将小说《影之翼》的首印稿费两万元捐赠给新教育,《那些新教育的花儿》的稿费她也全部捐赠给了一所新教育小学。喜喜老师把"新孩子"第一版《新教育的一年级》稿费的50%捐赠给了新教育实验,等到新父母研究所汇总账目时,才发现她把这本书100%的稿费都投入了公益项目中。《新教育晨诵》的稿费更是从图书出版之前,她就确定将100%的稿费捐赠给新教育实验……所以,我对她更加敬重。

在行动中,喜喜老师还在迅速成长。

美国著名的阅读研究专家吉姆·崔利斯曾经写过一本优秀的畅销书《朗读

手册》，成为许多教育院校的指定教材和父母们的阅读指南。仅仅在美国的发行量就超过了200万册。这本书传达了一个重要的信息：你为孩子读的书越多，孩子的理解力就越强，孩子就越聪明。当时读到这本《朗读手册》的时候，我就想，什么时候能够有一本中国的《朗读手册》，唤醒更多的父母与老师重视孩子的阅读问题呢？

2014年，喜喜老师终于满足了我们这样的期待。她的《喜阅读出好孩子》就是一本针对中国孩子的阅读问题提出系统的解决方案的阅读指南。

作为作家，她不仅懂得阅读对于儿童成长的意义，更懂得孩子们需要什么。在书中，她深入浅出地把自己的写作经验和阅读体验与孩子们分享，尤其是用讲故事的方式说道理，情理交融。所以，读喜喜老师的《喜阅读出好孩子》这本书，让我想起了英国著名作家钱伯斯的《打造儿童阅读环境》和《说来听听：儿童、阅读与讨论》这两本书，只是喜喜老师的书更适合中国的孩子，而且更加系统完整。

喜喜老师对全国各地新教育学校的书香校园建设情况进行了实地调研，总结了许多卓有成效的阅读经验。在一定程度上可以说，这本《喜阅读出好孩子》是新教育16年阅读实践的总结，是一本新教育的阅读学。

喜喜老师的这本书提出了一个非常有独创性的命题：书是粮食不是药。她认为，孩子的身体成长，以五谷作为粮食。孩子的精神成长，以图书作为粮食。书是粮食，所以阅读不苦。只要方法得当，每个孩子都会喜欢阅读。求知的欲望，是每个孩子的本能。有的好书的确让孩子觉得苦，这不是书的错，也不是孩子的错，而是粮食与孩子的搭配有错。必须给不同阅读阶段的孩子，挑选合适的粮食。不能因为孩子暂时没爱上某本好书，就斥责孩子不爱读书。书是粮食，所以见效不快。孩子读书是精神成长的过程，这个过程其实和孩子的身体成长一样，每天盯着孩子，就觉得孩子没什么变化，可过一段时间回头看看，就会发现孩子的改变。书是粮食，所以不能偏食。杂粮营养丰富而全面，最有利于健康。所以对打基础的孩子而言，在抓住孩子的兴趣点，激发并引导孩子爱上阅读之后，尤其应让孩子读各种门类、不同作者的书。

喜喜老师的论述，纠正了许多父母与老师关于阅读问题的错误认知，让人耳目一新，醍醐灌顶。

《喜阅读出好孩子》分上中下三篇，从理念到方法，循循善诱，条分缕析。作为一本阅读推广的著作，它的文字优美生动又朴实无华，给我留下了深刻印象。我特别喜欢书中的那些标题，清晰明了，生动鲜活。如"拼爹不如拼阅读——什么是阅读""书是粮食不是药——为什么要阅读""四座大山挡阅读——为什么中国人不阅读""牢记电视猛于虎——为什么如此迫切需要阅读""反面教材就是我——为什么幸福基于阅读""自主阅读搭梯子——为什么名著也有副作用""故事之外有故事——为什么要读故事书""大声读书还不够——为什么阅读需要推广""成人巧妙读童书——为什么父亲更需要读童书""好书坏书大问题——为什么坏书不可怕"等。把这些标题串联起来，就是一首儿童阅读的诗歌与要诀。

喜喜老师是一位有着强烈的社会责任感和大爱情怀的儿童文学作家，也是一位把推广阅读作为自己使命的"领读者"。她说："在大人和孩子之间、在学校和家庭之间、在城市和乡村之间、在过去和未来之间、在梦想和现实之间，在你我他之间，阅读还能够深度沟通彼此，搭建一座绝无仅有的心桥。为此，我愿终生努力，永不停歇。"她曾经把自己第一本书的稿酬捐给乡村的孩子们，为的就是能够让她们读到美丽的童书。她把这本书奉献给中国的孩子们，相信这本书会让更多的孩子真正地捧起书来，与美好相遇。

从研究阅读出发，喜喜老师持续深入到教育研究中。她出版的《新父母孕育新世界》一书，汇总了她的教育理论研究，尤其从家庭教育的角度，进行了系统的思考。她创作的《智慧行动创造教育幸福——新教育实验十大行动理论与技巧》则是一本深入浅出的新教育入门书，也是一本简明扼要的操作手册。它建构了十大行动的方法论，为一线老师、实验学校、实验区提供了思路和线索，为新教育的践行与提升提供了按图索骥的指引。

这些教育专著的陆续出版，一次次见证着喜喜老师的成长。今年，18卷本的《童喜喜教育文集》即将推出，汇总了喜喜老师这些年的思考，也为新教育的进一步深耕，搭建起了又一座理论与实践的桥梁，让人格外期待。

作为新教育种子计划、新教育萤火虫亲子共读两大公益项目的创始人，喜喜老师为项目提炼出了两句话：心为火种，生生不息；点亮自己，照亮他人。我想，这两句话，也正是新教育专业探索、公益精神的写照。

我相信，会有更多大人和孩子的心灵，被喜喜老师的文学与教育、作品与行动照亮，从此像萤火虫一样飞舞，在振翅飞翔中，绽放自己的生命光芒。

我们深深期待着。

张荣伟：
为新教育理论大厦筑基

在我的学生中，张荣伟是比较擅长理论思维的。

2003年至2006年，张荣伟在苏州大学跟我读教育哲学博士，那时，新教育实验刚刚开始启动不久。荣伟经常随我参加各种会议，听我的各种讲演，经常和我一起到中小学与一线的校长、老师交流，了解实验进展。我有一个不成文的规定：我的博士生，是必须做新教育研究的。荣伟也不例外。所以，他不仅在论文选题时把新教育实验的话语体系作为研究方向，而且协助我做了大量新教育实验的事务工作。参与实验，为他研究实验提供了切实的感受，生命在场的体验，也为他日后研究中国基础教育问题，奠定了坚实的基础。

在攻读博士期间，他撰写了一批新教育实验的论文，如《新教育的缘起及现实意义》《新教育实验的六大行动》《新教育的历史演变：欧洲的新教育运动》《新教育实验的发展分析》《"新教育实验"：新归何处——"教育市长"朱永新教授访谈录》《"新教育实验"：草根实验改革的三大难题》《阅读：让我们的教育美丽起来》《"三新鼎立"：历史谱系与本真意义——"新基础教育"、"新教育实验"、"新课程改革"考察报告》《"新教育实验"的基本理论与实践探索》《发展之中的中国八大教育学派》等，总结了新教育实验的话语体系、历史渊源，比较了新教育实验与其他教育实验的联系与区别，为新教育实验的理论建设作出了重要贡献。2005年，他因此成为首任新教育研究中心主任。

博士毕业以后，他回到福建师范大学教育学院工作，为教育学专业本科生开设了"基础教育改革研究"的必修课。新教育实验，是这门课程的主要内容之一。先后已有十届学生选修了他的这门专业课,而他一直是这门课程唯一的授课教师。另外,这些年他为教育学专业的研究生先后讲授了"教育哲学""当代教育理论专题""中国教育体制改革研究"等课程,以新教育实验为重要内容的"中国基础教育改革"是其中不可或缺的话题。

在专业课程之外,他还专门为本科生开设了"中外教育电影赏析"公选课。这门课程围绕教育理想、教育激情、教育智慧和教育良知四大主题,精选了60部中外电影为教学资源,旨在帮助师范生深入理解教育的基本问题,全面认识教师职业的主要特点,全面提升教育理解力和教师职业素养。据说这门选修课非常受学生欢迎,不仅教育系的学生选修,全校其他专业的学生也纷纷选修这门课程。

荣伟告诉我,他选择的这些电影是有着自己的内在逻辑的,是根据新教育实验的教师成长理论设计的:教育理想是教师职业的内在动力,教育激情是教师职业的精神风貌,教育智慧是教师职业的创新之本,教育良知是教师职业的道德底线。这四者是教师美好心灵的标志,也是其专业精神的四大支柱,更是成为一名好教师的前提。事实上,这60部电影本身就非常生动地演绎了一个好教师的方方面面。

在繁重的教学工作之余,荣伟一直没有放弃思考和写作,先后主持了全国教育科学"十一五"规划教育部重点课题"中国基础教育'九大学派'研究"、教育部人文社会科学规划基金项目"我国基础教育'十年课改'的历史考察与反思"等研究项目,并出版了《当代基础教育改革》《"新课程改革"究竟给我们带来了什么?》《新中国教育实验改革》等著作。

2012年,荣伟在教育科学出版社出版了《我们需要怎样的教育——中国基础教育改革概论》一书。如果说前面的三本书重点在于对中国基础教育改革进行点状和线性的描述的话,那么,这本书的特色则在于,他已经开始自觉地构建中国基础教育改革的总体认知框架,试图为探讨中国基础教育改革确立更为宏观、更为根本、更为可靠的问题域。在这本书中,他详尽分析了中国基础教育的当代格局(争论什么、借鉴什么、探索什么)、言说方式(谁在言说、向谁言说、如何言说)、话语类型(意识形态话语、知识精英话语、平民实践话语、大众诗性话语)、行动逻辑(谁来改革、改革什么、怎么改革)、实践模式(行政模式、专家模式、校本模式、共同体模式)、主体形态(政策规划型主体、理论建构型主体、实践突破型主体、商业炒作型主体、社会公益型主体)、对象与目标(改变学生的生存状态、改变教师的行走方式、改变学校的发展模式、改变父母的家教理念、改变人才的评价制度、改变教育的研究范式)、教学关系范型(多教少学、先教后学、以教定学、教学分离、教学互损、少教多学、先学后教、以学定教、教学合一、教学相长)、九大学派(情境教育、情感教育、理解教育、生命化教育、主体教育、指导—自主学习、新基础教育、新教育实验、新课程改革),讨论了中国基础教育改革的困境与出路。

通过这个框架,我们可以看到,荣伟对于中国基础教育改革的脉络、现状、问题的把握是系统全面的,分析是鞭辟入里的。

我们知道,教育改革是一项系统性工程,"顶层设计"非常重要。"顶层设计"所强调的是全局意识和整体谋划,需要拥有一个关于基础教育改革现状的整体认知框架,这需要有一个关于中国基础教育改革的独特立场、视角和思维方式,或者更直接地说,需要一个改革的哲学。正因为改革哲学的不同(虽然有些改革者自己也没有自觉的哲学意识),因为立场、视角、思维方式的不同,才出现了各种不同的改革理论和实践。

我曾经多次去过厦门,但直到有一天登上鼓浪屿的光明顶,才真正看清厦门的地理位置和整体地貌。观察任何事物,最重要的是明确立场,最难得的是找到观察事物的独特视角或"制高点"(commanding height)。同样,要整体把握中国基础教育改革,必须找到观察中国基础教育的"制高点"。"制高点"是决胜的关键。或许,这个"制高点"就是中国基础教育的改革哲学。只有找到了这个"制高点",只有从本体论(什么是改革)、价值论(为什么改革)、方法论(怎样改革)等不同维度确立可靠的改革观,中国基础教育改革才可能在理论和实践层面获得实质性进展。否则,"顶层设计"无从谈起,必然出现"头痛医头,脚痛医脚"的现象,必然出现形式主义、盲目主义、功利主义等价值偏向。基础教育改革的力量和智慧来自哪里?我一直认为,我们长期以来的做法是自上而下的行政推动为主。许多改革为什么没有深入持久地进行?为什么经常是雷声大雨点儿小？为什么经常是虎头蛇尾不了了之？就是改革缺乏群众的真正参与。形式主义是对付官僚主义最有效的办法，也是一线校长老师用脚投票的意见表达。日本教育家佐藤学教授在《静悄悄的革命——课堂改变，学校就会改变》一书中就分析过教育改革的困难之处。他认为，真正的教育变革是从课堂里开始的，是从老师开始的。对于教育行政部门来说，应该学会关注并且推广那些行之有效的民间教育实验，应该汲取民间教育改革的智慧。

  荣伟告诉我，他之所以全面深入地研究中国基础教育的理论与实践，其实也是想为新教育实验的理论建设作出基础性的准备。为新教育理论大厦筑基，是他的学术梦想。

袁卫星：
为生命奠基

袁卫星，是与焦晓俊、李镇西一起拖我"下水"办教育在线网站的三个人之一。

记得教育在线网站创办的时候，我曾经请大家"猜谜"：在教育在线，谁最能让你动情？在教育在线，谁最能让你流泪？

许多人都推荐了同一个人：袁卫星。

卫星是教育在线的网友中我认识最早的之一。好多朋友也是经他介绍认识的。

1999年一个平常的日子，卫星带着他的学生们在操场上出操，远远地望见操场的边上有一帮人在观看。这是他们学校习以为常的事。因为对于这所稍有名气的国家级示范高中来说，参观、考察、调研、视察，据说一年要有上万人次。他根本没有在意。整队离场的时候，校长叫住了他。校长的旁边是局长，局长的旁边就是我。我对他说："我读了你的文章，写得很好，很有才气！"我对校长和局长说："你们张家港要好好培养，一年后我再来看他。"一年后，我让参加苏州市首届名师名校长培训的张家港高级中学高万祥校长捎话：欢迎袁卫星插班参加培训。

1997年，我到苏州市政府工作以后，一直为苏州没有像李吉林、斯霞、邱学华这样的著名教师而苦恼。因此，读到苏州教师写的好文章，见到苏州中小学一些出类拔萃的年轻人，我是格外在意，也格外开心。这以后，我和卫星就成了朋友。由于长他十多岁，我自然把他视为小弟弟。后来，我知道他父亲已经去世,我自然又有了"长兄为父"的责任。

事实证明,我没有看错这个年轻人。随后的日子里,卫星发奋图强,以"研究的实践者、实践的研究者"的姿态,三年间跨出四大步,由市教坛新秀迅速成长为市教学能手、市学科带头人、市首届名教师,并且于30岁的年纪,"双破一拔",成为当时苏州市乃至江苏省最年轻的中学高级教师。其间,他先后出席了多次全国性的学术研讨活动,执教了多次市级以上的公开课,发表了教育教学论文30多篇,散见于《人民教育》《中学语文教学》《语文教学通讯》等刊物,其中11篇获全国一等奖,5篇获江苏省一等奖,多篇被《人大复印资料》转载。与人合著的《中学语文教与学》一书,获得了全国首届语文教研成果大赛专著类一等奖。他还当选为中国教育学会中学语文教学专业委员会理事。

语文圈内人说,卫星的语文教学是别有特色的,他是一个敢于创新的人。

他教语文,每堂课都力图从课本外引入些活水,激起些微澜;每一篇课文,都努力引导学生们去发现它蕴含的自然美、生活美、情感美、艺术美、语言美等。他常常会把作文课上成"说文课",即让学生进行口头作文训练。课前五分钟演讲谓之"细水长流",每星期,还拿出一节课来"重点突破"。他还喜欢在学生的第二课堂、课外活动中做文章,为使学生的课外阅读有一个明确的目的性,有一个科学的选择性,有一个良好的习惯性,他试着设计了几个"课题"供学生们"研究",写"研究报告"。他从1998年就开始实践"专题式语文学习",其中的"感悟亲情"专题,使许多读者流下了眼泪,我也是其中之一。

从1998年开始,卫星每接一届学生都要进行一项"传统写作":感悟亲情。他并不像往常那样批改这篇作文,而是在看过一遍之后,发还给学生,并且告诉他们,希望他们把这篇作文寄给他们笔下的亲人,让他们的亲人来作出最好的评判。此后一个多月里,他陆续收到学生父母的来信,谈他们读了孩子作文的感受:有的感慨万千,认为孩子真的长大了;有的甜蜜无比,觉得十几年的心血没有白费;有的激动不已,说只要孩子懂,再苦再累也愿意……

最让他感动的一次来信是史炯同学母亲的来信。随作文《母亲的唠叨》,这位母亲寄来三封信,一封给史炯,一封给卫星,一封给数学老师。在给数学老师的信中,她说:"我是一个癌症病人,虽然动了手术,但是总觉得命运已经不再掌握在自己手里。史炯的学习成绩不理想，数学特别差。对此，我比对我的病还急，每个晚上都失眠，但又帮不上一点忙……蔡老师，我求你看在一个病人的份上，多多地帮助他。我走了无所谓，但孩子的路，我希望他走好。"

卫星把史炯叫来，问他知不知道母亲的身体状况。他说不知道。卫星说老师今天要做一件也许是不应当做的事，把你妈妈的病告诉你。于是卫星给他看了三封信，并且说，对你妈妈而言，最有疗效的药物，恐怕就是你的好成绩，尤其是考一所好大学。史炯哭了，眼泪打湿了他妈妈给他写的信。半年以后，这个学生以超常的成绩考入重点本科。

记得有一年我从美国学习回来，知道他受卢志文之邀，已经离开苏州，去了总部在扬州宝应的翔宇教育集团。我收到了他每月一辑，每辑四五万字的"杏坛小札"——《寻找失落的人文》。我为他的勤奋而感动。我给他寄去了我的祝福："很可惜你离开苏州，又很感动你对事业的追求。苏州时刻欢迎你的归来，我也时刻欢迎你加入到我的博士生行列。希望这一天早日到来。人很难改变现实，但可以改变和完善自己，你是个有爱心、善良的老师，又是一个富有灵性和才气的学者，具有其一已属不易，兼具两者更不多见。盼能扎根于学生之中，用心去体悟教育生活，教师经历是成为教育大家最重要的财富。"

这一封普通的给朋友的信笺，卫星一直放在他随身的包中。后来，他在一篇文章中写道："那一天，学会了自信的我第一次在他的鼓励中读出了责任和压力，读出了义务和使命，额头顿时生辉，肩膀顿觉宽厚。"

教育在线网站创办以后，尤其是新教育实验在全国各地轰轰烈烈地开展起来以后，卫星也成为新教育的一个重要的骨干，和我一起到各地宣讲推广。记得2005年12月，我们一起到浙江海盐去宣讲新教育，我讲了新教育的四大改变，他讲的题目是"新教育，我们的角色和我们的行动"。在他演讲的最后，是一段富有诗意的文字："对于幸福教育的老师来讲，教育不是牺牲而是享受；教育不是重复而是创造；教育不是谋生的手段而是生活的本质；教师的一生并不是要干成什么惊天动地的伟业，你永远也不会像杨利伟一样一飞冲天；但她应如百合，展开是一朵花，凝聚是一枚果；远望是一盏灯，近看是一团火；教育是一片海，不必以扭曲自己、改变本色为代价，且能收获几朵浪花、几串彩贝、几行足印，我要用我生命的绿水，去调和这一片蔚蓝！"现场许多老师听得热泪盈眶。

与此同时，卫星还协助我担任新教育出版工作的统筹，我们在苏州大学、四川教育出版社、福建教育出版社出版了"教育在线文库"和"新教育文库"，每个文库都有好几个系列。他协助我一起开始了中国基础教育阅读书目的研制工作。

作为一名父亲，卫星在家庭中首先践行生命教育。人们常说，父母是孩子的首任教师。在卫星看来，父母不仅是孩子的首任教师，还是孩子的首席教师。要做好这个"教师"，最长情的告白就是陪伴。陪伴，是给孩子最好的礼物。然而，当下父亲对孩子的教育最缺的就是时间上的陪伴，要解决这个问题，并不是一件十分容易的事。那么，能不能换一种方式陪伴孩子呢？

从女儿可依 10 岁开始，卫星开始"备课"，坚持一周一次和她上"家庭课"。一上就是一两个小时，有时甚至大半天。往往是清茗一杯，话题一个，随便扯来，任意东西。比如汶川地震发生后，他就连续和她谈论过这样的话题："我们都是幸存者""生命只有一次""责任也是一种本能""感恩是一种循环"……可依后来在一篇文章中说，她从这一堂堂的"家庭课"中学会了"让脸蛋保持微笑的温度"，学会了"选择与放弃"，懂得了"人生而平等""我很重要"，甚至悟出了一点点"向死而生""孤独宁静"的真谛……

除了上"家庭课"，每一年可依过生日，都会得到卫星的一份特别的礼物，那就是他给她写的长长的"生日书"。从《几点心愿，不尽祝福》到《生命只有一次，青春永不回头》，从《写好一个人并不难》到《考试是一次总结，但不是终结》，从《拥有本质、恒久的幸福》到《走向生命完满的旅程》……每封信都要写好几千字。可依说："字里行间，我读到了幸福、健康、爱情、死亡、艺术、尊严、友谊、宗教、责任、诚信、权利、义务、公正、优雅等人生话题，学到了课本上、学校里难以学到的哲学、心理学、成功学知识，更重要的是，读到了他深切的表达、亲情的寄托。"

在可依成长过程中的关键年龄节点之一——15 岁，卫星还"突发奇想"，请他的诸多朋友——李镇西、管建刚、高子阳、袁湛江、赵公明、彭尚炯、邓彤、王君、王典、沈坚等，包括我，结合各自的成长乃至成功经历，奉献人生体验，写下给他女儿的生日祝福信，从"学会选择"到"寻找幸福"，从"追求完美"到"接受缺憾"，从"不忘初心"到"收获梦想"……算是他献给女儿的一份大礼。

他的女儿从江苏省苏州中学、日本早稻田大学、澳大利亚新南威尔士大学等一路走来，快乐成长，毕业后在香港中文大学深圳高等金融研究院任教。

2004年，卫星在天津教育出版社出版一套三本的"生命课"系列丛书：《生命课——一个父亲的谆谆教诲》《生命课——一个学生的必修课程》《生命课——一个教师的教育手记》。我以"生命教育，让教育回家"为题为其作序。我在序言中说，教育的起点就是人，生命教育是教育的基点。这些文字，后来成为2015年度新教育主报告《拓展生命的长宽高》的思想雏形，也成为我们新教育实验卓越课程体系中"新生命教育"这一基础课程的理论基石。

2006年，在卫星的直接参与下，中国宋庆龄基金会和新教育实验共同在苏州举办了首届中华青少年生命教育教师高级研修班。2009年，卫星和冯建军教授、许新海博士、王海燕博士等，在鲁洁教授、成尚荣先生等指导下，一起完成了全国首个《生命教育课程标准》初稿。2011年，美国，也是全球发行量最大的生命教育教材交由卫星等新教育团队试译成书。2014年，我受香港教育学院何荣汉博士之邀，完成《新生命教育论纲》，编入两岸四地生命教育研究专辑在台湾出版。也就是在这篇《新生命教育论纲》中，我较为完整地建构了新生命教育的理论框架。它从现实思考和历史考察两个方面指出了新生命教育的价值和意义；把马克思主义关于人的全面发展理论（哲学基础）、人本主义心理学和积极心理学（心理学基础）、敬畏生命和幸福伦理学（伦理学基础）三个方面作为新生命教育的理论基础；并且从一条主线（人的生命）、两大特点（综合性、实践性）、三级目标（认识生命、珍爱生命、发展生命）、四项原则（认知、体验与实践相结合原则，发展、预防与干预相结合原则，学校、家庭与社会相结合原则，与青少年身心发展规律相一致的原则）、五个维度（生命与安全、生命与健康、生命与伦理、生命与职业、生命与价值）对新生命教育进行了体系构建。这个体系的构建，无疑离不开卫星等人对理论与实践的贡献。

2014年，卫星被苏州市教育局安排到教育部办公厅挂职锻炼，过着朝七晚九的生活，工作负担重，工作压力大。在一个周末，我打电话给他，让他到我家吃晚饭，给他改善一下伙食。记得那一天，我和他说了一句话：人这一辈子，能认真做成一件事就足够了！我希望卫星把生命教育当作人生的特等大事去做，做到第一，做到极致。

2014年6月，我们在苏州召开生命教育教材编写及课程资源库建设工作会议。会上，成立了苏州市中小学校生命教育指导中心，研究讨论了《新生命教育论纲》《中小学生命教育课程标准》，研究确定了《新生命教育》教材编写及课程资源库建设方案。

2015年7月，在第十五届全国新教育学术年会上，我和卫星、建军、卢锋、喜喜、国志等研究团队发布了《拓展生命的长宽高》报告，详细阐述了新教育视野下的生命教育——新生命教育的内涵、价值和实施路径。也是在这次年会上，新教育研究院成立了新生命教育研究所，任命卫星为执行所长，开启了研发课程、编写教材、培训推广的工作。

2017年8月，在卫星等人的努力下，一套贯穿小学一年级至高中三年级的全部22册、共计144课的《新生命教育》实验用书全部编写完成并正式出版，受到了全国很多学校师生的青睐和好评。卫星因此二度获得中国宋庆龄基金会生命教育彩虹奖，获得全国教育改革创新先锋教师称号。全国有150所学校成为新生命教育基地校，数十万师生使用这套教材开展生命教育的实践。

2018年，卫星的女儿可依在深圳成家，为了践行"陪伴是最好的礼物""陪伴是最长情的告白"，卫星应聘深圳市宝安区面向全国招聘的校长职位，毅然举家南迁，用他的话来说，做了女儿的"嫁妆"。婚礼上，卫星作为新娘父亲致辞。作为证婚人，我从北京专程前往深圳，见证了这场婚礼，祝福两位新人，并且写了一副对联作为贺礼。上联是：东瀛同窗千里姻缘晨起鸾共舞；下联是：澳洲共读百年好合晓来燕双栖。横批是：刘郎可依。卫星的女儿全名袁晓可依，女婿全名刘晨，两人既是日本早稻田大学政治经济系本科同班同学，也是澳大利亚新南威尔士大学商学院研究生同学。我在对联和横批中嵌入了他俩的名字。"刘郎"，古时常借指"情郎"。

既然到了深圳，我当然要去卫星的学校。卫星在深圳市新安中学（集团）第一实验学校担任党总支书记、校长。我欣喜地看到，卫星已把新教育实验，特别是新生命教育的大旗插到了深圳。学校先后组织八批老师奔赴如东、海门、成都、青岛、北京等地，参与新教育实验的各项专题学习与研讨，学习各种先进的理论知识。学校开放式图书架上，设有新教育书籍专柜，新教育有关的书籍，包括新阅读研究所推出的900种书目，凡是能买到的，都买上了，以供师生阅读。营造书香校园、师生共写随笔、聆听窗外声音、缔造完美教室……新教育"十大行动"，一个不落地开展起来。学校成立了新生命教育研究与指导中心，申报立项了"中小学新生命教育专设课程研究"这样一个深圳市重大成果推广课题。新生命教育研究所副所长、我的博士生卢锋，也作为引进人才，被"挖"到卫星的学校，专门从事新生命教育的研究与指导工作。

在新安中学（集团）第一实验学校，卫星让我题词，我随手写下，"放一颗新教育的卫星"，寄语卫星在新教育实验的大家庭里，用教育的理想办理想的教育，大放异彩。卫星则让我多写一幅："做自己，做好自己，做最好的自己。"我想，这是他对自己和学校师生共同的勉励吧！

梅子涵：
相信童话，呵护童年

梅子涵老师是我们新教育研究院新阅读研究所的所长，是一位我非常尊敬的儿童文学作家，也是一位优秀的儿童阅读推广人。他一直主张，我们应该相信童话，相信童话里的美好情感，相信童话里的快乐情绪，相信童话里的乐观，相信童话里的豁达，相信童话里的智慧，相信童话里有很多我们的日常生活中想不到的生命原理、生命规则，相信童话里有很多对我们一生有用的、能帮助我们度过一生的那些哲学……

梅子涵老师坚信：孩子从小阅读童话书，记忆里面就会有那种颜色，会有那种快乐。童话书里面的笑声会变成他心情里、精神里的笑声。没有在童话的摇篮里躺过、睡眠过的孩子是不幸的，没有童话的阅历和记忆的孩子是可悲的。而儿童文学就是寒冷中盖在孩子身上的那条暖暖的毯子。

梅子涵老师是一个演讲高手。这些年来，他一直奔走在全国各地，为儿童阅读鼓与呼。每一次听他讲话，我都如痴如醉。他在中国儿童阅读论坛上的每一次致辞，都是一篇可以传诵的美文。

梅子涵老师也是一个讲故事的高手。每一次听他讲图画书，都能听出一些我们没有看到的东西。他大概是中国最懂图画书的人了。他说，图画书是带儿童进入文学的最初媒介。

我曾经读过他撰写的图画书《麻雀》。著名儿童文学作家王晓明说，这是一个伟大的童话。他还希望大家快点看，放久了也许会看不懂，因为懂的人正在逝去。

是不是伟大的童话,可能要让时间去评说。但是,它无疑是一本值得好好读的图画书,他适合所有人,包括成人和孩子。无论是文字,还是图画,都非常精彩。

《麻雀》讲述了一个发生在荒诞的时代的故事:大人们决定消灭麻雀,敲锣打鼓,麻雀们被惊吓,纷纷掉下来。年龄大一点的朋友,应该对这个曾经在生活中出现过的场景并不陌生。其实,我们这个时代是不是同样荒诞呢?也许后人也会认为是的。虽然今天的我们不再打麻雀了,但是我们砍伐森林,污染河流,糟蹋天空,我们是在打更多、更大的"麻雀"。

《麻雀》作为一本图画书,不仅故事有吸引力、文字有张力,图画也很有震撼力、冲击力。黑白的色彩,有着历史的沧桑感,上海弄堂的幽静与人物表情的张狂,形成了鲜明的对照。

梅子涵老师在送给我的书的扉页上写了这样一段话:"如果所有的麻雀和鸟儿都可以自由飞翔了,那么人类也就有了真正的自由和强大。人类啊,你是需要养育世界上的一切呼吸的。"我想,这是他对于这本图画书的解读。

其实,哪怕从同样一本书中,每个人读到的,都是他自己能够读到的东西。梅老师说,这本书,孩子们可能比成人更容易读懂。因为孩子们的童心天生是善良的,怜悯的,孩子们会知道,麻雀是人类的朋友,知道麻雀救了男孩的命,知道应该善待麻雀和所有的鸟儿,所有的生命。而成人,总喜欢把自己当作世界的主宰,当作唯一的英雄。

的确,最懂得动物语言的是孩子,最能亲近动物的也是孩子。可我相信,最起码有一个成人不是这样,那就是梅子涵老师。生活中的麻雀不会说话,但梅老师却像能够听懂麻雀的语言一样,创造出这样一部为麻雀代言的作品。

小小的麻雀,又何尝只是小小的麻雀呢?那分明是一颗小小的、跳动着的童心啊!梅子涵老师显然就是跳动着这样一颗童心的大人,正因为有着这样一颗自由自在、无拘无束的童心,才能放飞想象,让《麻雀》终于飞到了童年的天空中。

梅子涵老师也是一位优秀的父亲。

20年前,梅子涵老师写下了感人的《女儿的故事》,不仅记录了一个小女孩的成长历程，也记录了一个父亲的喜悦与悲伤、梦想与惆怅、努力与无助、刚强与柔弱。20年以后，他的女儿梅思繁以一本《爸爸的故事》，续写了两代人之间的情感与思想交流的故事，呈现了这个小女孩成长的心路历程，也丰富了梅子涵作为父亲的可亲可爱的形象。

这两本书，让我们看到了作为父亲的梅子涵。虽然父亲们从事的职业不同，对孩子的期望也不一定相同，但我相信，每个父亲都可以从梅子涵身上找到自己的影子，找到我们这个时代的特质，找到我们教育的问题。

不是吗？如果我们的孩子没有考上一所好学校，我们会不会像梅子涵所写的那样对女儿"发神经病"呢？在幼儿园和小学让孩子们学钢琴、拉小提琴，到了中学又让钢琴、提琴"睡大觉"，是不是都在"下赌注"呢？发现孩子偏科，数学或者某一门功课特别糟糕，是不是也会"咆哮如雷"呢？

幸亏，梅思繁遇到了梅子涵。虽然梅子涵有着所有父亲的苦恼和无奈，但是，他毕竟是懂孩子的。他知道，对于孩子来说，陪伴是最重要的。所以，尽管作为大学教授和作家的他有那么多的事情要忙碌，但我们看到他一直在女儿身边。他和女儿玩"胡子"游戏，和女儿一起买生煎包、小馄饨、排骨年糕，一起喝咖啡，看戏剧和电影。他知道，女儿在长大。

最让我感动的是女儿准备放弃索邦大学的比较文学博士学位而从事专业写作时，父亲与女儿的纠葛和矛盾。一方面，是非常清晰的康庄大道——在世界著名的大学拿到博士学位，有一个体面而稳定的职业。另一方面，是充满了不确定性的艰难险恶之路，"我不要自己的女儿有一天也许会凄风苦雨饿肚子，我就你这么一个女儿！"但是，对女儿选择的文学梦，父亲最终还是选择了接受、尊重与支持。

"你也许一生都会过得很简单很清苦，但是我会拉着你的手，站在你的边上，我会像当年一样，支持你，帮你把那个梦想的风筝放飞起来。"梅子涵对梅思繁说。

我是含着眼泪读完这个故事的。其实，这也是我自己的故事。我的儿子朱墨，也是一个文学青年。梅思繁在《爸爸的故事》中提到的那篇《朝北教室的风筝》，后来被上海少年儿童出版社作为一本书的书名，朱墨与梅思繁是这本书的共同作者。我也曾经像梅子涵一样期待他在读完博士学位以后轻轻松松做一个大学教授，而朱墨也像梅思繁一样，有着自己的人生梦想。我也曾经苦口婆心劝说朱墨，最后，我也选择了梅子涵的选择。

这两本书虽然讲述的是一个家庭中父亲与女儿的故事，其实，也是我们这个时代的教育故事。

我曾经说过，写作的人是幸福的，不仅是因为他们通过文字记录了自己的生命故事，让读者与他们同悲共喜，更重要的是，他们自己也在写作中思考与成长。写作本身就是一种治愈，一种疗伤，一种分享。不仅女儿在成长，父母也在成长。希望有更多的父亲和女儿，母亲与儿子，像梅子涵和梅思繁一样，拿起自己的笔，记录自己的生活，书写生命的故事，这种共同成长的幸福，本身就是最美好的事物。

孙云晓：
走进儿童世界

对许多人来说，孙云晓的大名早已如雷贯耳，他的名字是与少年儿童联系在一起的。

云晓1955年2月8日出生于山东青岛的一个工人家庭。17岁的时候，他就当起了小学老师，19岁的时候，他就开始在《青岛日报》上发表儿童诗，从此与少年儿童结下了不解之缘。

云晓写过许多儿童文学、报告文学，甚至写过小说、剧本，几乎都是关于少年儿童的。而真正让他天下美名扬的，是他在1993年7月发表的报告文学《夏令营中的较量》。这篇报告文学通过中日少年在夏令营中的种种表现，揭示出两个国家教育的差异以及竞争力的不同，让人们蓦然惊醒，从而震撼全国，引发一场社会各界参与的大讨论，同时受到党和国家领导人的高度重视。中央电视台12集专题片《改革开放20年》，称《夏令营中的较量》引发的大讨论成为20世纪90年代"教育改革的前奏曲"。

后来，云晓又发表了一系列研究少年儿童的著作。看一看云晓关于儿童教育的作品清单，我们不能不佩服他的智慧与勤奋：《孩子，抬起头》《跨世纪的一代——中国少年"五自"丛书》《较量备忘录》《儿童教育忧思录》《培养独生子女的健康人格》《杰出青年的童年与教育》《向孩子学习》《中国青少年自我保护手册》《学会共处——走进学习时代》《让孩子互相学习——独生子女教育成功之路》《新发现——当代中国少年儿童报告》《百年中国儿童》《成功父母必读》《孙云晓谈少年儿童成功教育》《打开想像力之门》《我要做个好父亲》《没有秘密的孩子长不大——孙云晓与您网上聊天》《孙云晓少年儿童教育报告》《教育的秘诀是真爱——孙云晓教育建议》《培养一个真正的人》《青少年抗挫折教育》《"较量"背后的沉思——中日儿童教育比较》《儿童教育就是培养好习惯——当代少年儿童行为习惯研究报告》《藏在书包里的玫瑰——校园性问题访谈实录》《唤醒巨人——成功教育启示录》《习惯决定孩子命运——孙云晓儿童教育12讲》《我的教育自述：好的关系胜过许多教育》《孙云晓家长忠告》《让世界充满爱——同心共建和谐社会》《好父母好方法》《好孩子好习惯》《良好习惯缔造健康人格》《父母的上岗执照——合格父母的12条准则》。

这些作品中，虽然有他主编或与人合作的，但是大部分是他独立完成的。透过这些作品，我们可以看到云晓关于儿童教育的许多基本理念与思想，如"习惯决定孩子命运""好的关系胜过许多教育""教育的秘诀是真爱""教育的核心是培养健康人格""儿童教育的全部使命是发现儿童、解放儿童""一切成功的教育都是和谐的教育""让孩子互相学习""21世纪是两代人相互学习共同成长的世纪""无批评教育是伪教育""尊重生命是一切教育的核心理念"等等。

2007年年初，《孙云晓教育作品集》由江苏教育出版社出版发行。该作品集共八卷，分别为《唤醒孩子心中沉睡的巨人》《两种爱心　两种命运》《阳光法性教育》《教育的核心是培养健康人格》《教育就是培养好习惯》《与孩子一起成长》《捍卫童年》《教育从尊重开始》。承蒙他的信任，邀请我为他的文集撰写了序言。这也是我第一次全面走进他的儿童世界。

这套书给我留下了深刻印象。虽然云晓不是教育科学研究"科班"出身，但是他有着文学家的敏锐，有着对于儿童的关注与"真爱"，因此，他的发现，他的感悟，他的情怀，就经常让我们这些研究教育的人自愧不如。因此，中国青少年研究中心研究员、中国青少年研究会副会长、《少年儿童研究》杂志总编辑、中国社会科学院兼职研究员、北京师范大学兼职教授、全国优秀儿童工作者标兵，这样一些"头衔"落在他的身上，也就是非常自然的事情了。而中国图书奖、全国"五个一工程"优秀图书奖、全国优秀儿童文学作品奖、全国优秀畅销书奖，这样一些全国大奖被他收入囊中，也一点不奇怪。

的确，云晓总能够捕捉时代的精神，走进儿童的心灵。因此，他总能成为媒体的焦点,新闻的中心。他不断地超越自己,不断地提出命题。他总能最先感知春江水暖,总是勇立潮头。在网络还没有走进大众生活的2000年,他就开通了孙云晓网站,在博客刚刚传到中国不久的2005年,他就在新浪网开了自己的个人博客。十余年前,他的网站就已经有各类作品千万余字。他的博客每个月组织一次专题讨论,成为他与网友互动的重要场所。而现在,他又活跃在微博、头条等各种新媒体和自媒体上,活力无限。

2007年年底,我到北京工作以后,与云晓见面的机会就开始多了起来,我们在不同的会议上相见,在同一份报刊上相遇,彼此越来越了解,友谊也日渐加深。

2009年,云晓与李文道博士合作撰写了《拯救男孩》和《拯救女孩》两本著作。我有幸为这两本书撰写了序言。我在序言中谈到,男孩与女孩的区别其实远远不像我们想象的那么大,即使是差异心理学研究的成果,也在不断受到新的挑战。在现实社会中,为什么有一些男孩具有女孩子的特点,而有些女孩又具有男孩子的特征呢?在社会的角色期望和家庭的养育方式没有根本变化的情况下,我希望女孩子能够更加努力,更加自强,在发扬自己所特有的女孩优势的同时,学习男孩子的坚强,追寻梦想,成就自己的人生。

2014年11月,中国教育学会家庭教育专业委员会理事会换届。我受学会的委托担任了新一届理事会的理事长,在考虑理事会人选的时候,孙云晓自然成为常务副理事长的首选人物。因为儿童世界与家庭有着不可分隔的关系,孩子与父母有着天然的联系。同时,我邀请了时任中国教育报刊社总编辑的翟博和新华社评论部的鹿永建担任常务副理事长,共同为中国的家庭教育研究事业做一点实实在在的事情。

理事会成立以后,我们密切合作,每年举办中国家庭教育学术年会和家校合作经验交流会,组织编写《中国家庭教育文库》和《中国家庭教育年鉴》,把学会建设得生气勃勃,得到了方方面面的好评。云晓在其中发挥着非常重要的作用。

2015年,考虑到家庭教育在整个新教育体系中特殊的地位,新教育研究院准备在原来的新父母研究所基础上成立新家庭教育研究院,作为新教育实验共同体关于家庭教育及家校合作共育的重要学术研究机构，云晓也水到渠成地成为我们的首任院长。

新家庭教育研究院的定位是：以家庭教育学科研究为根本使命，以服务新教育在家校合作及家庭教育领域的研究和发展为首要任务，通过组织课题研究、举办系列学术研讨会、团结广大学者专家、推出学术著作和教材等方式，努力提升家庭教育工作者的专业化水平，为中国家庭教育的健康发展作出贡献。

在云晓的领导下，新家庭教育研究院成立以来，启动了"中国家庭教育指导者专业化状况"调查项目，并完成《我国家庭教育指导者专业化培训状况与人才队伍建设构想》的研究报告，得到教育部及中国教育学会的高度关注和肯定。

研究院还联合中国青少年研究中心及美国、日本、韩国的相关专家，和新航道教育集团合作，完成"中美日韩家庭教育比较研究课题"中的"网络时代的亲子关系研究"，并在由中国教育学会主办的"2018年家庭教育学术年会"上进行发布，获得了极大关注和高度赞誉。

同时，研究院先后召开了"家庭教育中的儿童权利""新家庭教育哲学"等系列学术研讨会；承担了《当代教育改革与创新》丛书"家庭教育卷"的编写；携手首都师范大学、湖南教育出版社，共同打造了"新家庭教育文化节"活动；与北京全家学教育科技有限公司合作，启动了"家校合作指导师培训"，邀请国内外知名专家开发线上线下系列课程，为新教育实验区培养高质量的家庭教育及家校合作指导者。

研究院每年进行"中国新父母年度人物"的评选活动，至今已经完成了四届。首批产生的十位父母，在中国教育电视台《请教请教》栏目的支持下，录制了十期的专题片被连续播出，产生了广泛的社会影响。

2017年，在我的倡议下，新家庭教育研究院联合上海师范大学学前教育系、中国青少年研究中心的团队，在湖南教育出版社的大力支持下，完成了《这样爱你刚刚好，我的N岁孩子》系列20本的新父母教材的编写并正式出版，深受父母读者喜爱。

前两年，云晓退休了，但是，他的学术活动一点儿也没有减少。很会弹钢琴的他，每年都会安排一两次出国观光，用相机和诗句记录生活，其他的时间仍然徜徉在他的儿童世界之中。读书、写作、讲演，仍然是他生活的主旋律。我一直期待并相信，他领导的新家庭教育研究院，能够更好地为新教育实验的家校合作共育作出新的更大的贡献。

郝京华：
"最接地气"的教授

有人曾经评论说，在中国基础教育界，在中小学科学教育的理论研究与实践探索方面，郝京华教授是"最接地气"的人之一。

是的，郝京华教授有许多显赫的头衔，南京师范大学教育科学学院教授、国家科学课程标准（3—6年级）研制项目负责人、教育部南京师范大学课程中心副主任、中国教育学会小学科学教学专业委员会副理事长、江苏教育出版社小学《科学》教材主编，等等。但是，我最看重也最骄傲的是，她是我们新科学教育研究所的所长。

认识郝京华老师应该是30多年前的事了。上个世纪80年代末，郝老师是南京师范大学教育系教育学教研室主任，我是苏州大学教育科学部的主任。大约在1988、1989年之间，她带领南京师范大学教育学教研室的老师们到苏州大学访问交流，那个时候，我们都还是年轻的教育学学者，对学术研究充满着神圣感。我们对教育学学科的教学讨论得很多。

后来，知道她去了俄罗斯教育科学院心理研究所学习，师从发展性教学著名学者B.B.达维多夫。达维多夫是非常著名的心理学家和教育学家，中国学者对他也不陌生，他担任过苏联教育科学院通讯院士、教育科学院普通与教育心理研究所所长、俄罗斯国家杜马教育科学委员会委员、《俄国教育家百科全书》主编等，在年龄和教育心理学领域造诣颇深，出版有《发展性教学》《掌握知识的年龄可能性》《数学中的概括种类》等著作。

回国后，郝京华老师又继续跟随鲁洁教授攻读博士学位，同时参与联合国教科文组织的幼小衔接项目、教育部义务教育阶段课程实施现状的调研、《基础教育课程改革指导纲要》的撰写和领衔制定《3—6年级科学课程标准》等，活跃在教育研究的一线。

国家课程改革启动之后，在课程研究和科学教育研究方面崭露头角的她面临着一个两难选择：是当国家的教材审查委员，还是当普通的科学教材编写者？前者是拥有"生杀"权力的裁判，后者是踏实干活的运动员。最后，她选择了后者。她说，作为课程与教学论学科的教师，作为研究发展性课程与教学问题的学者，能将教育理念变成现实的机会实在难得。编写教材这条路虽然更艰巨，更有挑战性，但是值得去努力。就这样，她成为苏教版《科学》教材的主编。而20年编写教材的经历，也让她赢得了"接地气"的美名。

一晃就是近30年。这些年，虽然我们联系不多，但是我一直关注着她的学术行踪，不时也拜读她的学术论著。心里也一直想着，应该邀请她参与新教育团队，为我们的科学教育研究把舵导航。

机会终于来了。2017年11月，新教育研究院在海门举行新教育国际高峰论坛。年初，在拟定邀请专家名单的时候，许新海博士和我不约而同地想到了郝京华老师。其实，在新教育课程体系的构架完成之后，我就一直在思考，应该邀请在科学教育方面理论与实践都非常卓越的学者来担纲新教育的科学教育课程研发工作。郝京华教授，自然是我考虑的第一人选。

在海门的新教育国际论坛上，郝京华教授作了一个题为"构建科学教育的合力"的精彩报告，得到了与会国内外专家的一致好评。在与国内外专家的交流中，我们也有许多一致的想法。不久之后，新教育研究院正式决定邀请她出任新教育科学教育研究所所长。

郝京华教授后来告诉我，那天我打电话邀请她的时候，她正在重庆出差途中，出于礼貌和时间的急迫，不假思索、模棱两可地应了下来。没想到十天后一纸聘书就寄到她家，望着五年的聘期，老伴现出一脸不高兴的表情。原本想退休以后清闲一些的她，知道又有新的挑战了。

郝京华教授走马上任之后，我们共同商量了新科学教育研究所的定位：以"让师生过一种幸福完整的教育生活"为使命，致力打造科学教育研究的重镇，成为国内科学教育研究的品牌。研究所的工作主要围绕基础教育阶段提高学生的科学素养和促进科学教师的专业发展进行。

为了让研究、教材开发和推广一体化，同时使新科学教育研究所有可持续发展的空间，我专门邀请我的好朋友、悦读名品文化传播（北京）有限公司董事长、北京触动文化科技发展研究中心主任张文虎先生共同合作，由他负责为研究所筹措研发资金，全力做好后勤保障工作，确保郝京华教授无后顾之忧。

同时，为了减轻郝教授繁重的行政事务，我在我的学生中间选择了学术素养好、踏实厚道的王伟群博士担任副所长，协助她开展工作。王博士是苏州大学材料与化学化工学部的教授，长期从事中学化学课程与教学论的研究与教学工作，跟随我读教育哲学的博士，具有很好的自然科学和教育学学科背景，与郝老师也有许多共同语言。

郝京华教授和王伟群教授两位所长上任的时候，距离2018年成都的科学教育主题年会时间已经很近了。当时，研究所的主要任务就是全力以赴准备年会的相关工作。所以，她们和我一起反复打磨年会的主报告《新科学教育论纲》，共同商量策划年会分论坛的次级主题，最后选定了五个领域：抓关键信息的科学阅读、利用科技馆资源的科学学习、体现探究的科学课堂、传统文化中的STEM教育、信息技术在科学教学中的运用。

为了保证年会现场展示的品质，她们俩人先后两次赴成都，和武侯区的老师一起研讨相关的展示活动。她们兢兢业业、细致入微的工作风格，给研究院和武侯区的校长、老师们留下了深刻印象。

事后，郝京华教授对年会的主报告以及她的搭档都给予了很高的评价。她说："《让科学之光照亮求真创新之路》的主报告，在大方向上绘就出了新教育科学教育未来发展蓝图，这让我感到肩上的担子轻了一半，更重要的是纲要精神与我的理念高度吻合。""幸好朱老师给我配了位非常棒的执行所长——苏州大学的王伟群教授，重活累活都由她抗着，我们很快成了好朋友，成了一根绳子上的两只蚂蚱，真正做到了同呼吸共命运，心有灵犀一点通。"

忙完了年会，她们又马不停蹄地开始设计能体现新科学教育理念的科学课程。当时国内外方兴未艾的STEM教育和项目学习成为新科学教育研究所设计课程的重要背景。直接的客观原因则有两个：一是对国内科学教育存在的最大弊端的认知——不重视知识在真实情境中的灵活运用；二是有一些现成的国内外STEM项目学习课程可供借鉴参考。郝京华教授将新课程命名为"科技项目学习课程"，这是一种"以工程设计为基础，学生用他们在科学、技术、数学各个领域获得的知识来解决真实世界有意义的问题"的新课程形态。为此，她们提出了"让知识与创意在解决问题的过程中相遇"的口号。

经过一年多的努力，第一期的六个项目——"被动式太阳能小屋""生态净水池""智能小菜园""梦幻舞台""动力小车""营养烘焙"如期完成。与国内外其他的STEM课程不一样的是，新教育的STEM课程涵盖了工程技术的重要领域，提出了用工程素养（对工程技术本体的认知、通识性的工程技术技能、工程设计的流程、工程思维）作为课程目标的新的课程设计思路。为了做好这些课程，郝京华、王伟群和各个项目课程研发团队的老师一次次地聚集在海门，从理念的提出到体例的构想，从体裁的选择到活动的设计，他们在交流碰撞中真正尝到了"痛并快乐着"的滋味。

为了促进这一课程加速推进，经过郝京华教授的穿针引线，新成立的北京联想公益基金会与新科学教育研究所建立了战略合作关系。基金会的理事长刘晓林、秘书长马铁风和项目总监游悦等，对新教育的科学教育的理念高度认同，对由郝京华教授领衔的STEM教育项目高度赞赏，在理解了这种跨学科的以学生解决问题为主体的课程意义之后，决定出资将我们的课程捐助给贫困学校，扶持贫困地区的科学教育。2019年已招募十所贫困地区的学校先行进行我们设计的科技项目学习课程的试验。就这样，新科学教育研究所与联想公益基金会的同志通力合作，从教师培训到器材的配备，从深入学校到品质保障，使这一门全新的课程在贫困地区的学校扎下了根。

郝京华教授曾经写过一篇《儿童是天生的探究者》的文章。她在文章里写道：许多人都认为探究是科学家的事情，儿童只是在玩玩而已。可是，我们往往会忽略这样的事实：人类经过成百上千万年的进化获得了逻辑思维、创造想象、直立行走和语言的能力，如今这些能力已经潜藏在人类的基因当中。这种基因表现在儿童身上，就是好奇，好问，好探索，精力充沛、不知疲倦地探索着周围世界，这种发生在儿童身上的鲜明特征，正是从我们祖先那里承袭而来的。所以，科技教育最重要的作用在于保持学生对大千世界的好奇和敬畏，而这种好奇和敬畏来自学生对自然世界和技术世界的探索与理解。我们的教育，就是要唤醒儿童的好奇心和敬畏心，在他们的心中播下科学的种子。

在新科学教育的 STEM 课程试验开始后，郝京华教授和团队开始系统地思考如何真正地让儿童成为探究者，如何全面启动新科学教育研究所的工作的问题。研究所专门在北京召开了所务会议，提出了许多问题以进行深入讨论：长周期的项目学习课程课时从哪儿来？好为人师的课堂文化使教师难以忍受学生长时间的思考和动手的混乱该怎么办？学生是否会因一个学期的项目学习时间太长而失去兴趣？学具的费用如何降低以适宜面广量大的推广之所需？等等。

在这样的深刻反思的基础之上，她们理清了后续的工作思路。其中最重要的就是启动一项促进我国义务教育阶段科技教育改革的方案——"未来工程师成长计划"。该计划拟包括三项基本建设：一是研发供中小学参考或直接选用的义务教育阶段的科技类课程，二是建设科技教育网络平台，三是打造科技教师后备队。

目前，研究所正在组织力量编写一套面向普通小学生的通识性科技课程读物。这一课程与小学的科学课程相辅相成，相得益彰。科学课程着重对科学概念、科学规律、科学原理的学习及综合运用。课程旨在让儿童能对工程技术领域有一个概略的了解，如工程技术包括哪些重要领域，工程师是一群什么样的人、他们是如何工作的等。课程的名称暂定为"小小工程师"，含小小机械工程师、小小 IT 工程师、小小环境工程师、小小建筑工程师、小小化学工程师、小小能源工程师、小小航空航天工程师等模块。课程采用工具箱加科技读物的形式，读物将充分体现新科学教育的"读中悟、做中学、写中思"理念。读物语言较之教科书将更加生动、活泼，且图文并茂，更加适合学生自学。

郝京华和她的团队的梦想很大。他们正在研发一套具有中国特色、增强民族自信心的科普读物（它同时也可以作为学校科技类的社团课程）——《传统文化中的STEM》。他们目前正在进一步修改长周期科技类项目学习课程，目标是使之可以比肩国际同类课程。在完成"小小工程师"系列之后，他们又开始研发"小小科学家"系列，旨在设计出长周期的与中小学生能力相匹配的科学探究项目学习课程，围绕科学大概念编一套卡片式的螺旋上升的科普读物。

郝京华教授深情地对团队说，为了中国的孩子，为了中国的教育，为了中国的未来，她领导的新科学教育研究所，愿以一己之力探索科学教育、科技教育改革的前瞻性愿景，愿做科学教育改革大潮中的一朵浪花，愿做新教育宏伟蓝图中的一块拼图。

王庚飞：
艺术教育成人之美

认识王庚飞，是在参加冯骥才先生组织的一个活动上。冯先生告诉我，庚飞夫妇是非常厉害的装帧设计家，他的很多重要著作都是由他们夫妇操刀的。

那一年新年，他们夫妇帮助我制作了一张印刷精良的贺年卡。一张小小的新年贺卡，美轮美奂。

后来，各自工作繁忙，联系渐少。

没有想到，再次握手，竟然又是在天津大学冯骥才文学艺术研究院。2018年2月初，我去天津给冯骥才先生拜年，见到了同样是来看望冯先生的庚飞夫妇。

庚飞一见面就说："正好要找你呢！你送到枪口上来了！"原来，他和朋友正在创建新图画公司，是一个艺术教育的创业公司。

回到北京，我们很快进行了深入的交流。庚飞讲述了新图画在视觉艺术教育方面的一些新的探索，我介绍了新教育关于艺术教育的主张与愿景。双方的理想、理念高度契合。

庚飞告诉我，他从小喜欢文学艺术，但大学学的是物理学，成了一个理工男。考研究生时，终于实现了自己的愿望，选读了哲学专业。毕业以后，在江西做了八年教师，30岁那年，伴随着儿子的出生，生活的压力也一并而来，于是离开南昌去深圳闯世界。从秘书、项目设计、工程管理干起，一直做到美国阿姆斯壮公司中国区的总经理。

一场意外的车祸，让庚飞幡然醒悟："人在死亡的边缘走一遭，才知道生命的可贵，而只有做自己真正喜欢的事才能使生命更有意义。"于是，他和在中央美院工作的夫人蒋艳联手，决定进军图书装帧设计领域。很快，《上海的风花雪月》《黄河十四走》《九行茶马古道》等一批由他们装帧设计的高品位艺术书籍横空出世。其间，庚飞还涉足景观建筑设计、影像制作、展览策划等相关领域，均有不少代表作品。

也许与夫人的职业和专业有关，2016年，庚飞找到了他人生"最后的归宿"：艺术教育。他和蒋艳等注册成立了新图画教育科技有限公司，专门从事美术教育。他说，他的梦想就是通过自己的努力，"让中国的每个孩子在基础教育阶段都能享受到良好的美术素养教育"。

庚飞听到我讲述新教育的艺术教育成人之美的主张，以及新教育的大艺术教育课程构想时，兴奋地说，这就是他心目中艺术教育的模样，艺术不是为了考级，不是为了附庸风雅，艺术素养"是一个完整的人必须具备的基本素养"。

梁启超说过：感受美，爱美，是本能，是人人都有的，每个人都拥有感官，如果不常用，自己的感官就会麻木，一个人麻木，那人便成了无趣的人。个个麻木、无趣则一个民族麻木、无趣。无趣的人、无趣的民族一定会缺乏活力、创造力。"美术素养"教育就是让我们在修习涵养中使感官不麻木，保持敏锐的感受力；使手脑不麻木，具有思考、表达、创造的能力；使生活不麻木，时时感受趣味、创造趣味。教育的目标首先是创造一个完整的人，一个有生活能力的、爱生活、会生活的人，再谈这样一个人能成为一个什么方面的"才"。

庚飞告诉我，他们正在研制的新图画的核心产品，是一套以图画思维基本概念统领的"中小学美术素养创课系统"，目标是为一线美术教师提供覆盖国家中小学美术教学大纲内容的教学资源库、智能编课软件和课例；一套"新图画美育课堂"全面解决方案，可实现互联网录播双师和互联网直播双师共同组织教学的课堂形式。希望以视觉思维的开发与训练为核心，致力于用有料、有趣、有效的方法再造通识美术教育，让美术素养从可遇不可求的天赋变为人人拥有的核心素养。

记得那天，庚飞谈到，他希望新图画课能够帮助学生形成一种与"科学思维"不同，但同样重要的另一种思维——"图画思维"。我对他说，图画、美术教育、视觉艺术教育，只是艺术教育的一部分，其实更确切地说，应该是培养学生的艺术思维。我们完全可以合作，把新图画打造成为新艺术，探索新教育实验的艺术教育课程体系。

三个月后的2018年5月5日，由新教育研究院和新图画教育科技有限公司共同发起的新艺术教育研究院正式成立。王庚飞担任首任院长。在成立仪式上，庚飞代表新艺术教育研究院阐述了自己的使命和愿景：以培育面向未来的"完整的人"为目标，通过"新艺术种子教师"计划、"新艺术精品课程"计划、"新艺术学习中心"计划，以及"新教育艺术节"，团结国内外基础艺术教育领域的优秀学者、教师、有志推动中国基础艺术教育良性发展的艺术教育机构，共同探讨"通识艺术教育"的课程体系、适合中国实际情况和当代科技发展的授课模式、评估方法和校园艺术活动新模式，帮助艺术教师成长，促进学校的艺术教育、教学和课外艺术活动水平不断提高。

庚飞不仅是一个充满创造力的艺术家，也是一位具有行动力的实干家。新艺术教育研究院启动的第一个项目就是新少年国际艺术教育节（IFYAE）。经过一年的筹备，2019年7月18日，首届新少年国际艺术教育节开幕式暨国际艺术教育论坛在苏州高新区文体中心举行。

艺术节以"美育未来"为主题，结合新教育实验多年的研究成果，设置了手绘图画书展、偶戏节、新教育诗会、最美班歌四大展演以及国际艺术教育论坛，吸引了全国各地的10万名青少年报名，一万个作品参与评选，创作主题包罗万象，包括城市生活、童话故事、寓言新说、传统文化的创新演绎等，充分体现了孩子们观察世界的独特视角，最终千余份作品将随着选手一起亮相艺术节的展演现场。除了国内外艺术教育研究的专家外，这次艺术节还邀请了日本图画书插画家小林丰和宫西达也、"花婆婆"方素珍、国际木偶联合会研究委员会主席卡瑞德·阿斯特尔斯（Cariad Astles）、当代国际知名偶戏艺术家巴尔塔·基什·丽塔（Bartal Rita），中国布袋戏非遗传承人杨辉、青年作曲家田艺苗等嘉宾，带着各自专业领域的先锋理解和艺术态度，开展讲座与见面会等活动，为艺术节注入了鲜活魅力。

艺术节结束之后，庚飞与新艺术教育研究院余国志博士等又马不停蹄地投入到艺术教育的学科书目研制之中，顺利完成了中小学师生的艺术学科基础阅读书目初稿。2020年元月4日，新艺术教育研究院召集来自全国各地的2019年"新少年国际艺术教育节"获奖学校的各位优秀校长、教研骨干、教师代表交流研讨新教育艺术教育的年度工作，对即将启动的"种子教师计划""新艺术精品课程计划""新艺术学习中心计划""新艺术校园计划"等项目进行了详细的介绍，使所有与会者对新艺术教育研究院的定位，新一年的计划有了全面性的了解和准确的把握。

正当庚飞全力以赴开启新一年的工作时，一场突如其来的疫情打乱了我们的工作节奏。1月31日，庚飞给我发来邮件写道：

朱老师过年好！本来还想在春节假期拜访请教，看来无望！疫情还在发展，大家都很揪心，盼疫情能尽快被控制！今天发这个微信给您，是还有一事更让我揪心，就是这段时间由于学生不能按时开学而掀起的网上上课狂潮，教育互联网企业疯狂炒作。我也是一个教育互联网企业的创始人，我知道这对于推广网络授课是一个很好的商机，但作为一个教育者，我觉得更重要的是坚守教育的根本和目标，比起落下几个月的功课更为重要的是，面对这一灾难，我们要用什么来教育我们的孩子。我觉得我们教育者要在这场灾难面前做到如下三点：第一，我们应该将这次灾难看成对孩子进行生命教育的实践课堂，以面对这次灾难我们全社会的表现为教材，看看在生命面前，个人、专家、政府、全社会应该如何对待，因为这些孩子是未来的专家、政府官员和中国公民，我们大家在不同的社会角色下，要如何对待生命，自己的、他人的、社会的。这涉及科学教育、社会教育、公民责任等，故我们教育者应该呼吁以这场灾难为教材开展一场教育运动，落下点功课是微不足道的。第二，我们的教育的一大缺失是家长的离场，"家长是最好的老师"，要呼吁家长利用这段难得的与孩子共处的日子担负起教育的责任，提倡与孩子共度、共担、共读。第三，学校要鼓励孩子：你不仅是一个只会读书的个体，而且是未来社会的主人。要鼓励孩子和家长以这次灾难为题，完成一次共同的作业，共同查资料，共同讨论，在灾难平息之后交出一份报告。一点小想法，供您参考，如有可取之处，望您能以您的影响力将以上可取之处告知社会，以尽我们在共同的灾难下的微薄之力！

庚飞的来信，让我想得很多。一方面，我为他的教育情怀而感动，另一方面，也促使我思考疫情之下新教育团队应该做些什么。

于是，我们立即行动起来。新教育研究院组织专家和优秀教师团队精心研发了在线录播微课程，包括晨诵、整本书共读、百首名曲欣赏、百幅名画欣赏等微课300节，受到父母和学生的一致欢迎，仅2月3日至14日，微课视频点击数量超过50万次。1月26日，新教育"云伴读"率先亮相，邀请37位专家名师为老师、校长领读37本教育著作，我讲《未来学校：重新定义教育》的那一次课，听课老师就超过了2.5万人。2月21日起至3月3日，新教育研究中心副主任、浙江杭州萧山区银河实验小学朱雪晴老师在沪江网开设"新教育在银河"通识课程，每天晚上同步现场听课人数超过2.5万人，课后回放收看人数平均每课超过4万人。2月6日，新阅读研究所开展的"新阅读，喜说写"公益课程，六个多小时报名1.3万人，一周报名人数超过了11万人。2月20日，新生命教育研究所举办的"大疫面前，勇敢成长"——青少年生命教育系列公益课正式上线，邀请全国生命教育领域百位专家、学者、名师，面向中小学学生开讲生命教育，引导广大青少年朋友珍爱生命、热爱生活、成就人生，平均听课学生达到3000人左右。2月10日至3月13日，新教育基金会联合宜格思英语发起180堂自然拼读外教直播课，通过欧美外教在线伴读，用屏幕带师生重返校园，为学生打开通往世界的窗。3月10日，新阅读研究所副所长郭明晓老师在沪江网开设"飓风的新教育教室"12讲，也是场场爆满，最高一节课的观看量超过了12万人次。这样的课堂规模，在传统学校的传统课堂是难以想象的。网络教学在这次疫情防控中发挥了重要的保障性作用，在一定程度上满足了疫情时期的特殊教育。可以说，为了应对疫情，我们提前试水了一次大规模的互联网+教育，开展了一次全世界规模最大的互联网教育实验，把我们关于未来学习中心的概念从梦想拉到了现场。

我曾经在新教育的年会上说过，艺术呈现人的美好，艺术教育成就人的美好。从"呈人之美"到"成人之美",艺术教育是让每个人通过幸福完整的教育生活,成为幸福的美好的人,是成人之美的手段。艺术教师是最擅长成人之美的人,首先帮助成就他人,同时在此过程当中成就着自己之美。我想,庚飞和他的团队,就应该是这样的人。

王雄、王胜：
新教育的哥俩

在新教育的团队中，夫妻档的比较多，师徒档的更多。但是弟兄、姐妹档的不是很多，王雄、王胜是新教育难得的一对亲弟兄。

认识王雄，源于江苏省扬州中学的百年校庆。2002年10月17日，扬州中学的校庆活动期间，举办了一场"21世纪中学教育论坛"，邀请了谈松华、朱小蔓、林崇德、钟启泉、王逢贤、申继亮、卢家楣、唐盛昌、杨明华等十多位学者去作学术报告。我讲的主题是"中国教育缺什么？"。那次会议期间，我认识了负责接待专家的王雄老师。

论坛结束之后，王雄负责整理专家的文稿，节选了其中的部分讲演，编辑成了一本《当前中小学教育改革中的六大焦点问题》。在编辑书稿的过程中，我们多次沟通，反复打磨，记得他还把我的另外一篇文章《我心中的理想德育》收录其中，他认为，这是"中国大陆德育研究文章中，对德育的目标、策略、功能与环境方面，最接地气、也最完整的阐释"。

我们因学术结缘，2003年7月21—23日，首届新教育实验研讨会在江苏昆山玉峰学校召开。王雄作为教育在线论坛的文科版主参加会议。从那次会议开始，他就走进了新教育实验，多年来为理论研究和学术发展作出了重要贡献，也把他的弟弟王胜引荐到新教育之中。

2003年9月的一天，我邀请王雄到苏州，商量新教育实验的事宜。记得那是一个阳光明媚的中午，我们在我的老同学刘晓东刚刚开张的雨果书店里用过简餐，就开始讨论新教育的理论研究与实践探索的逻辑起点等问题。当时我的兴奋点是道德教育与公民教育，所以聊得比较深入。虽然是一位中学历史教师，但王雄对于哲学、心理学、教育学的阅读也非常广泛，对教育的理解比较深刻。我把公民教育的研究任务拜托给他。正好我主持翻译的教育科学精品教材译丛《领导学：理论与实践》刚刚出版，也送了他一本签名版。

见面的时候，王雄告诉我，他有个弟弟叫王胜，香港大学工商管理硕士毕业，对学术研究很有兴趣，出版过曹操研究的专著，想跟我攻读博士学位。求才心切的我，自然欢迎王胜参与到新教育的研究之中。当时21世纪教育发展研究院刚刚成立不久，我动员王胜到研究院工作，同时准备博士生的考试。就这样，王胜也来到了新教育的团队。第二天，我和王雄一起去北京，与杨东平老师和北京大学出版社的总编辑等研究编写"新公民读本"的事宜。

经过两年左右的写作，2005年，由杨东平领衔主编、王雄担任主要撰稿人的《新公民读本》由北京大学出版社正式出版。同年7月，我们在成都武侯区盐都外国语学校召开了以"新生命、新德育"为主题的第四届新教育实验研讨会。这次会议上，邀请王雄老师上了一节别开生面的公民课。

记得在学校体育馆临时搭建的舞台上，王雄用一连串的七个问题开始了他的讲课："你参加过投票吗？""你参与过表决吗？""你参加过讨论吗？""你参加过游戏和体育活动吗？""在过去的这个学期，以上这些活动你大约参与过多少次？""你认为经常参与这些活动，与从来不参与这些活动，会有区别吗？""如果有学生被禁止参与这些活动，你认为合适吗？"随后，他又问学生："你知道联合国儿童权利公约吗？"几乎没有学生举手。许多学生瞪大着双眼，露出新奇的神色。看得出，我们的中小学在公民教育方面还是比较薄弱的。

新教育实验关于公民教育的课程，引起了媒体和教育界的广泛关注，《南风窗》的主笔章敬平先生以"新公民教育：续接70年前的历史"为题，进行了详细的报道。后来，由于种种原因，公民教育的课程研发被搁置下来。但是，王胜顺利地考入苏州大学，跟随我攻读教育哲学的博士，并且兼任21世纪教育发展研究院的执行副院长。

2008年，花旗银行中国总部有关负责人找到了王胜，希望新教育和21世纪教育研究院帮助推广"理财有道"这套书。在推广的过程中，王胜发现北京四中、人大附中、上海中学的学生竟然都非常喜欢财商教育的书籍。于是，王胜和朋友在上海注册成立了民办非企业机构百特教育咨询中心。2009 年，他们又从荷兰引进了国际儿童储蓄基金会的财商课程 Aflatoun，并且为这一课程取了一个美丽的名字"阿福童"。这套课程分为社会课程和金融课程两大模块五个部分。社会课程包括认识与探索自我、权利和责任两部分，金融课程分为储蓄和消费、计划和预算两部分，另有一个单列的是儿童创业部分。其课程目标是培养学生成长为自信、自立、自强的经济公民，我觉得这可能是今后德育课程与公民课程的一个重要领域，于是支持他创业。

王胜放下了博士论文，全身心投入到此项探索中。该课程历经十年的本土化改造，逐步站稳脚跟，构建了从幼儿园、小学、中学、职业学校乃至大学的系统课程体系，进入了超过全国 1000 所学校，服务了约 500 万名儿童及青少年。因为在研发推广财商课程方面成就卓著，王胜于 2011 年获得了宝马基金会的欧亚青年领袖奖，2015 年的中国公益人物奖和 2018 年的亚洲社会创新人物，他所在的百特教育咨询中心，也获得了 2017 年全国金牌社会企业十佳奖。在新教育理念的引领下，阿福童的财商课程作为新教育特色课程的探索，也逐渐形成本土化的内容和逻辑，正在不断成长中。

2010 年 11 月，我在主持中国人基础阅读书目的各类书目研究时，提出要对书目进行价值维度的分析，如人与自我，人与他人，人与社会，人与自然等，同时对其中的自信、自立、自尊、友爱、宽容、同情、和平、正义等价值观念进行研究。我知道王雄对这些问题有一些比较成熟的思考，就去信希望他参与研究。不久，王雄按照人与自我、人与社会、人与自然三个维度，拿出了一个价值观的框架体系。对如何推广价值教育，王雄建议编写 54 本原创童话。虽然我知道他没有编写童书的经历，也没有强大的作者阵容，但对于这样有意义的探索，我还是表达了赞同。

王雄是一个行动力很强的人。三年以后，2014 年 4 月 26 日，由我担任名誉主编、王雄老师担任主编的《酷思熊哲学童话》第一辑 20 本由湖北教育出版社正式出版，在南京举办了新书发布仪式。我在发布会上说："讲'爱'的书籍很多，但讲价值的却很少。'酷思熊'儿童哲学童话把较好的价值呈现给孩子，这样的尝试对孩子的成长，对建立新国民教育体系都是很有价值的。"

又过了三年，《酷思熊哲学童话》全集54本全部完成。在北京国家图书馆召开的研讨会上，我在发言中说："儿童的哲学情怀本身就像花儿一样，是需要阳光滋润的，是需要赋能的。如果要让孩子成为一个优秀的人，哲学就是必修课，哲学给予人的是开阔的眼光、自由的头脑和智慧的生活态度。哲学的意义不仅仅是让个人生活得更美好，更在于建设一个更加美好的社会。我们要实现中华民族的伟大复兴，也需要更加理性、更加自觉、更加有独立精神和参与意识的合格公民，这就需要进一步提高我们民族的哲学思辨能力，这是创造力之源。"

在王雄和他的团队的共同努力下，在伊顿纪德和沪江网"互加"教育的大力支持下，以"酷思熊"哲学童话为载体的"故事田"公益项目，在3000多所村小进行了推广，影响了近40万名乡村儿童。2018年11月，该项目获得第四届中国教育创新公益博览会最高奖（SERVE大奖）。

2013年7月，新教育研究院在浙江萧山召开了以"研发卓越课程"为主题的第十三届新教育实验研讨会。我在主报告中提出了以生命课程为基础，以德育（公民）课程、艺术课程、智识课程为主干，并以"特色课程"作为必要补充的新教育卓越课程体系。其中智识课程包括人文与科学两大板块。在考虑人文课程研发的时候，我邀请王雄参加，在电话中告诉他自己的一些思考，希望他从新历史开始研发新人文课程，并就出版《新历史读本》和编写《中学生历史学科阅读书目》等谈了我的想法。

2015年8月11日，全国新历史教育暨名师工作室论坛在扬州中学开幕。我与到会的一批全国优秀的中学历史特级教师进行了比较深入的探讨，以"每个人都有责任书写自己的历史"为题，谈了我自己对于历史教育的理解，阐述了新历史教育的价值与目标。我明确提出，历史不仅仅是一个让人变得更聪明的学科，历史本身还是一个让人变得更有责任感、更有尊严的学科。

2018年9月，为了撰写2019年新教育年会的主报告，我邀请王雄担任主报告的起草组成员。他很快就投入全部精力，最早拿出了撰写的内容。就在成稿最关键的时刻，2019年5月，王雄生病住院，动了一个不小的手术。养病期间，他仍然挂念着主报告的写作，多次通过电话和邮件与我交流。这一年的主报告《人文之火温暖精神家园》得到了新教育同仁的广泛好评，为新教育的大人文教育奠定了理论基础，其中也蕴含着王雄诸多心血。

新教育是大家的新教育。新教育的明天，取决于我们今天的行动。如今，王雄、王胜哥俩正在深度参与到新教育的事业之中，我期待他们发挥更重要的作用。

张丙辰：
局长本是一书生

2010年4月9日夜，我们的飞机抵达郑州新郑机场。两个小时以后，到达焦作下榻的宾馆，已经是凌晨1点。

4月10日全天，我们一行考察了焦作的四所新教育实验学校，参加了焦作新教育实验的展示活动。

4月11日早晨5点半，我们乘车离开焦作去重庆，参加教育部的一个会议。

这三天里，接送和陪同我们的，都是同一个人——焦作市的教育局长张丙辰。而这个时候，一个大规模的全国性教育论坛正在焦作举行。

感动之余，我写了一首打油诗：

> 暮迎晨送劳丙辰，
> 春耕夏种显精神。
> 携手追梦新教育，
> 局长本是一书生。

认识丙辰局长已经好几年了。每一次见他，都会有新的认识。

第一次见他，应该是2007年。我和常丽华应邀去焦作讲新教育。讲课的地点就在教育局的楼上。一进教育局，一股文化的气息就迎面而来。大厅东侧是清代著名书法家张照书写的《岳阳楼记》，秀丽挺拔，刚劲峻峭；西侧是黄庭坚的《松风阁诗帖》，大刀阔斧，潇洒淋漓。而在电梯、楼道里，各种箴言、哲语随处可见。如关于自我的定位:"在矛盾中学会调适,在挫折中经受历练,在焦灼中锤炼定力,在压力下培养担当。"关于班子的"四勿":"勿以小利伤大体,勿借公论泄私情,勿因歧见结宿怨,勿使分工变专营。"关于干部的标准:"深厚的行政素养:熟知上政,体察下情;强烈的敬业精神:爱岗虑事,心思执着;鲜明的创新意识:长于谋划,多有新举;出色的协调能力:内部和谐,外部通达。"关于员工的素质:"勤于学习:自觉读书,日有所得;精于思考:思想新锐,逻辑周密;乐于奉献:任劳任怨,不争名利;善于交往:方圆得体,诚信结缘;长于表达:文笔老练,谈吐清雅。"关于用人的原则:"让真正的人才政治上有待遇,事业上有舞台,工作上有靠山。"明晰中透出深刻与智慧,果然不同凡响。

丙辰局长亲自主持了我们的讲座。结束的时候他说,焦作会以自己的方式追随新教育,让新教育在焦作开出一朵花来。我没有太在意。这样的表态,我实在是见得太多太多。

临别的时候,丙辰局长送我两本他的著作《阿丙杂文》和《聚蚊录》。细读以后方才知道,这位浓眉大眼、声如洪钟的局长,其实是一位从基层成长起来的书生。他大我两岁,做过几年教师,在县里做办事员的时候,由于一篇文章在《瞭望》发表,得到领导赏识而步入政界。历任焦作市人大常委会副秘书长、温县县委副书记、焦作城市管理局局长等职务,还兼任了焦作市作家协会副主席、杂文学会会长,河南省杂文学会副会长。

第二次见他,是在2009年的海门年会上。这个时候,焦作已经成为河南的第一个新教育实验区了。他带着张硕果和一群焦作的新教育"毛虫",带着焦作新教育的展板,更是带着学习的心态,来到了这里。一个地级市的教育局长,与上千名普通老师一起,挥汗如雨地奔走在各个新教育现场,不断地记录、不停地询问,俨然是一个虚心的小学生。他告诉我,他说过焦作会以自己的方式追随新教育,他没有食言。

第三次见他,是在2009年山西绛县的新教育现场会上。那一次,他冒着鹅毛大雪,驱车数百公里,从焦作赶往绛县。沿途几次遭遇车祸堵车,几次绕道行驶,走了近九个小时,才赶到绛县。在交流发言的时候,他骄傲地告诉我们,焦作虽然是新教育的"新兵",但是作为实验区,行政推动的力度非常大。不仅写进了政府工作报告,把新教育实验作为实施素质教育的重要突破口和主要抓手,而且成立了新教育实验研究室,给予专门的编制,同时建立了"新教育之家",为培养新教育的骨干提供专门的场所。

他在发言中说:"新教育实验是迄今为止我们所看到的最具实践性、操作性、具有强大生命力的素质教育的践行方式,也是我们一直在寻找而一直没能找到的一种卓有成效的推进素质教育的途径。因此,经过反复的研究论证,市教育局党组决定,就以新教育实验作为焦作素质教育的重要突破口和有效的载体,用新教育实验来全面推进焦作的素质教育。要将新教育实验作为今后一段时期内提升焦作教育品质、更新教师理念、实现焦作教育大发展的重要途径。"

他的发言,让在场的所有新教育人非常感动。是的,一个老师参加新教育,就会有几十个孩子受益;一个校长参加新教育,就会有几十个教师和成百上千个孩子受益;而一个教育局长参加新教育,就会有几十位上百位校长和数万个孩子受益。从这个意义上说,以行政推动为主的新教育实验区,具有特别的价值。

回到焦作不久,丙辰局长发来了一首诗:

> 谁为教苑开新声?大道丹心惠师生。
> 盛夏江南播时雨,严冬塞北布惠风。
> 欣见孩提戏平林,喜听书声入霜钟。
> 我对此景三稽首,幸继陶公有朱公。

诗中把我与陶行知先生相提并论,我当然不能接受,愧不敢当。

我知道这是他对于新教育人的褒奖和期望。我告诉他:高山仰止,景行行止,虽不能至,心向往之。我们会以陶行知先生为榜样,扎根田野,呵护孩童,改造中国的教育。

第四次见到丙辰局长,是在 2010 年年初《中国教育报》召开的一个颁奖大会上。他被授予首届全国教育改革创新管理贡献奖,全国仅有十名教育局长获此荣誉。在有关材料中，我注意到，这个教育界的拼命三郎，从2004年担任教育局长以后，就一直激情澎湃，锐意改革，大胆创新。在他的推动下，焦作在全国率先实施千万元教育质量奖，并以市政府令形式连续出台了《焦作市教育督导规定》《焦作市实施民办教育促进办法》《焦作市中小学幼儿园安全管理办法》和《焦作市实施义务教育问责办法》。这些创新举措被教育专家和主流新闻媒体誉为"五年四令一奖"和"焦作教育督政风暴"。非常巧合的是，我是为他颁奖的嘉宾。

后来知道，从做了教育局长开始，他就是获奖的"专业户"。2005年，他被省政府评为"两免一补"先进个人；2006年，他荣获河南省教育十大新闻人物；2007年，他被省教育厅评为河南省优秀教育工作者；2008年，他又荣获河南省人民政府颁发的河南省"两基"工作先进个人称号；2009年，焦作市被教育部授予河南省唯一的全国推进义务教育均衡发展工作先进市。每一块奖牌的背后，其实都有一些可歌可泣的故事。

第五次见到丙辰局长，就是文章开头的那一幕。这一次是我应中国教育报刊社主办的"中国卓越校长局长峰会"之邀，到焦作来讲新教育。主办方告诉我，这次会议将有1200名校长和200名教育局长参加，希望我能够到会讲演。我对会议举办人提了一个要求，也可以说是谈了一笔"交易"：给我半天时间，让焦作的新教育团队展示、汇报他们新教育的精彩，让张丙辰局长讲述焦作的教育变革与创新。

无疑，我是为新教育而来的。2010年4月10日早晨7点，丙辰局长早早地就来到宾馆，我们一起考察了焦东路小学、团结街小学、马村工小、人民中学、新教育之家等，遇见了许多新教育的"毛虫"，听到了许多感人的故事。我注意到，丙辰局长这位中原大汉，在老师们讲述她们在新教育中发生的故事时，竟然热泪盈眶，不时地擦拭泪水。

在这次会议上，丙辰局长全面介绍了焦作教育的亮点。如实施危房改造工程，使289所农村中小学旧貌换新颜；实施农村100所中小学校舍维修改造工程；更新农村中小学课桌凳22万套；实施校舍安全工程，使每一所农村学校校舍让人安心。再如以农村学校信息化为重点，投资4000余万元实施农村中小学现代远程教育工程,让农村中小学校享受到同城里学校一样的优质教育资源。又如农村教师素质提高工程和名师骨干教师培育工程,实施"零缴费"培训,极大地调动了广大教师的参训积极性。如设立千万元教育质量奖助推教育均衡发展;出台义务教育法问责办法,对在实施义务教育法工作中不履行、不正确履行职责或履行职责不力的执行对象进行责任追究;以及"推行'一校一特'战略",倾力打造儒雅老师、文雅学生、高雅校园等。

在谈到新教育实验的时候,丙辰局长也如数家珍,兴奋地告诉大家,新教育实验激活了焦作基础教育,成为焦作实施素质教育的窗口和特色。新教育实验带来了教师行为方式、学生生命状态和家校关系的深刻变化,一大批教师从日常教育生活中突围,以团队的方式在实验中迅速成长,越来越多的家长开始主动地参与到孩子的教育中来,和孩子一起成长。

晚上,几位焦作的新教育朋友来看我,讲起丙辰局长,也都是眉飞色舞,为这位雷厉风行、大胆泼辣、敢作敢为的局长喝彩。他们告诉我,因为焦作教育的进步和成就,张局长已经通过组织的考察,可能会因为提拔而离开教育部门。他们非常矛盾,一方面希望张局长能够顺利晋升,另一方面又希望他能够留在教育部门。

朋友走后,我不由得好奇地在网上搜索"张丙辰"的文字。有两篇文字深深地打动了我。一篇是《在农历的天空下》,这是新教育农历课程的名字。丙辰以此为题写了一篇优美的散文。在文章的结尾他写道:"农历是根植于华夏大地的优秀文化,循日月之化,通阴阳之变,秉天地正气,守人伦纲常。在农历的天空下,是一片广袤的精神沃土和文化富矿。每一个日子都意蕴深刻,每一个日子都不相雷同。我曾说在农历的天空下,真正的节日都离不开祈祷、香火、崇拜和敬慕。没有祈祷和香火的节日不是庶民的节日。厚重的农历文化是装满妙计的锦囊,是千年熬炖的老汤。相比之下,那追求时尚和张扬的洋文化只不过是淡而无味的快餐,一张空洞无物的标签。没有诗意的酵母,难发悠远的芬芳。"文章通篇洋溢着他对于诗意的追寻,对于文化的热爱和对于故土的深情。

第二篇是他写的七律诗:

> 叵耐日月太匆匆，谁解燕然未勒功？
> 教苑每思旌旗动，龙泉屡作风雨鸣。
> 臂有蛮力能屠狗，心无良策难雕龙。
> 惆怅不忍临晚镜，因怕须长称老翁。

据说，这是他与焦作市人民中学校长李志强唱和的诗。诗中反映了他寻求教育变革良策和只争朝夕的急迫心态，以及不愿意虚度光阴、浪费生命的进取之心。也可以看出他内心柔软、细腻的一面。

第二天早晨，我们在去机场的路上，谈了许多关于新教育的人与事，毫无倦意。

9点到了重庆，下了飞机打开手机，收到了丙辰局长的短消息："切记保重身体，避免过分劳累。焦作新教育会理顺关系，让真正有能力肯付出的人担纲主演，让新教育之花在焦作开得更鲜艳更芬芳。"我不由得热泪盈眶……

此后不久，2010年11月，张丙辰任焦作师范高等专科学校校长。但是他对新教育依然一往情深。每年新教育年会，他都积极参加，都写下感人的诗篇。

2018年，张丙辰退休以后，担任了新教育发展中心的副主任，继续为新教育发挥余热。2019年5月17日，收到了他专门为新教育20年庆典撰写的一篇《新教育赋》：

世开新纪元，国迎千禧光。大业展宏图，复兴志高昂。教育是立国之基，雕成巨龙惊世界；孩子乃未来重寄，承前启后续家邦。素质呼声烈，众口铄金惊朝野；教改题未破，画龙点睛路何方？

学海茫茫，斑鬓苍苍。校长焦灼，网络愁对千夫指；家长愤慨，秀才误人十年窗。教师困惑期破解，学生身心盼舒张。横空出世，新教育旌旗招展；以人为本，重素质纲举目张。幸福完整，彰显教育本质；个性发展，强调独一无双。为生命奠基，护花朵绽放；系首粒扣子，放理想远航。教改探路，新教育旗帜鲜明；师生幸福，大目标慷慨激昂！

桃李不言，自成康庄。群起响应，誉满遐荒。希望曙色照边城，教育新风起大江。晨诵、午读、暮省，开蒙尤重三时课；老师、父母、孩子，联盟缔成一并昌。

十大行动，力行不空谈；四大改变，佳景在前方。不辞奔波难逍遥。任他江湖笑丐帮。丹心不泯，矢志图破壁；万众来聚，共煮石头汤。相信岁月，坚守必成奇迹；相信种子，播撒首重垦荒。教育理想情切切，唤回春风满园香。

二十年精卫，奔波何异填海？二十年杜鹃，啼血唤取春光。大道之行，百炼精钢。教育播星火，福祉遍城乡。昆山火种，海门宪章；苍南播火，汶川赴汤；齐鲁出彩，罕台融霜；焦作开花，绛县闪光。论坛连海外，网师庆开张。千所学校齐着力，百万师生喜洋洋。更喜洛阳千帆渡，蔚为大观慨而慷！

新者，旧之师，岂有无源来活水？旧者，新之资，不墨成规谱华章。一念挥不去，改革难舍逢盛世；万事皆有常，教育正道是沧桑。大国崛起，志士岂能息肩？重寄难负，我辈尤须担当。心底由来阔，无欲自然刚。巨龙巧点睛，教育世无双！

文章多有溢美之词，但其中的确洋溢着他对新教育的深厚感情。这些年我经常向他请教诗词文章，他谦虚地说："写诗词只是雕虫小技，新教育是大学问，是人间大道。"

有这样的良师益友，真好。

郝晓东：
在新教育里遇见新的自己

相遇是一种缘分，在偶然中存在着必然。

与晓东的相遇，大概是在2011年8月，他在腾讯微博给我转来了凤凰卫视的一个消息，他们准备做一期关于新教育的节目。我记住了这个年轻人的名字——郝晓东。

后来，从新教育实验网络师范学院的年度叙事中，读到他的故事，知道他2009年邂逅新教育，接触到"朱永新成功保险公司"，开始了自己的新教育历程。知道他从一名中学教师成长为大学教师，而且在海南的一个小岛上带着20多位师范生，用新教育的理念和方法指导他们支教实习。我记住了他的网名——青风竹简。

2017年夏天，晓东专程来北京，与我交流他的人生理想。他告诉我，自己出生于山西长治市武乡县的一个教师家庭，父亲是附近小学的校长，姥姥、姑姑、妻子、弟媳、妹妹都是老师，对教育有着特别的情结。他告诉我，接触新教育六年来，新教育唤醒了他的生命，点亮了他的心灯，引领了他的成长。新教育理念让他切实感受到教育的美好，真正皈依了教育。从2009年至2017年，他先后担任了忻州师范学院扶贫顶岗实习支教工作队指导老师、队长，在海南省五指山市和山西省原平市指导2000余名实习支教学生开展近200场专业阅读，提高了实习支教大学生教育教学水平。他通过教师读书会、网络在线授课等方式，指导4000余名实习支教基地的中小学一线老师开展专业阅读，有效促进了他们的教师专业发展。他与实习支教大学生一起，组织、指导上万名山区孩子开展阅读，为激发儿童阅读兴趣、培养阅读习惯、促进城乡教育一体化发挥了积极作用。他说，希望自己能够有机会跟我读博士，在新教育方面深度学习并毕生为之尽微薄之力。

正是这样，因为对教育的热爱，对新教育的追寻，因为这些必然的条件，我们有了看似偶然的相遇。

事隔不久，我就收到他发来的一部书稿：《给青年教师的四十封信——一个新教育教师指导大学生支教的实践与思考》，问我是否有出版的价值。他说，之所以想出版这本书，初衷有几点："一是对五年教育工作思考的一个整理；二是以此感谢您，感谢新教育，并宣传新教育；三是给新教育基金会捐赠点稿费。"

我仔细读了书稿，以成长、课堂、管理、阅读、卓越、爱心等几个主题，记录了一位年轻教师的思考与行动。虽然书稿显得还有些稚嫩，系统性、逻辑性也有待完善，但是，这样的文章，不仅对他自身的成长很有价值，对于那些未来的教师以及刚刚走进教育的年轻教师来说，也是一级非常方便的台阶，可以通过借鉴这些反思，继续沿着阅读的阶梯攀登。我鼓励他修订，并且推荐给"新教育文库"的出版统筹童喜喜老师。

这本书出版以后，获得了湖北教育出版社的年度十大好书。我知道，许多人会因为这本书与他相遇。我也相信，无论是他的海岛苦读的故事，还是他与团队共读的故事；无论是他参加新教育网师研习的故事，还是他与师范生切磋讨论的故事，读者都能看到，一颗年轻的心如何蓬勃地跳动，一个昂扬的灵魂如何寻找方向。希望更多人也会像他一样，最终在新教育里，遇见一个更新的更好的自己。

这本书出版不久，郝晓东获得了由《中国教育报》评选的"中国教育报年度推动读书十大人物"，担任了新教育网络师范学院执行院长，2020年7月，他又如愿以偿地成为我的博士生。希望他在新教育的研究和推广的道路上继续前行。

李玉龙：
特立独行教育龙

　　扎根第一线　问对教育　鞠躬尽瘁铸就名刊　积劳成疾　新教育痛失晶莹剔透玉

　　追求真善美　笑看人生　侠义肝胆闯荡江湖　英年早逝　天堂里再做特立独行龙

　　　　　　　　　　　——题记于2015年10月20日凌晨

　　2015年10月18日晚上10点半，突然接到一个消息：《读写月报·新教育》主编李玉龙正在抢救之中。马上托人了解详细情况，希望他能够再次化险为夷。一小时后，卢志文来电：回天无力。悲痛欲绝。尽管已经有思想准备，但还是无法接受这个事实。那一夜，我迷迷糊糊地几乎一夜未眠，凌晨醒来，写下了题记里的挽联。

　　但这些年来和玉龙的交往，当然不是这短短两句话能概括的。

　　和玉龙相识，是他走进教育初期的2003年前后。那时他还在《教师之友》工作，向我约稿。没过多久，新教育实验的官方网站教育在线网站创立，玉龙成为论坛上活跃的一员，他在这个论坛中不仅和许多早期新教育人从网友变成好友，更把他们从读者发展为作者。尤其是发现"玫瑰"（窦桂梅的网名）和"看云"（薛瑞萍的网名），并介绍二人相识结交为好友的过程，一度成为玉龙自己津津乐道的得意事。我看见他们在网站上的互相交流碰撞，看见这群教育人不分行业彼此砥砺着成长，由衷的高兴。

不过，作为一位教育媒体人，玉龙真正给我留下印象，是在2004年的一次约稿。当时我实在太忙，但他是教育在线网站的网友，我又不好意思拒绝，就勉强写了篇文章交给他。没想到玉龙很干脆地对我说："朱老师，您这次的稿子没写出您的水平，我不能用。"真正的编辑，当然以稿件为准而不是以作者为准。这件小事，让我看见了他的眼光和风骨，让我对他有了由衷的欣赏与敬重。

也正是因为他的这份坚持，当时由他领衔组建的《教师之友》杂志的编辑团队，才在短短时间里连续推出许多重磅专题，引起了教育界的广泛关注。

只可惜，没过多久，《教师之友》杂志因故重组，玉龙被迫离开了杂志社。但玉龙一直和新教育人保持往来，在2007年7月的新教育运城年会上，玉龙还主持了年会的第三单元，他的身影被诸多新教育人牢记。直到2007年，新教育研究院与江西报刊杂志社签订了《读写月报·新教育》杂志的合办协议，玉龙担任了这份杂志的执行主编，不仅重新回到教育媒体中来，也正式成为新教育的一员，并担任了新教育理事会的理事。

对于玉龙的加盟，我非常兴奋。尽管和他的交往不多，但我了解他的才华，非常期待他在新教育的舞台上尽情施展才华。时任新教育研究院院长的卢志文，在新教育工作上是玉龙的顶头上司，但我知道他从来是和玉龙以私人情谊的好友相处。这样的工作环境很适合玉龙的性格。我知道，玉龙很希望这份新杂志能够成为新起点，实现他的教育理想。

不过在《读写月报·新教育》杂志定位上，我和玉龙产生了分歧。

玉龙希望延续《教师之友》的思路，以媒体为"社会公器"，希望这个教育类杂志传达出客观的教育声音。他说，他希望能够在杂志上公开批判新教育。

我完全理解玉龙作为媒体人的想法，完全理解这种不破不立、以批判来建设的思路。但是，从我个人而言，我希望这个新教育的杂志，最起码能够开办新教育专栏，甚至成为新教育的"机关刊物"。

这不仅仅是因为作为新教育发起人的身份，让我对新教育有着更为特殊的情感，更因为我认为，世界上并不存在绝对客观的声音，所谓客观的声音都多多少少会打上人的烙印，真相永远是立体的，直面这点人的局限，会有利于自省，有利于追寻客观。

我告诉玉龙，我非常希望也非常需要他批评、批判新教育，所有分析都有利于新教育的提高。但新教育研究院合办了这本杂志，我更希望他能够以这个杂志为阵地，更多传达新教育人的声音。我希望他在充分了解、积极参与、深入研究之后再去认真批评，但在杂志上的批评容易遭人误解，甚至被人敌视，因此更欢迎他去现场指出一线实验者们的不足，这样的批评才更能体现"爱之深，责之切"，才更能帮助被批评者提高。我认为这样的杂志定位，从表面上看，影响力可能没有那么大，但从深层次来说，所发挥的作用更为实在，尤其是对新教育来说会成为一股极为重要的推动力量。

但玉龙因为此前的变故，他做媒体的理想已经被压抑三年，这一番激情重新被点燃，根本无法接受我的观点。

新教育实验本就是一个松散型的民间公益机构，志文又爱护玉龙不愿批评，我尽管批评却也珍惜人才，于是几番沟通之后，我也只能向玉龙"举手投降"了，接受玉龙对这份新教育杂志的定位，把这块天地交给他自由自在地驰骋。

一个人最大的优点，通常是他最大的缺点。玉龙也不例外。玉龙的激情与热血表现在教育上，体现为他的理想主义光芒和勇往直前的果敢，但表现在生活中，尤其是他心情不好时，就容易表现为莽撞和倔强。

还记得在2008年一次新教育会议上，玉龙和一位当时的新教育骨干当众大吵，双双拂袖而去。后来还有一次他突然"失踪"，据说是包括我在内的所有人都在一个月里无法与他取得联系。更不用说，多年来杂志中的一些文章也给"被署名"为杂志总顾问的我惹了不少小乱子。而且杂志的经营还遇到过严重问题，最长的一次有近半年的刊物都没有如期编发……

玉龙这些锋芒毕露的做法，加上他对杂志的"公器"定位却又要同时在新教育实验区征订，在新教育内部引起了诸多非议，卢志文尤其为此承担着多方的压力。在矛盾最激烈的2010年，当时有一个新教育团队甚至提议收回杂志由他们来做。

坦率地说，我当时的确犹豫了。我知道，辞退玉龙，换这个团队来做杂志，肯定能够实现我对杂志的定位。但在反复思考后，我还是放弃了这个做法。我想，别说玉龙的杂志还是会刊登一些新教育的文章，哪怕是仅仅出于对一位有理想的教育人的支持，我也应该给他保留这块土地。对于新教育而言，哪怕做好这本杂志，也只是多了一个宣传的窗口，对于玉龙而言，这本杂志却已是他唯一的一片土地。

当然，我也因此认为，作为新教育人的玉龙，最后和新教育的关系，就体现在新教育对他如此的一点支持上，也到此为止。

没想到，事情的发展超出我的预料。

2011年春的一天，我突然发现《读写月报·新教育》杂志上赫然出现了一个栏目，就叫"新教育专区"。这让我非常意外。接下去，这个栏目一直持续着，成为了一扇新教育的窗口。我可以从这些文章里看出玉龙一贯的眼光和水准，也能够触摸到玉龙为之付出的心血：他带着团队，奔赴河北石家庄、江苏海门、山东日照……奔赴到新教育全国各地的许多实验区，现场碰撞，现场诊疗，同时也收集到一批又一批的专栏稿，进行精心的打磨。

玉龙的改变，实在让我又惊又喜，也让我感到奇怪。不过，无论是电话里夸奖，还是当面赞赏，玉龙总是很高兴地哈哈笑，也没有说出什么原因。直到一次童喜喜揭了他的老底。原来，他因为转向学校文化设计，从2010年开始解决了经济上的困难。他对童喜喜说，朱老师做的是大事，是好事，可朱老师以前总是批评我——他越批评我，我就越不做！现在我的困难解决了，我当然要帮朱老师了！

听到这么孩子气的原因，真是让我哭笑不得。玉龙的倔强、纯真、厚道与忠诚，也由此可见一斑。

玉龙不是一个爱说漂亮话的人。对新教育这件"大事，好事"，他不仅是这样说，而且更是这样做的。

自2011年开始，他不仅持续深入新教育实验区学校，而且还在新教育基金会的支持下，召开了几期"新教育写作班"。这一举动，既为新教育各个层面的实验者开展了专业、精彩的写作培训，也利用培训班提升了这些实验者的教育素养，当然，也为杂志培养了更多的作者。

不仅如此，玉龙还默默开始配合新教育的大团队，做起了幕后工作。比如，应新教育研究院的许新海院长邀请，他全面主持了北京新教育实验学校的文化设计工作,还主动提出要把所收取的劳务费捐赠给新教育;应常务副院长陈东强的邀请,马上设计制作了新教育宣传册;他的"第一线教师高级研修班"已经成为了新教育种子计划项目的高端部分,所有优秀的种子教师都会分期分批派到研修班学习,在收取培训费上给这些种子教师最大优惠……

近年来每一次重大的新教育工作会议,除了身体原因实在不能参加的,玉龙几乎都会亲自参加,无论是父母书目的研制,还是主报告的讨论,他都积极贡献出自己的智慧。记得今年春我们在新疆奎屯举办的实验区会议,他因为身体原因实在无法参加,还专门请假。

如果说高品质的工作展现的还是玉龙一贯的风采,那么玉龙在为人处事表现出的大气,则让我刮目相看。他不仅大度地原谅了背叛过他的人,还主动帮我思考、谋划新教育的未来,甚至还协助我去做其他人的思想工作。就在不久前,喜喜因为某件工作跟大家产生了分歧,闹起别扭,谁说都不听,我还请玉龙去说服她……玉龙赢得了新教育人一致的尊敬和喜爱。

玉龙去世后,他的许多朋友写文章怀念他,说到他离开《教师之友》杂志后的几年日子非常艰难,连吃饭都成问题,他却对教育痴心不改。说到他非常爱孩子,思考问题有着强烈的儿童本位等,这与他本人的确一脉相承。他的倔强成就了他,也让他吃了不少苦。比如,如果他从开始就在杂志上开设"新教育专区",肯定会早早赢得新教育团队的更多支持,很多事就没有必要由他自己扛着。但是,这才是玉龙,一个思想锐利、个性鲜明、创造力丰富的新教育人。

2013年夏天,玉龙病重住院,事后卢志文告诉我,医生给他判了"死刑"。但是,玉龙闯过了那一道关。我们都非常高兴。在那之后,听说他参加了一种新药的试验,大家都希望那种药有用。

可玉龙的倔强,这一次体现在了和病魔的斗争上。

2015年6月6日,儿童文学作家童喜喜在北京举办了"新孩子乡村阅读公益行"校长研修班时,刚刚出院的玉龙没有静养,拖着病体参加了活动,进行了精彩的演讲。他一参加完活动,我亲自帮他联系了中国最著名的心血管专家,为他检查身体,制订治疗方案。联系好医生之后,我得去外地出差,一直短信催问此事。我告诉他:"你的身体不仅属于你自己啊,也是新教育的财富!""会全力以赴帮助你制订治疗方案。放心！"

可是，玉龙前一天刚刚说："非常感动。我会在北京好好待几天。听朱老师的。"后一天就说："朱老师，几项检查要到下周才结束。我还是回成都做，下次来京再来找霍教授。谢谢朱老师悉心安排，感动不已。"我劝他难得有全面检查的机会，不要考虑时间和经费的事情。他还是拒绝了，他的回答中有一句："主要是时间。"

是的。主要是时间。

我当然明白，玉龙是在拼命和时间赛跑。他没实现的梦想太多，他坚持按照自己的方式继续追寻着梦想，他的身体也就只能跟着他继续疲于奔命。尤其是在新药的试验失败之后，他不仅没有放慢脚步，反而加快了步伐。

玉龙不仅仅是新教育人，还是问对教育的创办人，在志文的支持下，他创办了问对教育公司。还记得最初听说他做这件事时，我当时就猜想，他接下去会有所改变，会变得更加务实，更加智慧。从学校文化设计，到能力课程研发，他在倾力走着一条带着强烈个人风格的独特的教育探索之路。

也因为玉龙除了新教育之外，还有个人的教育探索，所以他所做的很多事，更让我感动。2015年5月，他就开始跟我预约7月底举办的"第一线"校长研修班，希望我能够做开场第一讲，说："非常郑重地邀请您来讲新教育。您必须来啊！……我这边汇聚了一批非常不错的校长和学校，把他们吸引进新教育，我觉得无论如何都是好事。"7月底我如约来到杭州，准备借机和他当面交流一些教育的问题，探讨新教育未来的发展，没想到他当时已经住进了医院。在讲座中，我像他所期望的那样，和校长学员们分享了新教育一路走来的故事，不知道他们中是否有些人会像玉龙期待的那样走进新教育，但我相信，教育人彼此之间的碰撞和交流，永远是一种鼓舞彼此的温暖，本身就是一种教育的力量。没有见到玉龙，我只从会议资料里看见介绍玉龙走来的这一路，介绍他对教育的思索和探索，想到这些年新教育中的点点滴滴，心中不由得百感交集。当我讲座结束后，收到他一条"不好意思，深谢朱老师！"的短信，更是无言以对。这些年来，和玉龙为新教育的付出相比，我为他所做的，还是太少了。

2015年7月11日的新教育金堂年会上，玉龙告诉我，《读写月报·新教育》

杂志的合约今年就要终止了。我马上为他联系了新的杂志,他像个孩子一样欢欣鼓舞,当即就谈起新杂志的设想。看着他开心的样子,我也很是高兴。没想到,暑期的校长班一结束,玉龙从杭州返回成都又住进了医院。这次住院比两年前的情况更糟,他无力再办杂志,这项工作只得交给了喜喜,大家都在期盼玉龙能够出院后集中精力做他的学校文化设计,做他的能力课程,做他的教育游戏……半个月后,他突然病故。一位充满激情与智慧、壮志未酬的新教育人,就这样匆匆走了。

作为一项民间教育探索,新教育这些年来汇聚了多方豪杰,大家以不同方式参与其中,就像不同的圆,有的完全重叠,有的是部分相交,而且在近300万参与新教育实验的师生中,毫无疑问,绝大多数人都是部分相交。新教育从萌芽至今的20年中,有的人来过又走了,有的人走后又回来了,有的人一直坚守,也有的人转身离开,在任何团队中能够一直坚守的永远是少数。新教育永远感恩着所有为之付出、为之努力的所有人。但是,在新教育团队中,玉龙却是面临挫折时自己一人默默扛起,峰回路转时真诚奉献,以自己独特的方式坚守着。他不仅用时间和行动,坚守了自己对新教育的承诺,也成就了自身,实现了许多常人所不能及的教育理想。

2014年春节拜年时,玉龙的话最短,却让我印象最深刻,那是一条只有五个字的短信:"我爱朱老师!"后来我听说,他对我认识的好几位新教育人都发了类似的短信问候。我能够感觉到,时间在流逝,他对世界的热爱有增无减,他对人、对事、对自我的控制力也在加强,他的创造力也越来越丰盛。但是,"主要是时间",新教育痛失了特立独行、晶莹剔透的玉龙,我们痛失了侠肝义胆、笑看人生的同道。

梳理过往,已经离开的玉龙,在我的脑海里却变得前所未有的清晰。玉龙可贵的教育思想,我过去关注还不够,他给我们留下的许多思考,有一些可能会成为我们下一步行动的线索。我相信,追寻共同的梦想,才是祭奠的最好方式。

玉龙,走好。

张勇：
杏坛评价的孤雁

2019年3月25日上午，新教育基金会理事长卢志文发来消息："朱老师，张勇今晨没有醒来，已离世，我在往北京途中。先报告你。对外保密中。"

收到短信的我，顿时懵了。不敢相信这是事实。好端端的他，怎么说走就走了？

几天后，举行遗体告别仪式，我因为在外地参加会议而未能前往。发去挽联寄托我的哀思——

云路仰天高，杏坛评价有孤雁；
风亭悲月冷，学宫嘈杂无张生。

一

认识张勇，是因为卢志文的介绍。

2010年左右，卢志文在许多场合向我推荐张勇，告诉我张勇是中国做教育评价最牛的人。他15岁就进入北京大学数学系，后来到美国普林斯顿大学学习文化人类学，回国后研修数学应用、心理学、教育评价学、哲学、人力资源学等专业，是一位文理兼通的才子。他研发的中小学学生课业评价系统在国内处于绝对的领先地位。

虽然长期进行教育研究，但是对于教育评价技术，我基本上还是门外汉。2011年年初，有机会见到张勇，矮矮胖胖的身材，憨憨厚厚的样子，一看就是一个实在人。他给我讲评价原理与技术,告诉我,其实同样分数的学生可能学习能力是完全不一样的。仅仅以分数看人,也是不公平的。

第一次参加公众教育评价的活动,是2011年暑假他们举办的一个夏令营。我拿到了他们的一份学业成绩报告单。这份报告单不是我们通常看到的一个简单的分数,而是包括了知识、能力与方法的特征,能够给每个学生的学科思维与学科能力准确画像,是一份把评价与诊断结合起来的学业成绩报告。当时我就非常惊喜。我对张勇说:庆父不死,鲁难未已;考试不改,教育难兴。教育考试与评价的改革太重要了!希望新教育能够与公众学业评价一起,为中国教育的改革发展做一些事情。

2012年1月,在新教育元旦论坛上,我们合作成立了新考试与评价研究所。当时我们新阅读研究所正在进行中小学生基础阅读书目的研制工作和分级阅读的研究项目。我当场邀请他参与进来。张勇笑呵呵地答应了。

2012年5月左右,我邀请张勇在国家图书馆与新阅读研究所时任所长王林以及朱寅年、岳坤等研究人员见面交流,开始了最初的合作。

不久,张勇就分级阅读评价的问题提出了一个研究方案。他认为,进行分级阅读的基础评析和应用,无论我们如何去推理和想象,其实基本手段只有:(1)先解析、再实证;(2)先测量、再评估,最后按照设定的目的和结构,进行合成分级阅读评价的测量、评估、评价系统。在一封长达数千字的信件中,他详细介绍了自己对于阅读理解的基础描述和界定。他提出,阅读理解属于人类行为之一,存在其方向(目的)、方式(模式)、方法(技术)、方略(艺术)四大结构要素(或者说存在性维度)。阅读行为发生的事实是"符号—信号—信息或知识"。阅读,是从接触符号(文字、数、图等)开始,发生信号行为(视觉、听觉),转化为信息(实质是数据)或知识(数据+意义+价值)。而阅读理解行为的发生之内涵和实质是"符号—信号(数据)—知识(数据+意义+价值)",而不应该是"符号—信号—信息(数据)"。

在这个认识的基础上,张勇又具体对阅读理解行为的生态系统、阅读理解的目的系统和基础环境系统测定与评价、阅读理解的资源系统的测定与评价、阅读理解行为系统的测定与评价等问题进行了比较深入的分析。

后来，由于某些原因，这个研究没有最后深入下去，但是我与张勇兄成为非常好的朋友，张勇也积极关注新教育实验的进展，开始融入我们的团队。

二

2013年2月1日，张勇参加了新教育内部的一次会议。新教育团队都是以一些比较纯粹的年轻人为主体，内部为一些学术问题和发展战略讨论、辩论、争论甚至吵架，是经常发生的事情。刚刚接触团队的张勇，一开始就遇到了"对手"，感觉到新教育内部的"民主"氛围。

第二天，张勇发邮件给我，说他准备好好推动新评价研究所，为新教育的评价工作作一点贡献。他在信中说："昨天我现场一直乐呵呵地说话，也没有与××、××等人有一点争议。朱老师，这次我是真的理解了你的烦恼和困扰。我现场明白了很多事。朱老师放心，此事反而使我更加坚定了一些想法：投入更多的精力和资金为新教育做事，并把'英语认知与应用''基础数学教育与评价''发展性教育质量评估''综合素质评估'四个课题的研究成果尽快进行转化——做教程、学生素质训练项目等，拿到新教育里来。"

张勇在信中还推荐了一些有才华和抱负的年轻人，认为"类似这种力量和资源，如果能找到一种合适的方法和机制合作的话，将会为新教育很实际地增加很强的科研、教研、实操力量"。

张勇的这封信让我非常感动。我回复他，新教育就是这样一路走来的。人才，总是有个性有脾气的。少了谁，地球都会转。但是，新教育应该团结一切可以团结的力量。

此后，张勇果然更用心地投入、谋划和实施新教育的评价工作。

2013年5月18日，张勇给我报告了几个小喜讯：

第一，历经一年多的沉溺、黑暗中的摸索和不断的验证，最终得出了一个分级阅读"可读性公式之元公式"——可读性公式和阅读理解力公式，是分级阅读的两大核心基础，只有有了这两个公式，分级阅读研究才具备了基础。（另，阅读理解力公式，我们早在数年前已作出，一直在用，成效很好。）有了元公式，才有可能做出应用公式——即针对不同文本、不同年龄阶段的可读性公式。

第二，美国政府层面和学区层面开始纷纷认可 ACTS 和 TAST。

第三，美国州立大学系统开始纷纷认可 ACTS 和 TAST。

2014 年 4 月，张勇和他的团队完成了"新教育实验区（校）发展指导指标框架（建议稿）"。这个框架由三级指标、评估要点以及要点分数构成。一级指标分为三大类，分别为：新教育实验的组织管理（30%，包括组织领导、队伍建设、行动计划、资金支持、课题管理、底线管理、榜样教师、重点学校、校本教研、开放活动等）、新教育实验的主要项目（40%，包括校园文化建设、教师专业发展、营造书香校园、构筑理想课堂、研发卓越课程、缔造完美教室、师生共写随笔、聆听窗外声音、建设数码社区、推进每月一事、培养卓越口才、家校合作共育）及新教育实验的阶段成果（30%，包括学生发展、教师成长、学校成绩、实验影响等），每个要点都有具体的评价细则。

根据我们最初的设计，这个"发展指导指标框架"，主要是想通过指标框架中所列的指标项及评估要点，一方面引导新教育实验区（校）在开展新教育实验时能以自查的方式更好地开展本区（校）的新教育实验活动；另一方面也为新教育实验区（校）的管理者们指导和帮助实验区（校）发展时提供参考信息。通过评估得出的量化结果是为了激励以往取得良好成绩的实验区（校），鼓励尚存在不足的实验区（校），找出差距，更好地发展。

作为新教育实验的第一个评价指导框架，张勇领导的新评价研究所作出了重要的贡献。我多次参加了研制会议，为张勇的敬业精神而感动。

三

很长一段时间，每年元旦都有一个我与学生们的聚会。新教育团队的很多骨干也是我的学生，所以我们往往同时在苏州举行新教育理事会，讨论新教育发展的重大问题。

2014 年的元旦，张勇缺席了新教育理事会。他告诉我，自己的身体出现了问题。大约在 5 月中旬，他的身体开始不舒服，腿部无力、身体长时间酸痛，并且眼睛开始胀痛，看电脑屏幕不到两小时就开始模糊不清。在哈医大附院体检后被告知：因为长期过度用眼，球体发炎严重，左眼视网膜有脱落危险，需要尽快治疗；发现隐蔽性脂肪肝；颈椎因为长期疲惫出现错位和肿胀——颈椎已经增生。虽然没有参加会议，但是他认真给理事会写了一封热情洋溢的信。他在信中说：

新教育，是一项了不起的事业。

她是中国有史以来第一次以独立于国家教育宗旨、思想之外的体系而起源、发展，并将对中国教育的改革与发展起到巨大的推动作用，她承载着几代人的教育梦想和希望。

基于此，我将一直支持和服务于新教育的发展。

2015 年 10 月 21 日，新教育杂志的主编李玉龙先生去世，引起了我对张勇身体健康的警惕。我邀请他到民进中央附近的咖啡馆喝茶。知道我要和他讨论健康问题，他竟然对我说：

健康问题，免讨论，我是小强型的，身体棒得很。

另外，我已开始走路锻炼。所以，这不是个问题。

如果讨论其他问题，当然很好了。

不过，最好的怀念玉龙的方式是：1. 把他留下的事情做好；2. 继续开创教育的辉煌。

我与玉龙今生见面少、聊过的话也少，但，很奇怪的是一切认识是基本一致的。

"新教育可是个真正厉害的事！新教育对中国教育的影响，那是不可估量的！"——我不会这么说，但，我的意思与此基本一致。

2016 年 10 月 18 日，我应张勇邀请参加了公众学业·社会第三方教育评价项目的发布会。在会上作了一个题为"教育技术推动教育变革与发展"的主旨讲演。我在讲演中回顾了张勇领导的公众教育评价技术的发展历程,对他们未来的发展给予了很大的期待。我在发言中说:

短短几年时间,公众教育评价一步步进入国家教育的主流阵地,在专业技术应用上取得了卓越的成就,在中国教育评价改革中发挥了重要作用,这在中国民办教育界也是非常罕见的。如果说有独角兽存在,这是我所亲眼看到的教育独角兽。今天,在"全国中小学教育质量综合评价改革实验工作现场交流会"即将召开之际,在公众教育评价技术基础上潜心研发实验了六年之久的"公众学业智能服务云平台"第一期"公众学业 K12iedu 学科教学智能服务云平台",及社会第三方学业评价、教育技术办学系统,面向社会和教培业发布,是值得大力推荐和庆贺的事情。

我在讲演中,也对考试和评价制度与方法的改革提出了自己的一些思考——

考试与评价的改革却是一件技术性、政策性都非常强的大工程。自上个世纪七十年代以来,人类教育评价大发展,从最初单一的测量功能(第一代教育评价),经过导向目标功能(第二代教育评价)、区分评定功能(第三代教育评价),发展至第四代教育评价——以认知、成长为目的、以诊断(改进)和甄别(多元发展)为核心,实现了对学生个性化、多元化、全面综合发展的评价。

第三代教育评价理论的代表人物,美国教育评价专家斯塔弗尔比姆(Stufflebeam, D. L.)曾经提出过一个著名论断:"评价最重要的意图不是为了证明(prove)而是为了改进(improve)。"

这个论断深刻地影响了教育评价发展,突出了诊断和甄别的重要性,并指向了教育评价结果解读和应用——教育咨询的关键。第四代教育评价理论的创立者、美国教育评价专家库巴(Egong Guba)和林肯(Y. S. Lincoln)也把教育评价看作是一种通过"回应"与"协商"而形成的"共同建构",继续强化了教育咨询的问题，认为教育咨询是实现教育改进的核心和关键。

公众教育评价技术系统，正是这样一个技术系统，可以把上述梦想变为现实。公众教育评价系统以第四代教育评价理念和理论为基础，融合认知诊断理论、多维项目反应理论和实质性评价理论为一体，集成了"评定、甄别、诊断"三大基本功能，不仅可以科学可靠地服务于教育决策和管理（评定功能），而且科学可靠地解决了"因材施教—育才"（精细化甄别功能）、"因人施教—育人"（精准化诊断功能）。在科学的教育诊断基础上，科学有效的咨询才有可能进行。

公众教育评价技术系统对于学生、教师和学校都具有重要的价值。对于学生来说，多元、多维度的评价指标有助于学生了解自己在学习中的长短板，多方位、多角度的对比有助于学生认识自己在学习上的优劣势，知识、技能、能力的显性三维的测量、评价、甄别与诊断，有助于学生发现和确诊学习上存在的问题点、困难点、盲点及其形成的原因和机制，进而找到解决问题的方向和方法。同时，学生相同的分数，可能具有不同的知识、技能和能力结构，有助于学生更正确地认识和看待自己，建立更为优秀的学习方法和学习习惯，从而树立更明确和准确的学习目标和提高方向。

对于教师来说，能够帮助教师更客观、直观地了解自己在教学和教研中的长短板、实际目标和偏好以及侧重点，显性三维关联分析则有助于教师发现和确认自己在教学目标及教学中上存在的问题点、困难点、盲点及其形成的原因和机制，进而找到解决问题的方向和方法。

对于学校来说，好的评价有利于推进学校的教研、教管工作。可以根据"学生成绩报告单""班级成绩报告单""年级成绩报告单"中所发现的问题，学校组织教师进行教学研讨，可以找到更为优化的教学法，从而推进学校的教研工作。

2013年6月，教育部颁发了《教育部关于推进中小学教育质量综合评价改革的意见》。意见中明确提出，要"建立健全中小学教育质量综合评价体系"。在这个体系中，对"科学运用评价结果"提出了明确的界定，一个是结果呈现，一个是结果使用。

所谓结果呈现，就是要对评价内容和关键性指标进行分析诊断，分项给出评价结论，提出改进建议，形成教育质量综合评价报告。综合评价报告要注重对优势特色和存在的具体问题的反映，不是简单地对学生和学校教育质量进行总体性的等级评价。

所谓结果使用，就是要把教育质量综合评价结果作为改善教学过程、完善教育政策措施、加强教育宏观管理的重要参考，作为评价考核学生与评价学校教育工作的主要依据。要指导学生和学校正确运用评价结果，改进教育教学，发挥以评促建的作用。

所以，考试与评价的改革，不再是简单地给分数、排名次，而是真正能够以可靠的数据为决策依据、以可信的事实为管理基础，实现因材施教和因人施教，促进学生多元、个性、全面综合发展。在这个意义上讲，公众教育评价技术对国家教育改革、学校管理、学生发展，具有很高的意义和价值。

我在这次会议上阐发了我对于未来教育考试与评价的思考以及对于公众教育评价的期待——

我们知道，全球教育革命、教育人本化、教育科学化与教育信息化浪潮汹涌澎湃而来，正以势不可挡之势冲击中国教育的方方面面，一场基于教育技术与教育互联网的教育革命已经来临。

我认为，在这样的技术革命背景下，学校教育会有这样一些新的变化：第一，现在的学校（school）将演变成为学习中心（learning center）。传统的学校概念将被新的学习中心取代，人们不必每天按时去学校，不必按部就班地学习各门课程。第二，现在教学（teaching）的概念将变为学习（learning）的概念。传统的教师教、学生学的教学活动将变为学习。学生的学习活动成为学习中心的主旋律。第三，现在的教师（teacher）将成为成长伙伴（parterner）。传统的教师角色变为助教或者成长伙伴。第四，现在的教室（classroom）将成为学习室（learning-room）。传统的教室变成了学生学习的场所。第五，现在的标准化（standardization）教育将变为定制化和个性化（Customization and personalization）。传统学校按照统一的标准教学和评价的模式，将变为定制化和个性化。

未来的学生，完全能够做到一人一张课表，而且随时调节学习内容，他们的大部分时间是在家里或者在学校的图书馆、学习室等，通过网络学习、团队学习，自己解决学习过程中的大部分问题，而且网络通过大数据的方式自动记录他们的学习过程，作为评价的依据。学生的学习，"是新建构主义所倡导的零存整取式的学习，是基于个人兴趣和问题解决需要的自发学习，是大规模的网络协作学习"。学生可能不再需要专家学者为他们提供完整的知识结构，而是通过自主的学习建构满足自己需要的个性化知识结构。在这样的学习和建构中，课程、学分、学历、学校等不是最重要的，唯一重要的是"我学到了什么、我分享了什么、我建构了什么、我创造了什么？"

因此，基于互联网的教育技术将极大程度地改变教育生态。它是以教育评价技术、资源技术、大数据技术、学习技术为核心，以信息技术为载体，实现教育科学化和教育效率最大化。教育技术，是教育科学化和教育信息化的产物，也是互联网教育成立的前提和基础。

也因此，基于互联网的教育评价技术也将应运而生。我非常高兴地看到，公众教育已经敏锐地发现了这一问题，并且已在解决教育评价科学化、教育资源科学化、学习与教学科学化等基础上，形成发展了公众学业智能服务平台，这是一个融合了教育评价技术、资源技术、大数据技术、学习与教学技术，并融合了互联网交互和服务的教育技术云平台。

公众学业智能服务云平台的发布，将改变教培业和社会教育的招生、教学、学习、评价和办学体系。我们期待公众教育评价以此为良好的开端，在市场上树立和做出第一权威的、并与国际接轨的第三方教育评价，形成融先进科学的评价技术与教育技术于一体的互联网教育评价系统，革新和提升中国教培业、在线教育，为家庭教育提供先进科学的技术服务和资源服务，进一步推进国家教育评价等改革，从而让中国教育更加科学化、人文化、个性化、多元化。

会议结束以后，张勇对我的讲演大加赞赏，他说：知我者，朱老师也。

四

张勇与新教育之间，还有一笔没有了结的经济账。

2015年夏，有一次和张勇、童喜喜等人开会。他突然对我说："朱老师，未来我可能是给新教育捐款最多的人。我的公司市值会超过20亿！"我有点意外，但是很认真地对他说："勇哥，我在意的是你的身体。希望你好好地保重自己的身体。"

张勇建议新教育购买一些公众的股份，说这将是新教育未来最大的一笔资产。他说，一年以后，会有6到10倍的回报。同时，他将分三年每年捐赠100万给苏州大学新教育研究院，把我们的300万元股本金还给新教育实验。

新教育实验作为一项公益事业，各项工作一直都受到经费不足的制约。我在许多场合下说过，新教育要成为一个百年老店，但是我们不能够走商业化的道路，一定要坚持新教育的公益性。张勇的捐赠正是为新教育的长远利益着想，为了新教育的可持续发展。这样的条件，可见完全是为新教育考虑，自然让人心动。几天后，我个人找一位朋友借了300万打到了张勇的账号上。新教育所拥有的公众教育1.5%、公众学业1.5%的股份，仍由张勇代持。

2017年7月19日，张勇给新教育研究院全体理事长和常务理事写了一封邮件，详细说明了公司运营的情况与新教育的股份问题。信中这样写道：

从2015年下半年公众教育集团开始筹备融资，但因为我们还拿不准企业发展的进度和缺乏融资经验等，进展有些缓慢。

2016年下半年我们才下定了决心做融资，并决定了如何融资。

经历了一年的反复谈判和思考，2016年末，公众教育确定了这轮融资方案。

简单地说：经过了严格、复杂的律师事务所、会计事务所、税务事务所、咨询公司等调查、审计等，由它们联合给出了方案：公众教育旗下所有企业进行股份合并，并成立控股公司——北京时代公众教育科技股份有限公司（已核准），同时这个公司也是作为集团总公司，100%控股旗下所有企业。

整合完成后，公众教育集团——北京时代公众教育科技股份有限公司（总公司）及旗下100%控股的公众教育、公众学业、公众资优、泰思考试四大全资公司，总估值6亿人民币。

——经过反复研究，投资方与公众教育及律师事务所等达成共识：

公众教育目前还不算是完整的企业形态——缺乏运营和市场队伍等。那么这期融资，只能算是为基础建设投资——也即投资资金实现公众教育由专业机构转型为商业机构。

所投资金主要用于：建设完整的企业团队、基本完成公众教育四大板块的信息化、扩大专业团队、形成商业模式。

此次共融资3000万元人民币，出让股份为5%。

围绕北京时代公众教育科技股份有限公司，注册股东设计为：

原始股东持股公司——北京公众时代技术中心（合伙人制）；

持有所有原小股东原始股份，共占北京时代公众教育科技股份有限公司25%股份（属于新教育的股份包含在其中）；

经投资方和律师事务所等同意，以我个人拿出15%股份作为期权为代价，北京公众时代技术中心在上市前的最后一轮融资前，不参与稀释股份。

——这样，最大限度地保护了原始小股东利益——其中包括新教育的股份。

整合完毕，新教育共获得公众教育集团的原始股份为600万原始股（原始股值为600万元人民币）。

2017年年底转型完成后，为1200万元人民币。

——这样，新教育在公众教育集团的股份远超过了最初所议，并获得最大股值保护。

因为新的工商注册下，控制严格。

为便于注册尽快完成和保护新教育的股权利益，特建议：

新教育名下的股份暂时由我个人代持。

在注册完成、资产整合后，随时转给新教育旗下的合法机构。

请朱老师及各位理事长定夺。

2017年年底，我发短信给张勇，邀请他参加元旦在苏州大学举行的新教育研究院工作会议，如果他的捐赠资金能够到位的话，就为他举行一个捐赠仪式。如果有困难，也不要勉强。张勇回答说，资金没有问题，2017年他们做了几千万元的项目，2018年可预见的营业收入保守估计也得1.5个亿。他准备月底前打款50万，2018年年初再捐赠50万。

2018年1月5日，张勇发来给新教育基金会30万的捐款凭证。1月7日，我们在苏州大学为他举行了捐赠仪式。

此后，张勇的捐款没有继续。我耳闻了他陷入资金困境的消息。

9月25日，我发短信给他："勇哥，据说你要借钱？有什么困难？"他回答："朱老师，真是祸不单行。我妈得了癌症，需要集中治疗；家里又失火。"

不久，他又请我介绍两家我熟悉的上市公司，准备融资。我知道，他的确日子不好过了。

正在我积极为他想办法的时候，有一天他打电话告诉我："朱老师，融资问题已经解决，公众教育评价已经在往上市方向前行，新教育就等着分钱吧！"仍然洋溢着一以贯之的乐观自信。后来我得知，他的公司的确得到了诸多投资方的认可，融资进展顺利。

没有想到，在张勇人生最后的岁月，是在那样的紧张忙碌、大喜大悲中度过的。

五

我们共同的一位朋友曾经对我说过，"张勇是真正懂得新教育好的人"。

作为一个国内教育评价的顶级专家，张勇对自己专业的自信无与伦比。记得2018年9月11日，我请他推荐两位中国最著名的教育评价专家。他回答说："这个啊，一个是北师大的辛涛，一个是我。辛涛代表着官方评价，国家教育质量监测；我代表着半官方及社会第三方教育评价，中小学教育综合评价、学校教育质量评价和学业质量评价。这在国内教育评价界已经形成初步共识。"

2016年《教育家》杂志的主编姚曦先生曾经对张勇进行过一次专访，请他回答了"如何评价新教育"的问题。

张勇的回答是：新教育给他印象最深刻的一点，就是她"真的是走人本化、个性化、全面、公正的教育路线"。

那一次，张勇就新教育的问题，说出了他多年的思考。

人类走入21世纪，全球最先进也是最文明的教育理念和理论是——人本教育、全面教育、全纳教育，也即以人本、全面、公正为核心和未来的现代教育。现代教育有一个基本结构，构成了一个完整的教育生态系统：学校教育、家庭教育和社会教育。

学校教育主要承担国家任务，它往往有两个关键任务：一是知识文化普及，二是为国家育才。所以从主要任务和目的来看，学校教育并不是面向每个孩子的个体成长，而是知识文化普及和国家育才。从根本上讲，每个孩子只有在家长那里才是独一无二的、最为关怀的，是不可替代的——独一无二、最为关怀，才有真正的个性化、全面化、公正化的教育的可能，所以家庭教育跟学校教育是严格区分的。社会教育则主要满足社会需求，它以社会标准为标准，所以，从根本上而言，社会教育也难以实现个性化教育。家庭、学校、社会教育的标准不一样、目的不一样，有的地方有重合，但根本目的和任务是有区别的。

我为什么以这个为前提？全日制学校，尤其是中国的学校教育，无论公立学校或民办学校，不管它怎么讲求人本、公正和全面，这也只是它的追求，并不是主要任务和目的。它的主要任务和目的还是普及和育才。但新教育卓然不同，它从产生的那一天起，就始终如一地努力从各地教育局、公立学校去改变，推动每一所学校、每一位老师、每一个家长，尊重每一个孩子，给每一个孩子以尽可能的自由、尊重和选择，对每一个孩子进行以孩子为本的个体化、全面化的教育。也就是说，新教育真的是走人本化、个性化、全面、公正的教育路线。这大致也是朱永新老师和新教育的理想实践内核——过一种幸福而完整的教育生活。

不但如此，新教育的发起人朱永新教授在中国教育学会家庭教育专业委员会亲自担任理事长，并成立了新家庭教育研究院、新父母研究所等组织，与新教育实验（主要针对学校教育）一起，多方位地推动人本、公正、全面的个性化教育。这种大规模、兼具深度和广度的努力，在中国当代乃至全球独一无二。

张勇在访谈中说:"新教育这些年努力追求和实现对每一个人的尊重,尊重每一个人的存在、自由、选择和心愿,于理想和实践中自觉播下了人本种子,开出了绚丽的人本之花。人本、全面、公正作为深层意义和价值,贯穿了新教育的所有思想、行动和实践。"

他在访谈中讲述了西西弗斯的故事——

古希腊诸神之一的西西弗斯因为绑架了死神,导致人间长久以来都没有人死去,被诸神惩罚,要求他把一块巨石推上山顶,而由于那巨石太重了,每每未上山顶就又滚下山去,前功尽弃,于是他就不断重复、永无止境地做这件事——诸神认为再也没有比进行这种无效无望的劳动更为严厉的惩罚了。西西弗斯的生命就在这样一项无效又无望的劳作当中慢慢消耗殆尽。把石头推上山,又滚下来,西西弗斯的生命存在是永恒的、不死的,这种折磨是无止境的。但西西弗斯在推石头上山的过程中,生发出了对生命的一种感悟:他不知道神对世界有什么意义。这个和佛教的思想是一样的,轮回。由此他获得幸福和快乐,西西弗斯无声的快乐就在于:他的命运是属于他的,他推岩石是他的事情。西西弗斯告诉我们,最高的虔诚是否认诸神并且搬掉石头。他也认为自己是幸福的。

而我们每个人的生命都很短暂,如果受困于生命意义的焦虑当中,你永远是停留的。只有把生命进行着,就像西西弗斯用全力推石头,石头滚下来,我再推上去,这就是生命的一种坚韧和不拔,而当这种坚韧和不拔成为常态,深刻的存在意义就诞生了。就像我的很多工作一样,我也知道我的很多工作可能都要推倒重来,但过程了不得,这个过程它改变了你很多,给了你生命最丰厚的馈赠。所以结果并不重要,只有过程和体验最重要,这是西西弗斯原理。并且,西西弗斯的发现是感悟、是体验,而不是被赋予。

说这个是什么意思呢?新教育在做,并且确确实实做到了让每一个孩子可以自由选择自己的存在、体验和感悟,得到了尊重和心灵的自由,这是叫我服气的。比如,新教育要求每位老师关注每个孩子,每个孩子都有生日,每个孩子都有喜欢的名称,每个孩子都是好的,等等。孩子处在这样一个环境当中,第一,他是自由的,他没有那么多困扰;第二,他是公正的;第三,他是被关注的,更重要的是被需要的。在很多公立学校,没有几个老师知道学生的生日,也不知道学生的嗜好,不知道学生的家庭有什么困难。你再去看新教育学校的建筑、一草一木,不是为校长创造的,不是为完成任务创造的,而是为学生和老师创造的,这是一种高度的人本体现。

在这篇访谈中,记者有一个这样的问题:"这些年来,您走过看过很多新教育学校,在这个过程中,还有没有什么学校、事情触动到您,让您印象深刻?"

张勇举了一个石家庄桥西区的新教育的实验学校的例子——

前不久我去了那所小学,校长领着我参观学校,那学校很可怜,生长在城乡结合带的商业夹缝之中。你知道商业区的小孩最容易出问题,车水马龙,吃的东西又那么多。我问校长,你们有多少孩子,他说600多个,我又问他,平均每天有几个拉肚子的,校长一乐,说,赶上季节不好的时候,有,平时都很正常。他为什么乐呢,他一听我这个问题就知道我为什么关注这个,因为校园外面的环境,孩子很容易乱吃东西。我问,是不是学校、老师有规定。他说,不是,新教育强调尊重和相信每一个孩子!孩子都有这个自制能力,老师耐心地告诉他们了,他们已经觉醒,门口那些东西,就算给孩子吃,孩子也不吃。

还有一个现象,学校的两栋教学楼之间有一个一米多宽的夹缝,以前,小孩子在里面钻来钻去,老出问题。现在,学校把这夹缝分为三层,盖成一个小图书馆,只要学生有胸牌,便可以随时随地看书。里面还设置有可以接水的装置,小孩不用出来,渴了就在里面接水喝,每个孩子可以自由自在地在这里读书。

我去的时候,正赶上学校有一个活动。因为基本算是农村学校,小男孩、小女孩一个个都晒得黑黑的,也看不出和一般农村学校的孩子有什么不同。结果那些小不点一跳拉丁舞,那气质啊,你亲眼看到那些孩子充满了自信和阳光,跟城里孩子没有两样。你就知道新教育对中国教育和孩子们产生了什么影响。

我就站在那里看,一站就站了半小时,我似乎能看到这些孩子们阳光和健康的未来,我看到了中国教育的生机勃勃和焕发出巨大的能量。我看到了、更体验到了新教育对教育、对孩子们的生命存在的根本性变革和影响。

桥西区的教师普遍有一个观念,"无限相信师生的潜力",这句话也是新教育的重要理念之一。那天我到学校,看到一个小不点女孩儿搬着一堆东西上楼梯,那堆东西堆到了小不点的下巴之上了。我说我来帮你搬吧,她说,谢谢老师,我自己完全可以的。了不得!你要知道,生命在常态下怒放是最宝贵的。《红高粱》电影里,亲人被日本人杀死之后,那群农民做出的血性抗击和反击,是非常态下的怒放。而常态下,你从桥西区孩子的自信和阳光中看到的是什么呢?生命的自由飞扬和怒放属于常态,而这会从根本上决定孩子们的未来!我们国家教育改革的核心是立德树人,新教育实实在在地做到了,而且提前数年做到了。

除了新教育,我也很少看到长相普通甚至不那么好看的老师,站在观众上千人的舞台上侃侃而谈,那种自信和自若,他(她)没有按照社会的评价标准,来选择甚至否定自己的存在和本质。同样一个人,心态积极者和心态消极者的能力发育是不一样的。换句话说,越积极,能力的培育、发育越快;积极的程度越高,能力发展越全面。当生命走入一种积极的自发的状态时,能力几乎无限制地成长,只要给他足够的阳光、水分和土壤。

新教育至少在学校当中,解放了老师和学生,它让老师感受到了这份职业的美和价值。在新教育学校里面,你很难看到教师产生的职业倦怠。这不是一个行政命令能做到的,它是一种实实在在的文化养成。

文章的最后,记者提出了一个更加直接的问题:"新教育实验学校学生的发展情况如何,是否有具体数据可以说明?张老师您本人研究并从事教育评价工作多年,是否对新教育实验学校做过评价?"

张勇的回答也更加充满自信:

新教育实验学校常常有各种活动,包括阅读、亲子阅读等,看起来花样不断。其实多年来，新教育实验学校、实验区拒绝走应试教育道路，但在考试上却是占了绝对优势。作为新教育主要实验区的南通海门市，一个县一年考了16个清华北大学生，这是什么概念？！一个县啊！海门市搞新教育搞得很早很深入，学生的成绩普遍往上涨。

前不久，美国华裔学者叶仁敏教授和苏州大学李东琴博士在全国基础教育领域做抽样调查。结果显示，新教育实验区、学校的学生阅读面更宽，阅读理解能力分值普遍偏高，在词汇掌握量、对词汇的灵活把握度，均远远超过非新教育的县区和学校。

我再举第三个例子。还是石家庄桥西区。石家庄桥西区是新教育较早的一个实验区，前不久，我们通过招标给石家庄桥西区做了学业质量检测，采用的是最新的学业评价标准和技术——ACTS学业评价。ACTS学业（素养与能力）评价系统，目前也在为教育部中小学教育质量综合评价改革实验提供专业支持和技术服务。数据出来之后，连我这个经历过中国最好区域、最好学校的人都吓了一跳。第一，学生总成绩、各项成绩分化度普遍偏低。分化度越高，意味着教师发挥的作用越低，对学生帮助越小；反之，分化度越低，意味着教师发挥的作用越大，对学生帮助越大。桥西区的分化度数值基本都在18以内，这是什么概念？也就是我国最好的学校才能达到这个水平，而它是一整个区域都基本达到了；第二，很明显，桥西区教师的专业水平普通，但中位数很高，这意味着什么？教师的专业发挥程度高；第三，桥西区学生的阅读习惯、阅读量、阅读能力、词汇掌握能力得分普遍偏高。汉语之外的英语阅读能力也都出众。一般来说，两者是不好兼顾的。

这次测试让我还看到了一个希望，我们有全国各地的数据可以作对比，结果显示，桥西区的孩子进入初中之后，数学平均成绩高于非新教育实验区。并且，孩子们的学习热情及动力更足，知识、技能、能力等方面比较均衡，大部分孩子能力得分高于知识得分——后劲儿很足。

2018年5月，张勇领导的新评价研究所制定了一个《新教育"新评价"实验计划》。这个计划准备对参与学校进行为期三年的学业评价，并提供专业的评价服务和技术支持，形成新教育实验体系教育质量的系列数据，根据数据进行解读，诊断教学中相关问题，给出改进和提升建议，以便进一步提升学生学习、教师教学教研、学校教管水平，真正做到靶向教育，提高教育质量，使教育更科学、有效。此外，实验计划还将在三年内举行一次发展潜能评价（或综合素质评价），指导学生选择学习发展方向，为学生的个性、多元、全面发展提供科学的数据支持。根据这个计划，研究所将不断提供新教育实验成果的实证数据，推广新教育实验学校的教育成果，并在科学数据的支持下进行靶向的改进，以扎实提高教育质量，使新教育实验更科学、更有效。

张勇还表示，首批选出的 20 个新评价实验计划单位，费用全部由他领导的北京时代公众教育科技股份有限公司提供赞助，由新评价与新考试研究所无偿提供每次评价的评价工具及阅卷系统的使用，无偿提供数据处理和电子版本评价报告，并提供统一的网络解读一次。经验交流、研讨会及教师培训等将按照需要统一组织安排，费用采用自助方式，即按照实际成本分摊。

可惜，包括新评价实验计划等在内的许多宏大的梦想，由于张勇的去世，都没有来得及真正实施。真所谓"出师未捷身先死，长使英雄泪满襟"。

六

张勇有许多头衔：公众教育科学研究院院长、中关村教育评价创新研究会执行会长兼学术委员会主任、北京时代公众教育科技股份有限公司董事长、中国教育学会中小学教育质量综合评价办公室副主任、中华教育改进社副理事长、全国第三方教育评价联谊会副主席、学术委员会委员、教育部《全国教育治理现代化指数研究》首席专家等。

张勇在教育评价方面有许多重要的贡献。

他历时 16 年研制的公众教育·综合评价系统（AIP 系统），包括 ACTS 学业评价、ICTS 综合素质评价、PCTS 发展潜能评价三大子系统，是国内唯一获得欧美部分主要国家专业认可，在科学性、先进性、成熟度上都领先的评价系统，被教育部中小学教育质量综合评价改革实验作为专业支持与技术服务之一所采用，服务了教育部中小学教育质量综合评价改革多个主要实验区，也被中国大学先修课程（CAP）考试、部分主流省份的中考、高考学业水平考试改革作为专业支持和技术服务采用。

他主持研制的公众教育·教师专业发展评价系统，包括教师专业胜任评价系统、教师专业能力评价系统、教师专业素养评价系统，被教育部委托中国教育学会承办的全国教师专业发展服务项目所采用，面向各省市教育厅局开展全国教师专业发展评价。另外，还有 TAST 考试系统、拔尖创新人才评估与选拔系统等。

在张勇去世的第二天，北京时代公众教育科技股份有限公司发出了讣告："作为国内领先教育测评技术的缔造者和践行者，张勇先生呕心沥血，开拓创新，在十几年的创业历程中，以积土成山、聚水成渊的耐心与毅力，全力以赴把教育评价事业推至新的高度，获得了众多学界成就，和来自社会各界的好评与赞许，并得到众多教育工作者的推崇和拥戴，我们深信，在未来的教育评价事业之路上，我们将继续携手同行，砥砺奋进，以竟张勇先生未尽之遗愿。"

2019 年 5 月 12 日，中国教育改进会为张勇先生举办了一个隆重的追思会，与会专家高度评价了他为中国教育评价事业作出的贡献。我在书面发言中说："张勇以他的智慧和才华，凝聚了公众教育评价的一个专业团队，在教育评价方面做了很多开拓性的工作，他们为中国的教育评价发展作出了非常卓越的贡献。他们开发出各种各样的评价量表，包括对区域的素质教育评价，对学生的学业评价、潜能和特长评价，在国内外都处于领先水平……"在教育评价事业蓬勃发展、如日中天的时候，张勇先生突然撒手而去，对新教育来说是一个很大的损失，对公众教育评价事业来说是一个很大的损失，对中国的教育评价事业也是一个很大的损失。

检测、评价、诊断、甄别、选拔、鉴定，探究公众教育。

博学、创新、执着、激情、严谨、仗义，书写率真人生。

一只骄傲而自信的教育评价孤雁飞往了天堂。张勇的未竟事业，会有更多的雁群完成。张勇兄，一路走好！

辑二 一路风雨一路歌

1998年暑假的一次偶然邂逅，1999年的一次应邀讲学，让我和江苏常州市武进区湖塘桥中心小学结下了不解之缘。这所学校，后来被称为新教育的"井冈山"。2002年，教育在线网站开通，新教育实验者开始聚集，新教育的理念和课程也因此传播。

　　除了一线教育工作者之外，还有一些媒体人、企业家、志愿者等也先后加入了新教育的团队。我们一起怀揣着梦想，且歌且行。

奚亚英：
从一所乡村小学到一个教育集团

这么多年，到过许多学校，见过许多校长。

多年前，曾经编辑过《中国著名校长办学思想录》，记录过一些校长的成长历程与思想轨迹，许多校长已经成为我的好朋友。

然而，让我特别感动的是一位同龄人——常州市武进区湖塘桥中心小学的校长奚亚英。

认识她是在1998年的暑假。江苏省教育学会教育管理研究会在苏州召开一个研讨会，邀请我去会议上作了一个发言。在参加会议的几十名校长中，她第一个上来与我讨论问题，第一个邀请我去她所在的学校。所以对她有了一个初步的印象。

但是，这样的场景我经历过许多次，许多人只是出于礼节而已，当然也有许多人是真心邀请，但我回去以后因事务繁忙很快就淡忘了，往往最终不了了之。对于奚校长的要求，我也爽快地答应下来。

没有想到，奚校长一直打电话催我，以至于我非常害怕接她的电话。

终于，不再有任何拒绝的理由，我被她的真诚与执着感动了，开学不久我就来到了湖塘桥中心小学。

这是一所普通的农村学校，同时还领导着几所村里的小学。只是镇上另外有一所实验小学，自然是重点。但是她不甘心做第二，这是她的个性。在乡村学校的时候，她曾经把自己指导学生打排球的巨幅照片展览到天安门广场，成为武进教育的一面旗帜。现在，她再次发誓：要让这所普通的学校变得不再普通!

窦校长让我与年轻的老师们对话。她说,我们没有一流的校舍,但是我们有年轻的教师,这是湖塘桥最大的资源!在她的坚持下,我在她的小学开始带徒弟,与青年教师交朋友。同时,我把一个又一个朋友介绍给她,袁振国、李镇西、窦桂梅、高万祥、储昌楼、苏静、游建华、严文藩、干国祥、童喜喜、郭明晓……纷纷走进了她的校园。湖塘桥的老师们开始与大师对话,开始演绎他们自己的精彩。许多青年教师也开始走出校园,在全省乃至全国的舞台上崭露头角。

窦校长是一个认真而执着的人。我在他们学校所说的每一句话,差不多都变成了他们的行动;差不多每一个月,她都会通过电话或者短消息与我联系,报告他们的工作;差不多每两个月,她都会邀请我去学校"检查、指导"。这样一来,我如果一段时间没有去,必然会收到她那真挚而感人的电话:"朱市长,您上次来布置的任务我们完成了,您来看一看如何?""朱市长,我们最近又有一些新的举措,您来指导一下吧!""朱市长,我们的青年教师想见您,能否再与他们交流一下?"甚至她会说:"朱市长,谁让您是我们的兼职教师呢!"这样的电话经常让我产生"负债"的感觉,有时甚至觉得不去湖塘桥是没有人情、丧失人性。对于这样执着的校长,对于如此热爱教育、关心学校发展的校长,我怎么能够不感动,怎么能够不行动?

于是,一次又一次地来到这里,一次又一次亲眼目睹学校发生的巨大变化。

我高兴地看到:1999年,他们成功举办了湖塘镇小学首届教育节;2000年,他们顺利被评定为江苏省实验小学;2001年,他们被评为江苏省现代教育技术实验学校、常州市少先队教育现代化示范学校、常州市德育工作先进学校,还荣获武进区教育质量评估一等奖;2002年,他们被命名为首届常州市模范学校,继续获区教学质量评估一等奖;2003年,他们获常州市课改先进集体荣誉。2004年,他们更是取得了辉煌的成果:江苏省青少年科技教育先进学校、常州市优秀教研组(高年级数学组)、常州市和武进区课改先进集体、全国德育科研先进学校、常州市先进教工之家,等等。

我还高兴地看到:在窦校长和她的年轻教师们的精神感动下,镇里投资

3000万建设了一所非常漂亮的现代化新校。我们还看到：江苏省歌舞剧院艺术培训基地、刘海粟美术小学、江苏省艺术人才培训基地和兰天艺术学校先后挂牌，学生百人管弦乐团、民族乐团、歌舞曲艺团先后组建，在全国、省、市各级各类竞赛、活动中，许多学生的书画作品、音乐节目频频获奖。

我更高兴地看到：学校的管理水平与软件质量正在悄然提升。奚校长明确提出，学校应该以人文精神为指导，尊重教职工发展的利益、价值和愿望，努力促进学校价值和教职工价值的共同实现。她特别强调从三个方面塑造自身形象：一要时时刻刻把别人的需要放在心上，只有这样才能得到真情回报；二要做教师的精神教练，不当管人之"官"，要举着旗子走在前面，不拿鞭子跟在后面；三要以深厚的文化底蕴引领师生共同营造具有本校特色的学校新文化。她努力在教师中营造"三讲氛围"：讲大气、讲品位、讲合作；弘扬"四大精神"：人文精神、合作精神、改革精神、敬业精神。引导教师爱岗敬业，学会合作，学会理解，学会宽容；引导教师尊重理解学生，学会以公正的态度、宽广的胸襟欣赏学生。她大胆地在学校实施了三项改革措施：一是课时改革。由原来的每节课40分钟改为35分钟。二是课程体系的改革。逐渐形成国家、地方、校本三级课程体系。三是师生评价的改革。学校每学期开展星级教师、星级学生评选活动。尤其值得重视的是，她在构建学校民主管理制度方面做了许多有益的尝试：学校实行校务公开，重大决策需由教代会商议通过才能执行，开通校长热线，设立校长信箱和开放校长接待日等。学校经常举行"异想天开座谈会""我给校长说句悄悄话"等活动，及时了解教师的所思所想。

奚亚英是一位从普通农村教师成长起来的普通校长。她没有非常深厚的理论修养，没有非常高的学历，但是她有一颗热爱教育的心，有许多校长没有的那种执着与坚韧。凭着这一种热爱、执着与坚韧，她不仅感动了我这样的教育理论工作者，也感动了与她一起奋斗的青年教师，感动了从镇到区到市、省里的行政领导，在她的背后，有一个智囊团，有一批支持者，因此，奚校长就变得不再普通，湖塘桥中心小学也变得不再普通。

2011年10月，常州市为奚亚英校长举办了一个"奚亚英办学思想研讨会"，我因为参加民进中央常委会，无法亲临会议，特地去函表达了我的祝贺和敬意。

我在信中说，奚亚英当校长已经接近20载，这20多年来，她始终坚持平民教育的理想，以其卓越的人格、坚持的品性与独特的办学思想圆了一个跨世纪的教育之梦。

我与奚亚英校长认识已经有20多年的历史。应该说，我是看着湖塘桥中心小学长大的，从两排小平房发展成为今天的现代化教育集团，奚校长也从一位乡村学校的校长成为全国名校长。我见证了这个奇迹。

创造奇迹的背后，是一位校长胸怀天下的大志，是一位校长心系百姓的大爱！在我的眼里，奚亚英校长不仅是一位具有教育思想和智慧的校长，更是一位充满教育理想和激情的校长，一位富有人格魅力和品位的校长，一位求真务实和大胆创新的校长。

一所学校，校长是领头人。学校能不能办出特色，办出品质，关键是校长有没有先进的办学理念、改革创新的精神和独特的办学思想，能不能凝聚全校师生的力量实现共同的愿景。所以，召开"奚亚英办学思想研讨会"，就是希望广大校长和教师能以奚亚英校长为榜样，具有胸怀天下的大志和心系百姓的大爱，不断提高自身素质和能力，学为人师、行为世范，不断开拓创新，突出自身特色，提高人才培养质量，提升改革创新能力，增强服务社会的本领，努力把学校建设成为教师和学生的快乐家园，成为培育创新精神的学园。

奚亚英校长也是新教育实验的践行者，新教育国际论坛等许多重要会议也曾经在湖塘桥中心小学召开，为新教育事业作出了非常重要的贡献。奚亚英校长和她的团队为新教育所作贡献，我一直感铭在心。

2013年春天，奚亚英校长主动向教育局领导提出退居二线，由年轻人担任湖小教育集团的领导，她则去集团所属的清英外国语学校当校长。这些年来，湖小先后走出了14位一把手校长，40位副校长，占了武进区校长群体的近三分之一。这可能是一个世界纪录。一所乡村小学，在20年内先后培养出54名中小学的校长群体！

2019年年底，《中国教育报》年度推动读书十大人物名单揭晓，奚亚英榜上有名。我觉得她当之无愧。从教40多年来，尤其是参加新教育实验以来，她倾力打造书香校园，设立"读书月"，每年确定读书主题，开展"最美的读书样子""做一面阅读墙""整本书阅读报告"等系列活动，使师生养成爱阅读、会阅读、乐阅读的好习惯。她说："我愿用自己一生的努力，建造一座属于心灵的图书馆。"

奚亚英校长一直说，我是湖小的贵人、恩人，其实，真正创造湖小奇迹的，是湖小人，是奚亚英校长和她的老师与孩子们。

我相信，奚亚英的务实与创新，会在清英外国语学校续写新的篇章。我相信，创新又务实的奚亚英，会在新教育路上继续从容前行。

庄惠芬：
20年教育梦想的远征

1999年的秋天，应奚亚英校长之邀，我来到了古淹城畔的武进区湖塘桥中心小学，为老师们作题为"我的教育理想"的专题报告。

当时在座的年轻老师中有一个叫庄惠芬的"黄毛丫头"。当时她虽然已经教了七年的书，但是用她自己的话说，就是"没有什么抱负，没有什么理想，更没有什么思想，没有留下什么深的脚印"。当天晚上，她提笔给我写了一封信。作报告后的一周，我收到她的来信，信中谈到，她被我报告中所描绘的"理想的教师"所震撼，也谈了她的困惑与思考，恳切希望我能够做她的师父，引领她的成长与发展。我觉得她勇气可嘉，更深深被她执着的教育梦想所打动，就这样，庄惠芬成了我的徒弟。后来我又推荐了我的学生、时任江苏省小学数学专业委员会秘书长的游建华给她作专业上的指导。

就这样，庄惠芬开始走上了专业发展的道路。她如饥似渴地阅读教育名著和数学名著，如《给教师的建议》《数学史与数学教育》《数学文化》《数学哲学》等，同时积极进行课堂教学实验。功夫不负有心人，她带的班级学生数学思维能力特别活跃，15人参加江苏省少年传播数学文化竞赛获得了一等奖，在当地引起了轰动。2001年她被评为武进区骨干教师，2002年被评为常州市骨干教师，2004年被评为常州市学科带头人。连续五年，她在"教海探航"征文中获奖，其中两次获得了一等奖。在短短的五六年时间里，她有近50篇论文在《小学数学教育》《江苏教育》《小学教学设计》《小学教学参考》等刊物发表，有50多篇文章在全国、省、市获奖，被评选为江苏省优秀小学数学青年教师。

2005年9月,在学校的支持下,她作为访问学者,来到苏州大学进行为期一个学期的进修学习。在课堂上,她有着初生牛犊的胆量,与博士生一起讨论问题;在课堂外,她如饥似渴地利用图书馆和网络学习,学习期间她还完成了《魅力数学课堂》一书的创作。

这是一本很有"魅力"的数学教学著作。曾经看过《中国教育报》上的一篇文章,把理想的课堂教学分为三个境界:一是有效课堂教学,这是课堂教学的底线,因为"无效教学"或者"低效教学"是对学生生命的一种浪费;二是高效课堂教学,即在有限的单位时间内最大限度地完成教学目标;三是魅力课堂教学,通过教师的人格魅力、艺术魅力、科学魅力去影响和感染学生,使课堂充满着活力、内聚力和爆发力。我认为这样的分类有一定的道理。庄老师的书名,非常巧地契合了魅力课堂的概念。而且很明显,她孜孜以求的,就是第三种境界。

数学是门抽象的学科,如果仅靠书本知识的讲授和习题的解答,对于小学生来说,非常枯燥乏味。为了让教学变得轻松、有趣和高效,让学生们喜欢数学,她不断地探索与思考着。在庄惠芬的数学教学实践中,她创设了数学文化的"百家讲坛",针对不同的学段,设计了"数学与历史、数学与社会、数学与未来、数学与科技、数学与文化、数学与思维、数学与成就、数学与自然"等几大系列。她又从大学生、中学生数学建模中得到启发,以建立数学模型为主线,以思维为核心,以对话为平台,通过资源的搜集、选择与重组,使不同的学生获得不同的发展,使教材的校本化从隐性走向显性,从无形走向有形,走上了追寻儿童数学的理性和德性之美的探索之旅。

也正因为如此,我们在庄惠芬的《魅力数学课堂》一书里,可以看到人文数学课堂、诗意数学课堂,也可以领略互动数学课堂、挑战数学课堂,还可以体验开放数学课堂、生态数学课堂,还能够读到她对于小学数学教学的认真思考,如小学数学课堂缺少了什么、小学数学老师缺失了什么、怎样重塑数学老师的教育哲学、怎样改变小学老师的学习方式。而她自己的20个魅力课堂教学的案例,也比较好地演绎了她的数学教学思想。

其实,每个老师都有自己的教育哲学。他(她)如何理解教育,他(她)

就拥有怎样的教育。因此，思考是教师的灵魂。通过这本书，我们不仅可以看到一个数学老师的数学教育观，看到一个教师思考的成果，同时也可以透过这些成果了解一个魅力老师是如何炼成的。我为这本书写了一篇序言——《魅力老师的魅力课堂》。

2008年，庄惠芬评上了特级教师。她来找我商量未来如何更好地成长。我们进行了一次深度的对话。我说："应该有的你都有了，你下一步应该重新回到课堂，把根扎得更加深一些，用自己的生命去润泽孩子的生命，与孩子一起成长。"她听从了我的建议，回到了一年级。我送了她一本自己的新书《回到教育的原点》。在扉页上我写了一句话："无论有多忙，坚守教室；无论走多远，坚守学校。"

2011年，武进区教育局决定让她筹建一所新学校。2013年，在她正式就任星河实验学校校长的时候，她又来找我沟通新教育的发展思路。我送了一本刚刚出版的《教师最喜欢的教育名言》给她，在扉页上写了一段文字："关起校门，你就是国王；用心经营，学校就是天堂。"从筹备学校开始，她多次和我联系，交流进展，讨论办学理念。她还走访了全国30余所名校，取经拜师，问道探宝。

在新的学校里，她的空间和舞台更大了。仅仅在家校社合作共育方面，她就进行了很多有特色的创造。2013年12月，她成立了一个组织：FSC联合会（Family-School-Community），包括家校协同委员会、社区成长委员会和创想教育委员会等机构。联合会的成员们发挥了智囊团的作用，开拓出了100多个可以让学生做野外课程的地方。在学校内部，他们创设了"儿童创想城"，城市有市长、交通、城管、教师等各类模拟岗位，让学生们去做角色体验、岗位认知，实现自主的成长。学校开一间家长时间银行。家长做义工，岗位体验的时间可以兑换成"星河币"或者家长夜校、课后服务名额等。在孩子入读星河实验小学的六年，家长们要做60个小时的义工。学生毕业有小学毕业证书，家长也要完成48个学时的学习，有一张"满天星"家长学校的毕业证书。几年的时间，就把学校做得风生水起。2016年，庄惠芬被评为常州市首批特级校长、常州市首批教育领军人才。

应该说，20年来，我是看着庄惠芬成长起来的。无论是书信往来，还是我到学校实地考察，无论是她来看我，还是跟随我到苏州大学脱产进修，我经常问她这样几个问题：你的梦想是什么？你想做怎样的教师？你最近看了哪些书？你最近在思考些什么？她说，她就想做一个真正能够让学生记一辈子的老师。一路走来，她对新教育的执着情怀，对魅力课堂的不断追寻，对自我价值的不断实现，让我非常欣慰。十年磨一剑，她已经从一位普通教师成长为武进区骨干教师、常州市骨干教师、常州市学科带头人、江苏省特级教师，后来她又成为江苏教育家培养工程的首届培养对象。

应该说，这些荣誉是许多教师一生的梦想。而一位年轻教师经过十年的奋斗，就拥有了许多人一辈子希望得到的东西，其中的艰辛也可想而知。她给我讲过中等师范学校毕业以后，骑着自行车带着盒饭参加大专自学考试的故事；讲过抱着刚四个月的孩子参加成人自考、本科函授的故事；讲过顶着繁重的教学任务与行政事务完成教育硕士课程的故事；讲过自己如何跳出狭隘的阅读圈，徜徉于人文社科、教育心理、科学哲学的知识海洋中的故事；讲过把苏州大学操场当成讲堂，十几遍练习演绎魅力课堂的故事；讲过她带的班级的15个孩子参加数学比赛全部获得一等奖的故事……她的故事也验证了我经常说的一句话：读书滋养底气，思考带来灵气，实践造就名气。

值得一提的是，她不仅以自身的行动培育了一批批幸福成长的学生，更搭建多元平台，全力培养一个有德、有才、有能力、有潜力、有服务意识的发展型教师群体。她先后组建和参与了学校的学术研究委员会、常州市小学数学庄惠芬名师工作室、武进区新教育实验共同体、教师三专项目成长部落等研究共同体。她以自己的人格魅力和专业能力影响、引领、带动着教师成长，通过专业阅读、教材研读、课堂磨砺、专业写作，架设了交流思想、智慧互动的平台，使湖塘桥中心小学和星河实验学校的教师乃至常州市的许多教师搭上了成长的快车，推动了学校的教育教学改革，提升了学校的办学品位，扩大了学校的知名度。不仅如此，她还无私地帮助全国各地的年轻教师，有求必应，乐此不疲。她还跟随新教育团队、湖小团队先后三次赴西部支教，用自己的教育智慧润泽西部的孩子和教师。

2014年教师节前夕，她获得了全国优秀教育工作者的殊荣。面对荣誉，她依然清醒，说："一个人的高度不重要，重要的是你向上的姿态；教师成长固然有赖于好的环境，但更重要的取决于自己的心态和作为。无论何时何地，只要自己执着追求、务实肯干、积极进取，不管在哪个单位，从事哪门教学，只要埋下头来，任劳任怨，必能在现实生存的土壤中找到自己的生长点，做出成绩，显出存在的价值。"而常州市的媒体也这样描写她："在我们的眼中，她是一个校长，她获得了无数光环显耀的殊荣，而在无数殊荣的背后，有的是她鲜为人知的默默无闻——对于教育的执着坚守。她获得过无数教育泰斗的高度评价，但是在她嘴里常念叨的是孩子们口中的校长妈妈，这是对于教育的皈依，更是对于教育之海的漫溯前行！"

2019年7月，新教育年会在江苏姜堰举行。庄惠芬专门赶来参加会议。她让我在新出版的《未来学校：重新定义教育》一书上面写几句话。我写了一句："优秀是卓越之敌。"我希望，庄惠芬抛掉过去的一切，重新创造新的精彩。

2019年12月，庄惠芬在《教育家》杂志上写了一篇文章《遇见新教育》。她在文章的最后写道："十几年前，我还是个黄毛丫头，十几年后，变化的也许是老去的容颜，不变的依然是当年那个黄毛丫头对教育炽热的爱。朱老师与我每一次对话，每一次交流，对我每一次指导，每一次帮助，我都很感动。他始终能让我回到原点，保持一颗清醒的头脑，去面对孩子们，面对我所热爱的教育。20年，这是一次教育梦想的远征，而这段旅程从来不需要想起，永远也不会忘记。"

惠芬，我愿意见证你的下一个20年。也希望你为新教育的下一个20年作出新的贡献！

焦晓骏：
才华横溢的"苏州人"

2002年，教育在线网站创办不久时，我曾经开玩笑说："如果教育在线要搞一次才艺大比拼的话，我敢肯定，有个人一定会榜上有名，而且可能会拿全能冠军。"这个人是教育在线的管理员，当时他的网名叫"苏州人"。

在教育在线时间长了的人都知道，他就是——焦晓骏。

焦晓骏是一个酒仙级的网友。就是在那个曾经影响过新教育的聚餐中，他参加了与李镇西、袁卫星一起"策反"我创办教育在线的"密谋"，而且是重要的"主谋"。当时灌酒最厉害的就是焦晓骏。我稀里糊涂地上了"贼船"，焦晓骏可谓立下了汗马功劳。

在网上，管理员是以网络管理为责任的。管理员当然应该是网络高手。我到现在还弄不清楚，这个英语系的高才生，怎么会有如此的计算机才华？他是我的计算机兼网络顾问，我经常在电脑面前打电话过去，他在电话线的另一头进行指导。当然，教育在线发生故障，我也毫不客气地批评他。有一次，我夫人都忍不住又是打抱不平又是满腹疑惑地问："人家不拿你一分钱，你为什么请得动他？"我说，教育在线的所有人，从"董事长"（本人兼任）、"总经理"（李镇西兼任）到所有的版主、员工都是义务劳动。话虽如此，其实我心里明白，焦晓骏是最关键的人物。多少次网络出问题，我和朋友们唯一的办法都是找焦晓骏。记得有一年春节期间，我硬是逼他从数百里外赶回来，终于让教育在线的朋友们有一个愉快的假期。当年，我有时甚至会冒出一个荒唐的想法：如果没有焦晓骏，教育在线怎么办？

焦晓骏的歌喉也是了不得，不管民族歌曲还是通俗歌曲都不在话下。每一次聚会，他总不忘引吭高歌。尤其是他唱的《红星照我去战斗》，简直比李双江唱得还要精彩。我曾经说过，他就是我们教育在线的帕瓦罗蒂！

焦晓骏的车也开得不错。和那些专业的驾驶员相比，他可能还是有一些差距，但是，作为当年教育在线为数不多的有车一族，他的车技还是很可以的。他的车经常"私车公用"，外地的教育在线的网友们如果来苏州，他总是理所当然地当驾驶员。

焦晓骏最大的绝活还是文学。先看对联。有一次，他在教育在线网站上出了一个极难对的上联：

教十载书，育百年人，捧千颗赤子心，隔万里好山河，情谊在须牵一线；
（教育在线）

虽然不少人应征，但结果还是他自己的最精彩：

读诸子卷，书数往事，邀几枝闲才笔，做毕生真文章，风骚先可砺双锋。
（读书先锋）

焦晓骏的诗歌也是独树一帜。他曾经为储昌楼仿制过一首诗：

昆山上飘着浮云，云儿映着淀山湖
啊湖水洗净了我头发，教我如何不想他
月光照着那亭子，亭子后绿绿的林子
啊元旦一别已百日夜，教我如何不想他
淀山湖水慢慢地流，水底鱼儿慢慢地游
啊有空也不给来个电话，教我如何不想他
梦里的船儿慢慢地摇，思念的火儿久久地烧
啊论坛里又多了位红霞，教我如何不想他

当网友"颂玉"写了一首"鹊踏枝"的词后,没有多长时间,他就唱和一阙"临江仙"——

> 柳笛悠悠微醉,野荷点点初长。
> 去年景色小池塘:
> 深杯留远客,短钓送斜阳。
> 酒醒西楼高锁,梦过故里他乡。
> 透红亭外菊花黄:
> 可怜今夜月,不忍照南窗。

这首词以其清新风格,后来为《文汇报》刊载。

我很喜欢他的一篇散文《窗外雨绵绵》,那细腻的文字中透出的淡淡离愁别绪令人回味不已:

冬。窗外雨绵绵。独自坐在窗边发呆。

这绵绵的雨若是在春季,便会有一抹抹新绿在你近处的田野上、小路边无声地吮吸这甘露般的滋甜,便会有一丝丝轻风透过窗扉轻轻洗涤出重温春色的情怀。我知道,你会直身打开窗,伸出你的手来任雨儿轻抚,或是走出户外任雨儿弄湿你的头发,那湿漉的感觉会滋润你的额、你的眼、你的唇,一直到你的心灵深处。你会觉得自己已经在雨中淡淡地消融,似乎就要融化在明天的春光中了。

这绵绵的雨若是在夏季,你会在邻里孩子们欢快的嬉戏中会心地一笑,那一笑只有你自己能感觉到。那是一种怎样的喜悦!你自然要掩起书,走到窗边,看那阴沉沉的云儿低低地笼罩在门前杨树的叶间,那些叶儿已全不似前时在烈日下发黄卷曲的样子,在细雨的轻拥中尘埃洗净,在雨中轻摇着,仿佛是一颗颗涤荡的心。漫长的夏夜,虫儿低鸣四起,有一段绵绵的雨儿相伴,更有凉风习习,那夜,你的梦一定很甜。

这绵绵的雨若是在秋季，你一定会想到青山半隐水色空的湖边小歇。秋是忙碌的季节，一段秋雨会使你在突然的赋闲里感觉格外亲切。水阁亭榭，细竹石阶，说不定你会想到我戏吟的"尽道江南秋色好，江南秋色雨如帘"的句子。秋是思考的季节，临窗而坐，捧香书酣墨，看翠烟淡云中朦胧的远山近水，这绵绵的雨怎能不激出你压抑已久的满案诗情！

而这绵绵的雨若是在冬季，特别是你人在旅途的日子，寒风料峭本已令人压抑，而无声的雨从早到晚就这么下着下着。我不愿出行，喜欢独自坐在窗边发呆。不知怎么想起了大学时听的一首歌：又是一个下雨天，窗外雨绵绵。勾起我的翩翩怀念，又想起从前，记得在雨中，你对我说再见，如今独我在雨中流连，又把愁来添。

时近新年，最让人在怀旧中伤感。早知岁月终是无声流过，所有的春花秋月终须尽付风尘，此时的你是否也有如雨般绵绵的思念？这份回忆很宁静。也许正是因为走过，才有无悔的静。

当然，焦晓骏最最美丽的还是他的心灵。我和李镇西都很忙，接待网友的事情往往是他出面张罗。许多网友都是焦晓骏从车站"领来"的，而参观苏州工业园区，则是他做导游的必修课。不过，现在网友越来越多，他该是应接不暇了。

由于焦晓骏的到来，经常让我的研究生"妒火中烧"。他们说："有了焦晓骏，我们失宠了！"我则笑曰："谁让焦晓骏那么能干，那么可爱？"

2007年年底，我从苏州来到北京工作。晓骏陪同我一起报到安家，当时我想，他要是能够当我的秘书多好！

结果，秘书没有当成，他却成为我的博士生。我到北京工作以后，他也先后担任了苏州工业园区几所学校的副校长，一直做到第八中学的校长。同时也出国研修，在英国修学时与同行编写的《中学英语课堂教学活动指南》由商务印书馆正式出版。

当然，焦晓骏的本职工作是英语教师。他所有的天赋，在他的英语课堂里得到全面的落实。豪气、大气、灵气、勇气，在他的英语课堂里都可以感受到。

他的英语课旁征博引，举重若轻，课堂气氛热烈。他承诺"每天的课后作业绝不超过 25 分钟"，但带出来的毕业班总有不俗的表现。2011 年，他出版了自己的英语教学专著《怎样成为一名优秀英语教师》，成为许多英语老师的案头书。

在繁重的教学与管理工作之余，他依然活跃于网络，无论是锋芒毕露的《校长的七种武器》《教研员的八条军规》，还是温情脉脉的《人到四十》《也说苏州》，都是被广为转载的热帖。

记得我只有一次批评过他。那是在 2016 年新教育元旦论坛上，我严肃地指出，在新教育人的"大合唱"中，应该有他的一个重要的声部，希望他能够更全身心地投入到新教育的事业中来。这样才华横溢的人才，不好好做新教育，是最大的浪费啊！

最近几年的新教育元旦论坛，焦晓骏都低调地来参加。在大家聚会的时候，他也总是悄悄地带上几瓶酒，让外地来的同学们多喝几杯。他几次邀请我去他的学校。我说，你把新教育做好了，我一定来！我期待着那一天。

陶新华：
用心理学知识助力教师成长

新华是我的学生。而且从本科、硕士一直到博士都是我的学生。

我们都来自一个共同的家乡，一个位于江苏苏北的小镇。

因此，我对他，早就有着特别的厚望，特别的期待。

上个世纪 80 年代，他考入苏州大学中文系。我留校任教，正好担任他们的教育学课程，他们那一届学生与我年龄相差不大，课堂上是师生，课后则是朋友，经常一起打球、交流。我的一些书稿，他们也帮助誊抄。说实话，那个时候，我对所有的学生一视同仁，对他没有任何特别的关注与关照。

1987 年他大学毕业，回家乡工作了，在一所中学教书。过了一段时间，他来信倾诉了他的苦恼：在家乡结婚生子了，小日子也过得不错，但难道自己这一生就要这样平平庸庸地度过吗？

我告诉他，自己的命运在自己的手中。

差不多同时，不到 30 岁的我被破格评为副教授，成为江苏省最年轻的副教授，不久就开始招收研究生。我告诉他，可以试一试。

于是，他开始备战。专业问题不大，外语却丢得差不多了。他在高中教语文，升学的压力也很大。但是他的决心更大，起早贪黑抓时间复习，最终考取了研究生，改变了自己的人生轨迹。

1995 年，他正式成为我的硕士研究生。那几年，我开始主持苏州大学教务处的工作，我对研究生要求比较严格，他们也很勤奋、认真。在他读硕士期间，因为他的语文底子好，使得我们合作了一本小册子《中国古代十大将领》，由台湾业强出版社出版。我那时推进苏大教改，倡导文理科融合，我带头开设公选课"大学生与现代社会"，他成为了这门课的助教，并把我的讲课内容的录音进行了整理，出版了《大学生与现代社会》（高等教育出版社）一书，成为全国大学生的通识教材。那时我获得国家自然科学基金研究项目"中国古代管理心理学思想研究"课题，他是研究团队中的重要成员，我们在《心理学报》上合作发表了几篇有分量的论文，后来我们把相关研究成果编辑成《管理心智——中国古代管理心理思想及现代价值》这部120万字的著作，最终由经济管理出版社出版，他作为副主编付出了许多辛劳，这本书后来获得了国家软科学奖。我写的《校园守望者》一书他也作出了很大贡献，同时他表现出对心理咨询的浓厚兴趣，因此毕业时就被留在苏州大学心理咨询中心，这个中心当初也是我初创的，可以说他从此在心理咨询领域举起了我的旗帜。

1999年，我开始招收教育哲学方向的博士研究生。他又成为我的第一个博士研究生。博士论文的研究方向，是师生关系问题。我一直认为，教师是整个教育过程中最关键的要素。谁站在讲台前，谁就决定教育的品质，决定孩子的命运。而师生关系，是教育过程中最重要的关系，尊其师，才能信其道，爱其师，才能乐其课。

这些年来，一方面，他在学校从事心理咨询工作，成为国内小有名气的心理咨询师，我推荐给他需要他帮助的人一般都能获得满意的结果；另一方面，他还办了一个培训机构，培训了不少心理咨询师，影响了一方土地。他有经营的天分，也有公益的情怀。汶川地震后，他和他的朋友一直参与灾后的心理救助工作，还专门为灾区的学校义务培训数十位心理教师以帮助新教育实验区的留守儿童。他和他的咨询师团队作为志愿者为昆山中荣爆炸（2014年）和天津爆炸（2015年）的灾后援助工作作出了贡献。

2016年，陶新华的《教育中的积极心理学》正式出版，这本书就是在他的多年实践和诸多文章以及讲稿的基础上修订而成的。在书中，他为教师介绍脑科学的知识，讲如何慧眼识人，如何积极投入，如何播种幸福，如何快乐生活，如何保持心理健康，如何陪伴学生成长，如何增强个人影响力，如何书写生命传奇。

在书中，他分析了教师的常见困惑与对策，如追求完美与追求幸福，纠错教育与长善救失，网络沉迷与沉浸体验，学生早恋与性别认同，离异家庭与重建安全感，抑郁情绪与解释风格，考试焦虑与意义理解，心理免疫与身心健康，人际资源与复原力训练等等。

他告诉老师，在每一个人的内心深处都存在着两股抗争的力量：积极力量（好奇、幽默、善良等）和消极力量（愤怒、怨恨、自卑等）。这两股力量就像太极中的阴阳两极，此消彼长。所以，作为教师，应该学一点积极心理学的知识，努力给自己注入积极的正能量，做一个幸福完整的人。

我为他的这本书撰写了序言，期待他能够继续努力，把积极心理学的成果更多地运用于新教育的事业，帮助更多的老师和学生过一种幸福完整的教育生活。

2020年2月4日早晨，华东师范大学出版社北京分社社长李永梅给我发来一条消息："朱老师您好！看到您在疫情期间不停地奔忙，尤其是网课，给老师们注入了特殊时期的营养。我在想，咱们是否可以约几位作者，每位写一篇面对疫情的教育时论，特别是关于教育伦理的，您觉得如何？"她还告诉我，他们出版社紧急组织出版了一本学生心理防护手册，如果教师这边也有一本，就相映成趣了。恰好，那天早晨我完成了给《人民日报》的一篇文章《面对疫情，教育大有可为》。我毫不犹豫地就答应了。

面对只有三天的组稿和写作时间，我首先想到的是我的学生陶新华博士。"打虎要靠亲兄弟，打仗要靠子弟兵。"我的学生大多是心理学的博士，受过良好的专业训练。如今许多人都在从事教育工作，对教育也比较熟悉。于是，请新华通过微信群联系大家，数十名学生踊跃报名，当天就开始了写作。新华作为总协调，全天候与每一位作者保持密切联系。

我们建立了一个工作群，24小时轮番上阵。大家非常努力，许多人通宵达旦地工作。不到一个星期，我就收齐了书稿。通读一遍，质量距离我的期待还有一定差距。于是，我修订了所有的问题标题，调整了书稿结构，对每一章提出了修改建议。新华、李永梅和出版社的杨坤老师，协助我一篇一篇地过堂，终于在规定的时间内拿出了最后的书稿。

虽然过去听说过"非典"时的出版速度，但是在如此短的时间内拿出一本书稿，我自己也难以置信，的确没有把握。感谢互联网，为我们及时沟通、随时联系提供了便利。感谢新华和我的学生们，一声召唤，大家放下所有的事情，倾注心血为一线老师们奉献了这本小书。我很欣慰，在灾难面前，我们新教育人，我和我的学生们没有缺席。

张菊荣：
日知与日行

认识菊荣，是在教育在线网站。

教育在线创办之初，网上的人还不多。差不多每一天，我都能看到菊荣那优美的文字。

我对苏州的名教师应该说是如数家珍了，但是从来没有看到过张菊荣的名字。吴江的学校我也去过好多，但是从来没有人对我提过张菊荣。我禁不住在他的文章后面跟了一个帖子：苏州的教育界真是藏龙卧虎！

于是，有了我们的接触。

于是，我知道他写过两本书：《随想漫录》和《随意人生》。两本书的名字大概也反映了他的人生哲学吧，他的心态与生活都是那么随意而踏实。

认识他不久，就请他帮忙整理我的随笔集。记得那一天，他和夫人雨月、儿子张弛到我家做客，我们聊了许多。我把20年来写的小文章，包括看不清楚的手稿，都交给了他。以后的日子，他和夫人就成了我的"打字员"。我的第一本教育随笔集《享受教育》的跋就是菊荣写的，题目就是"享受教育"。

真正认识菊荣，是新教育实验在吴江开展以后。

最初，在我的眼中菊荣是个有才气的文人，一个瘦弱的书生，但是，没有想到，他的身上竟然蕴藏着巨大的能量。

菊荣说，他的能量是教育在线给他的。他这样写道："今年暑假我走上教育在线，与一批有思想有理想有追求的老师'亲密接触'，我才猛然醒悟到，在过去这么多年的教育生涯中，我已经浪费了很多宝贵的时光。最让我痛心的是，我居然没有认真地记过教育日记,我居然一直不知道我的学生,我的每本作业本,我每一次与学生的谈话,我与学生之间的和谐与冲突,都应该是我的教育研究的一笔巨大财富!如果时光能倒流,我想我一定会成为一个更快乐的教者,一个更幸福的研究者与思考者。"

于是,有了菊荣的"日知录"。为了证明新教育实验的可行,也为了激励参加实验的农村老师们,更为了他自己的梦想,他开始了每天的"日知录"的写作。我们看到,他的确在日思日知。在铜罗中心小学,面对着数不清的色彩斑斓的儿童画,他在惊异和赞叹之余,就在思考,我们到底怎样才能"画出心中的梦"?怎样真正让孩子们享受色彩与线条?在震泽实验小学,他与杨卫国校长交流办学特色,他产生了这样的认识:从没有办学特色到大力发展办学特色,是办学水平的一种飞跃。特色的深入发展,必须有文化的滋润。我把特色比作一株树,它构成了一片漂亮的风景,但这株树需要各种营养,我们可以给予它多方面的滋养,这样才能从特色走向文化,由特色育人走向文化育人。他思考教师的健康、教师的闲暇等"关于学校的财富",他写道:不要以为教师整天忙忙碌碌,忙得最好用一百双手来做事情才算是学校的幸运,其实,教师的闲暇也是学校的一笔财富。在参加例行的考核时,他也不忘记每天写下自己的感受。

于是,也有了菊荣的"日行录"。如果说"日知录"是一笔一画写出来的,那么"日行录"则是用脚一步一步走出来的。这是一本无字之书,但却是真正创造历史、改变教育的书!菊荣是一个陶行知的崇拜者,他知道,做学问,要知与行结合;他更知道,干事业,行比知重要!因此,为了新教育实验在吴江的推广,他差不多走遍了吴江的所有学校,现在吴江的新教育实验已经蔚为大观,如火如荼。

他对参加实验的校长们说:"参加新教育实验,澎湃的是激情,涌动的是理想。参加新教育实验,激起的是热情,付出的是爱心。参加新教育实验,发展的是智慧,收获的是每一刻的生命!"好一副"传教士"的气派!

在和菊荣一起做新教育的那几年,的确是一段激情燃烧的岁月。记得有一年春节,菊荣给我写了一封很长的信。他写道:

半年来，我有一种胸襟渐开、胸怀渐宽的感觉。我会觉得我们很多的琐屑与浮躁都是那么的无聊与渺小，我们以前很计较的事，其实是那么的无所谓。越是与您深入接触，越是能感受到一种大师的气象。对于"大师气象"这四个字，我们是要用心与脑去体会与理解的，大师不是"句句是真理"的人，他也可以有缺点，他也可以有片面时，甚至也可以不算深刻。但他有更深刻的关怀，有更宽广的胸怀，有更博大的包容。一种大手笔，一种对百姓的关怀，一种对事业的孜孜以求，然而又是一种平凡，一种真实的人生的平凡。陶行知先生说，我们要做"人中人"，人中人，便是真人！如果说人生就像一本书，那么，朱老师，您是一本让人百读不厌的好书。每读之，总能激起许多的情怀，激起许多的热情，激起许多的脑细胞的活动！

由于新教育，我们走得更近了。我相信，一个真正对人生孜孜不倦追求着的人，都可以成为我们的朋友。有人说，朱市长不摆架子。我说，我以我心看市长，朱市长不是不摆架子，而是在他的心里本来就没有架子。架子既无，如何能摆？大家都说朱老师平易近人，可是我理解朱老师，我是觉得你从来都没有想到过要"平易近人"一下的。一个人，当他志存高远，当他心怀大志，当他的心灵真正比海洋更宽广的时候，做人与做官，做学问与度人生，都会透出一种本真的魅力！

我知道我们的朱老师也食人间烟火，不是圣人；我知道我们的朱老师不是人生的受难者，不是苦行僧，而是一个充满生活情趣的智者！有时候，甚至是一个天真的赤子。（哦，朱老师，请原谅我们，我们甚至私底下有时候为您的直率与天真而担心，但我知道一个人要做到直率与天真是多么不易啊！）谁都不会不为你迷人的笑而感动，那种赤子之笑，那种天真之笑，那种灿烂之笑，让人感到那是一位教育的享受者，一位人生的享受者！还记得雨月借微笑给您的"题词"吧：要笑得灿烂，让世界黯淡！

新的一年，我要做新教育的更热心的使者。昔时陶行知办教育，"来者不拒，不来者送上门去"，我想我们办新教育，真心地为着我们的孩子，为着我们的教师，说大些，真的是"为了中华民族的伟大复兴"，所以我们也要怀着陶先生的胸怀。我们时刻不能放弃新教育的实验与发展！我要尽我所能，当然我也要争取领导们的更多支持，把我们的新教育做大做强！新教育实验一定要联系学校实际，因校制宜。新教育实验要成就每一所学校的独特风采，新教育实验要成就每一位教师的幸福人生，新教育实验要促进学生的幸福发展，新教育实验学校一定要成为令人羡慕的学校！新教育实验要不断地总结，不断地创新，只有永远的创新，才有永远的新教育。朱老师，我曾自称是"新教育的使者"，您鼓励我说："您也是新教育的创造者。"对，我也要做新教育的创造者！新教育要创新，就是要从实际出发，从校情出发，新教育，所以也是真教育！朱老师，新的一年，吴江会有更多的学校加盟新教育大军。屯村、金家坝如何继续深入，持之以恒；北厍、盛泽实验小学一分校（法根校长已经给我看过他们的实验设想）实验蓝本已经绘成；八都小学，我有意多花一点心思，让他成为吴江西部的新教育火种。还有市实验小学、盛泽第二中心小学、南麻中心小学，也正开始着手新教育……

当时，我是含着泪水读完这封信的。我为一位教师的情怀而感动，为一个不平凡的灵魂而震撼。

我们共同的朋友范小青曾经这样写菊荣："张菊荣在生活着，他踏踏实实地走着自己的人生之路，走得那么从容不迫，走得那么自信，走得那么平凡又那么光彩。他教书、读书、写书，他买菜、做菜、吃菜，他既平凡得和生活中的每一个人一样，心平气和地做着每一个人该做的事情；他又光彩得和大家不一样，热爱读书和热爱写作，使得他的平凡的人生绝不平庸和平淡。"

2007年，我离开苏州到北京工作后不久，菊荣就调任吴江汾湖开发区的实验小学担任校长工作。由于各自事务的繁忙，见面很少。但是，我一直关注着他，关注着他的学校。从他们的校报到他们的校刊，再到他的博客，我都能捕捉到他的信息。

虽然我们很少联系，但通过阅读他每一期的小报和每一年的《土书》（他们学校每一年都要让老师们把自己撰写的文字做成集子，命名为"土书"），我知道，他在用心地经营着他的学校。我知道，他与华东师范大学的专家团队共同研发课程。我知道，他在探索教—学—评一致性的课堂实践。我甚至还知道，他已经开始含饴弄孙。而且，他的儿子也子承父业，成为一名小学老师。我知道，他还迷上了写诗。我喜欢他在2017年新春写给学校同仁的《八载同心望更远》：

> 金鸡啼暖心潮起，报喜声中又一年。
> 壮志常新因贴地，豪情依旧可连天。
> 宜驰翰墨联佳句，共绘丹青绣锦篇。
> 八载同心望更远，吴歌汾水竹林边。

2017年6月14日，菊荣告诉我，他调到吴江实验小学教育集团了，这是一所航母新学校，面对学校未来的发展可谓一筹莫展，压力很大。学校发展要有新的定位，要寻找新路，如履薄冰，怕对不起这所学校。我对他说，新教育一直在探索未来学校的问题，欢迎他"归队"，一起探索，一起行动，一起成长。

2018年1月8日，利用新年假期的时间，我来到了菊荣所在的吴江实验小学，参观了学校本部和太湖湾小区，参加了"与大家面对面：从优秀走向卓越"的教师发展论坛。菊荣告诉我，论坛筹备只用了一天时间。但是，陆丽萍、钟大海、谢娟娟、李勤华、沈国琴五位老师的发言水平非常高。那天，我们对话的主题是"教师的二次成长"的问题，我特地让菊荣邀请了吴江新教育的"老人"管建刚、钮云华、徐根泉、孙惠芳、费建妹等参加论坛。我知道，其实我们所有的人，都面临着"二次成长"的问题。

2018年的最后一天，苏州大学新教育研究院举行一年一度的新教育元旦论坛。在这个论坛上，新教育写作研究中心正式成立。张菊荣与管建刚分别担任中心的主任和常务副主任，他们分别致辞，讲述了新教育写作中心的研究构想与愿景。

在我的印象中，菊荣是一个行动力很强的人。在新教育实验的早期，储昌楼与张菊荣是新教育实验的"哼哈二将"。如果说储昌楼更多是在宏观联系、规划协调，那么，菊荣更多是在一线实战，区域推进。在新世纪之初，我几乎每周都去吴江的乡村学校，听他讲述发生在那里的新教育故事。他也是最早实践新教育成功保险公司理念，坚持教育写作的一线教师。我期待着他和管建刚老师分别负责的教师与学生的写作研究项目，能够早日开花结果。

高万祥：
让学校有灵魂的人

我去过许多学校，国外的，国内的，城市的，乡村的，著名的，无名的。但是我最喜欢去的学校之一，是高万祥当校长的学校。因为我会在这里看到一个学校的灵魂和一个给学校以灵魂的人。许多学校有豪华的建筑，但是没有自己的灵魂，这些学校往往也没有一个能够给学校以灵魂的校长。

高万祥曾经写过一篇文章，名字很特别，叫"给你一所学校"。其实，学校很容易给，但是学校的灵魂不容易拥有。我为他的书写过序言，就是想让大家知道，高万祥是怎么样给学校以灵魂的。

高万祥与其他校长没有什么太大的区别。他的最大的特点是热爱读书。读书让他与众不同。认识高万祥近20年了，20年来联系我们的纽带是教育，是书籍。通过高万祥，我认识了不少好书，也认识了不少"好人"。他发现好书与好人时的兴奋，绝不亚于哥伦布发现了新大陆，经常是马上给我打一个电话："朱老师，《发现母亲》你看了吗？""朱市长，《精神的雕像》你有吗？""今天我们请周国平到我们学校来了，你有空吗？"……就这样，他推荐的许多书慢慢走上了我的书架，他推荐的许多人也逐渐成为我的朋友。李镇西是他推荐给我的，窦桂梅是他推荐给我的，魏书生也是他推荐给我的。我知道，让高万祥认识他们的纽带，也是书。我曾经读过李镇西写高万祥的文章，其中关于书的一段最精彩：

他家的书房，在我看来已经不能叫书房了，应该称作书库。这样说吧，他的书房已经没有了墙,因为所有的墙面都已经被书橱覆盖,从地面一直覆盖到天花板。填满这书橱中层层空间的,是李白、杜甫、莎士比亚、巴尔扎克、卢梭、鲁迅、老舍,还有苏霍姆林斯基、陶行知、叶圣陶,甚至包括钱理群、杨东平……不,我这里即兴所列举的人名远远不能穷尽万祥全部著作的作者——应该说,他的书橱里,几乎陈列着人类古今中外文明的思想精华。万祥踌躇满志地在自己的书橱前走过,宛如一个拥有百万精兵的将军,而他的每一个"士兵",几乎都是人类的思想大师。此刻,这无数的思想大师正静静地屹立在书橱中那淡浅色的木板上,随时准备听从万祥的调遣。我置身于书橱间,感受到的岂止是一般意义上的书香气息?我分明是侧身于大师的行列中,感受着他们的呼吸,倾听着他们思想脉搏跳动的声音。我实在是羡慕万祥,因为我真正感到,他的确是站在巨人肩上。

书籍不仅是高万祥与朋友交往的通行证,也是他与学生沟通的重要载体。2000年7月,刚刚担任张家港高级中学校长的他,给首届高一新生的录取通知书让许多父母感受到从来没有过的喜悦,因为里面夹着一封题为"走进名著世界,你才能享受到精神富有的欢乐"的公开信。信中这样写道:

阅读名家名著,可以怡情养性,陶冶情操,丰富人的精神世界,提高人的审美能力。我们喜欢苏东坡的词,便向往他那自由、豁达、乐观的天性,学习他那无论富贵贫穷都始终保持亲切超脱的人生姿态。同样,雨果的博大,契诃夫的幽默,冰心的隽永,朱自清的清新,毛泽东的恢宏壮丽,都是我们最丰富的精神营养品。……你们要永远与书籍为友,以书籍为师。与老师和母校的相处总是短暂的,只有书籍才是天长地久的最好的老师和学校。永远把读书作为人生的第一爱好,永远在书籍的世界旅行和生活,让最好的书籍永远陪伴自己,是善待时间、珍惜生命、实现人生价值的最佳选择。

随信寄出的还有一份"张家港高级中学学生必读书目",并对学生的假期读书提出了具体要求。信末的署名是:"你的书友、校长　高万祥"。这是他们学校给学生的第一份礼物,也是他们给学生上的第一堂课。从此,他们与书结缘,他们也与这个爱书的校长结缘。

关于读书,高万祥有许多精彩的话语。他曾经说:读书、教书、著书,不可一日无书。是书籍,给了我成长的滋养;是书籍,让我结交了众多的文学教育界的名人,开阔了思想与文化的视野;是书籍,让我变得热烈而宁静,执着而淡泊。书籍,是学校中的学校,为新世纪培养高质量的"阅读人口"是我们基础教育义不容辞的神圣使命。一个人,只有终生保持着阅读的习惯,才能不断提升自己的爱心、良心、责任心,才能让自己永葆青春。因为与书为友,就意味着与大师为友,与文明为友,与真理为友。

高万祥的读书感染着他的团队,老师们、学生们也成为爱书的人。整个学校因此充满着书香。不知道为什么,每次看到高万祥,我经常会想起苏霍姆林斯基,想起使我刻骨铭心的一句名言:"无限相信书籍的力量,是我的教育信仰的真谛之一。"我突然想到,正是书给了高万祥以灵魂,给了学生以灵魂,给了老师以灵魂,给了学校以灵魂。

万祥与新教育结缘,也是因为阅读。2004年,全国教育科学规划重点项目新教育实验的实践推广研究开题会议暨第二届新教育年会,就是在他的学校召开的。与会代表对他学校的浓郁的书香留下了深刻的印象。

万祥一直称呼我为老师,让我非常惶恐。虽然从求学的先后来说,在苏州大学我是他的师兄,我是77届,他是78届,但那也就早了几个月而已。从年龄的长幼来说,他是54年生,大我四岁,是我的长兄。

当年,我们在苏州大学的文科楼里读书学习了两年多,由于专业不同,并未相识。但有缘的人总会走到一起。后来我们不仅走到一起,还成为惺惺相惜、志趣相投的莫逆之交。就连我们的子女,也成了要好的朋友。

我一直很欣赏万祥。他是个孝子,一直活在中国文化的孝悌忠信之中。我们都经历过丧父之痛。曾经看过他写父亲最后日子的那些文字,我是含着眼泪读完的。他说自己不一定是最好的儿子,但父亲一定是世界上最好的父亲。前些年他告诉我,每天都要和母亲通电话,有空就要回去和母亲聊聊天,这是他最快乐的事情,让我好生羡慕和感动。以这样的家庭为精神港湾,他的启航与扬帆都是那么从容、踏实、坚定。

  他是个书生,一直活在书本的浩瀚星空之中。我先后去过他在张家港高级中学、苏州工业园区唯亭学校、苏州大学附属中学的三个办公室,也去过他的家,应该说,那是真正的小型图书馆。而且他会信手取出一些书,如数家珍地给你讲述书中的精彩。他八方巡游四处演讲,为读书呐喊是他热爱的主题。他告诉老师:"教书的人首先是一个读书人""图书是教育之母""读书是优秀教师或教育专家的最好路途""读书是教师最好的备课"。记得在苏州工作的时候,每当读到好书,他会兴致勃勃地打电话告诉我。他的朋友,基本也都是爱书之人。

  他是个名师,一直活在教育的上下求索之中。在成为名校长之前,他是一位语文老师,一位课堂教学的好手。桃李春风,师道尊严,做学生生命中的贵人,不仅是他的老师教给他的,也是他留给自己学生的。他常在"语文沙龙"里与朋友研讨争辩,砥砺同行。他担任校长时,为全校老师的校徽上写着一句很霸气的话,是激励,也是期冀:做中国最好的教师。

  退休以后,高万祥办起了一个小小的私塾,和孩子们一起读书、写作,仍然活在教育之中。虽然我们联系不再像以前那么频繁,但是一直在彼此的心中。

卜延中：
一切尽在不言中

这些年，我一直在关注中国教育特别是基础教育的发展与改革，其中不少感性认识来自我那些坚守在一线的教师朋友，我的一些观点或灵感往往也出于大家直率的思想沟通甚至碰撞。在现实生活中，一线教师缺乏足够的话语权，而且承受着来自社会、家长、学生的诸多压力，不少人长期处于教育转型期的极度困惑之中，迷惘、倦怠、埋怨。但是，也总有一些人，不仅坚守着讲台，而且还坚守着内心的理想，执着地探寻通向幸福的路径。对他们来说，无论外在的教育环境多么恶劣，无论体制内的矛盾怎样尖锐，教育理想总能像火炬一样点燃心中的梦想，照亮远方的通途，让他们在前进的征途上自信、潇洒，且一路高歌。

卜延中便是这样一位教师。

认识卜延中，缘于新教育实验。十年前，在教育在线网站创办之初，卜延中就成为我们的骨干之一，是新教育实验"书香校园"课题组的负责人。认识延中的时候，他刚刚从苏北调到苏州工业园区教研室，长期从事教育、教学、教研工作，给了他丰厚的学术积累；为人乐观、坦诚、豪放，给了他特殊的个人魅力；心中有阳光、有梦想、有诗意，给了他幸福的精神力量。他是一位有"磁力"的学者，无论是他的朋友、同事或是学生都会赞同这一点，以至于朋友相聚举杯小酌时，都会不约而同地说"尽在不言中"，而此时必定想到卜延中。

这是个给大家带来快乐的朋友。记得最初我们研究新教育文库的教师与学生必读书的时候，经常把会议开到他家里，为的就是品尝他家别具风味的菜肴。

延中在教科室、教研室工作多年，在与一线教师交流、点评或讲学时，他倡导合作型、对话型的师生关系，倡导学习型、反思型的教育生活，他更不忘呼唤课堂教学中人性的回归，呼唤教师要学会享受教育生活。他认为，会享受幸福，才会关注生活的多姿多彩，才能感受时代的日新月异，也才能学会思考，懂得善待生命、善待自然，以"面对一丛野菊花而怦然心动的情怀"去呵护学生的情感，用关注的目光在他们心中升起灿烂的太阳。

2007年，步入中年的延中有了拾起粉笔、重返讲台的机会。强调升学率与分数竞争的中学校园，让人时常感叹理想与现实的落差，我一直担心他从此"落入红尘"，也像许多中学老师一样眼里只有考试与分数。但是延中就是延中，他不落俗套，坚守自我。他从内心拒绝那种"目中无人"的教学，追求着一种有品位的、灵动的语文教学，努力拓展学生的思维视野，让人文关怀充盈在课堂内外。他尝试挖掘教育资源，邀请了原本与语文教学及中高考"不相干"的学者走进课堂，带领学生进行古今美文导读、中外艺术鉴赏、经典诗歌评析、哲学思想探讨等。他还把现代书画家范曾的系列讲座搬进课堂，让学生在领略大师的风采与魅力的同时，陶冶性情，展开对艺术、对人生、对社会的思考。他知道，这样的课对学生应考起不到直接作用，而且有些观点与教科书内容并不相同，但对学生人格的培养、感情的浸润具有深远的意义。此外，他从学生的年龄特点与心理特征出发，努力革新教学模式，在教师的角色定位、课堂结构设置、阅读环境创设、教学提问效度等方面大胆尝试，追求"每一节课都让学生有期待、有快乐、有收获"。他带头进行不同班级语文教师"走班"，进行专题串讲，甚至将课堂交还学生，让学生在讲台上洋洋洒洒地大讲纳兰性德的凄婉爱情与艺术成就……

美国学者杰弗里曾指出，许多师资培训依然把重点放在教学方法与专业知识上，这种中小学教师培训的理由是：如果谁精通了某门学科知识，掌握了适当的教学方法，就能够成为更有能力、更为出色的教师。事实上，成为优秀教师的最关键的要素是教师的个性品质，因为学生最看重的是教师传递知识与智慧的个人风格。从这个意义上说，延中无疑将他的"磁力"释放得淋漓尽致：无论课堂上的神采飞扬，球场上的英姿雄风，还是在家庭里在朋友间的谈笑风生，他都具有一种令人心悦诚服的感染力，这种感染力显然源于他的品质，来自他那颗对生命对生活充满感激与爱的童心。

  转眼间，延中已经退休了。但在每年的新教育元旦论坛上，仍然能够听到他那带着苏北口音的爽朗笑声，回想起新教育初创时期那段难忘的峥嵘岁月。

冯卫东：
淡泊而勤奋

认识冯卫东，是因为我们有许多共同的朋友。这些朋友多次向我推荐他。

袁卫星说：这个卫东，如果你把他卖了，他还会乐呵呵地帮你数钱呢！

储昌楼说：这个卫东，如果你没有饭吃，他宁愿自己饿着，也要先让你吃饱。

认识冯卫东，还因为他和我很像。教育在线的版主会，他是作为特别嘉宾被邀请来参加的。所有的朋友中，我俩的体型最"伟岸"。胖子总是比较善良的，我心里这样想，对他的好感也就油然而生。

认识冯卫东，更因为他是我的第一位访问学者。为了给在中小学工作的老师提供一个进修提高的机会，更为了使他们有一个相对宽松的自学、研究环境，同时也为了让我有机会认识优秀的一线老师，我自己出台了一个"苏州大学教育研究高级访问学者"的办法，此举得到学校研究生处的大力支持，于是，冯卫东捷足先登，成为第一任访问学者。

冯卫东是准备安心读一点书的，行李中书占了大部分。陶新华、开心慧子（网名）、焦晓骏、卜延中等网友为他张罗、安排、接风，我不知道他为什么有那么大的魅力，让大家那么喜欢。

有一天我去看望他，交给他几篇我文章的手稿，请他提意见。没想到，第二天，他就把一个磁盘给我，不仅帮我打好了，而且还进行了润色。他还给我看了一些他的近作。我很高兴，教育在线来了一位道德文章俱佳的学者。

来得早不如赶得巧。冯卫东是2002年10月来的，11月将要召开第二届21

世纪教育论坛暨中国民办教育高峰会。我把第一届论坛的材料交给他,请他修改整理后交给出版社,并且在会议前出版。说实话,我是抱着试一试的想法给卫东的。没想到,开会前一天,一本印刷精美的《基础教育再把脉》呈现在了每一位代表的面前。

作为会议秘书处的工作人员,冯卫东参加了第二届21世纪教育论坛的全过程。会议结束后,他又主动请战,把编辑会议文集的任务揽在了自己身上。时间不长,一本《民办教育路何方》的书稿又交到了出版社。不仅如此,他竟然与出版社的编辑交上了朋友,我们在一起的时候,"×姐""×姐"地叫个不停,让我们羡慕不已。这个冯卫东,真是人见人爱!

与冯卫东相处以后,谁都会有离不开他的感觉。在我准备进一步给他任务的时候,在我准备让他创造一个访问学者的奇迹的时候,他竟然要回去了。

我知道,第一动力是他的夫人。夫人是他过去的学生,听不到夫人那动人的歌喉,卫东当然会不知所措,也会食不知味。

第二动力是他的老领导,一个走到哪里带他到哪里的人。就像我正在打字的电脑,离开它,我就没有灵感,没有激情。

君子不夺人所好,我只能放人。但是,我对卫东的思念,从来没有停止过。我们在教育在线的短消息上说得最多的一句话就是:"我想念你!"

回到南通以后,卫东被任命为教研室的副主任和教育科学研究所的副所长,分管南通地区的教育科学研究工作。我们之间的联系少了一些,但是我还是一直关注着卫东的消息。我知道,他先后担任了许多重要的职务,如江苏省教育学会理事、江苏省情境教育研究所副所长、南通市教育学会秘书长等,还被评为江苏省"333高层次人才培养工程"培养对象,江苏省教育科研先进个人,南通市学科带头人等。

在繁忙的工作之余,他依然笔耕不辍,先后在《中国政协报》《中国教育报》《中小学管理》《当代教育科研》等刊物发表研究文章200余篇,还出版了《幸福的"芭蕾步"》一书。

他经常到中小学现身说法,讲自己对于教育的理解。他与教师一起谈心——《今天,我们怎样理解素质教育》;他与老师一起思考——《教育有着怎样的"本义"》;他与校长一起交流——《学校怎样发展教师》。他以《在读书中生活和生长》的体会告诉老师们应有怎样的"读书观";他用李吉林《博知、陶情、炼意、笃行》的故事告诉老师们成长的方法;他用《"拔节"在生命的每一天》来解释教师的终身学习;他用《原来生活可以更美的》告诉重点中学教师怎样处理好三个关系。他对于课堂有深刻的认识,认为最好的课堂应该返璞归真。他经常深入课堂,与老师们一起讨论,《课堂怎样"互动"起来》《怎样优化课堂的"生成"》,以及《怎样辩证理解和有效实施课堂管理》正是讨论的成果……

我认为,卫东的这些文字有着非常特别的价值。他是从生活中走来的"行者",因此他的文字是鲜活的、生动的、有生命的。比我们这些在大学教书做研究的人,可能更加能够贴近教师的实际。同时,他又读了许多书,思考了许多教育问题,研究了许多难题。从他关于教育"本义"的思考,就可以看出他在理论上的功力。所以,他比一般的中小学老师又有理论的高度。在这个意义上,卫东的"引桥"是为这两个群体共同构架的。

后来,当卫东把这些文字以《走在研究的引桥上》集结出版时,我为他写了序言。我在序言中说,如果在书斋里工作,可以成为教育学家或者教育理论家;如果在学校里工作,可以成为教育实践家;只有既是"学者"又是"行者",才有可能成为真正的教育家。这,既是自己当年从事新教育实验的体会,也是我对于卫东的期待。

卫东的工作是繁重的,他是南通教科研队伍近400个人中第一个兼评特级教师和正高的人,他承担着全市教育科研的指导协调工作,他提出了"倾听教育"的模式,他同时还担任着李庾南实验学校常务副校长,平时有许多具体事务要做。加之他的身体不佳,平时基本上是躺着看书,站着写作,尽量少坐。但是,他还是一直在关注着新教育,尽力参与一些力所能及的工作。

卫东曾经说,他是一个既懒又勤的人。"懒"是指比较淡泊,不太拼命;"勤"是指学习较勤,治学尚勤。的确如此,我喜欢他这种既淡泊名利又勤于学问的风格。2015年,我们邀请他担任新教育研究中心副主任。经过一段时间再次走进新教育,2016年年初,他在给我的邮件中说,新教育真是一个好东西,我想用这么一句朴实无华的话表达我内心的想法。他说，新教育在海门的落地生花，在海门的那种欣欣向荣的发展生态，让南通教育人不得不景仰，其中也包括海门高考辉煌的成绩，包括海门学生语文整体水平占据全市制高点，这些在很大程度上是得益于新教育实验在海门的整体推进。他说，我有两个希望：一是南通市能够整体参加新教育实验，二是自己退休以后能够真正"归队"从事新教育研究。

其实，我比卫东自己更期待着。

陈国安：
大学老师的小学课堂

如果没有记错的话，陈国安博士的第一本书《语文教学心理学简稿》是我写的序言。写序的时候是 1994 年，他刚刚留校在苏州大学中文系做秘书，还是个 20 岁出头的小伙子，该书出版的时候已经是 2000 年了。

虽然那是一本薄薄的小书，但他对学问浓浓的兴趣和驾驭文字的功夫，给我留下了深刻的印象。

不久，他又送来一篇关于蒙学研究的长长的论文。对中国古代蒙学的源流、特点等进行了深入细致的研究，更让我对他刮目相看。

后来，他在职攻读学位，从硕士、博士一直读到博士后，学术功力也修炼得日渐精进。他的博士生导师是一代宗师钱仲联先生，他的博士论文，是用文言文写成的。

陈国安博士不仅学问好，为人也好。厚道，热情，豪爽，无私。朋友有难，他一定是最早相助的人。朋友的朋友到苏州，他不仅当导游，还管吃管住。朋友的孩子考学校，无论是读高中还是升大学，语文辅导的活，总是他干，而且总能提高不少分数。大家都亲切地叫他"安子"。

虽然是大学教师，但是安子对中小学教育一直抱有浓厚的兴趣。于是，我们也因为这共同的兴趣成为了好朋友。

安子一直是新教育实验的积极参与者。我主持的"新世纪教育文库"，为中小学生和教师推荐书目，他是大学生书目的主要研制者；我主持的"相约星期二"教育沙龙，他也经常参与其中；我创建的教育在线网站，他在上面开设了专栏，并且把自己学生的作业放在网上亮相；新教育研发卓越课程，他主持了中国文化学科群课程的研发。

在教学、研究之余，安子仍然钟情于课堂，尤其钟情于小学课堂。这些年来，他一直没有离开课堂，大学老师为小学生上课，成为他的拿手绝活，而那些听他课的小学生，也丝毫没有恐惧感，开心放松，是孩子们对安子的最大褒奖。

在这样真刀实枪的操练中，几年下来，安子积累了不少课例。出版社动员他整理出来，他答应了好几年，后来总算完成了一本《语文的回归：一个大学老师的小学课堂》。他颇具成就感，第一时间与我分享，同时也希望我能够再写点文字。

我毫不犹豫地为他写了序言，不仅因为安子从不推辞我的请托一样，他的事情我自然义不容辞，更重要的是，那是一本值得把玩、品味和分享的好书。

一线老师的课堂实录我们看过很多。一个大学老师上小学的课，还十分罕见。是否会因阳春白雪而曲高和寡？我一口气通读了十篇课堂实录。

新教育实验把理想课堂分为三重境界：一是落实有效教学的框架，二是挖掘知识这一伟大事物的内在魅力，三是知识与社会生活、师生生命的深刻共鸣。从这个标准来看，安子的课堂，具有知识的深度、生活的温度和生命的高度，无疑达到了较高的境界。

安子课堂最大的特点，是他对于文本的深刻理解。在《草原》《珍珠鸟》的教学中，我们看到，他让小学生用心体会课文与原文的不同之处，品味文字的细微之处，培养孩子们对于语言的敏锐、丰富的感受。挖掘文本自身的魅力，拓展文本周边的知识含量，激发学生研读文本的兴趣，既展现了安子作为一位大学教师的学术风采，也为我们一线的小学老师提供了一个新的范例、新的高度、新的可能。

我不是教学论专家，对课堂也不是十分熟悉。只是感佩安子的教育情怀，感佩安子的朋友情谊，写下这些文字，算是以真实的个人感受为他摇旗呐喊吧。当然，也是希望有更多的大学老师、社会精英，能够走进我们的中小学课堂，让我们的孩子有更多的机会聆听窗外声音、与大师对话，人们也会发现基础教育更大的威力与魅力。

  这些年来，安子虽然一直在大学教书，但同时也一直在中小学教书，一直在做新教育实验的项目，尤其是在苏州第三中学的慧成实验班上，他积极地把新教育实验"聆听窗外声音"等项目落地实践，经常给我发来他邀请苏州市内外名家到学校开讲座的信息。

  前些年他又正式担任苏州大学附属实验学校的校长，全身心地投入到新学校的建设之中。这所学校，不仅邀请了新教育实验的一批骨干教师加盟，而且成为新教育的重要基地。新教育的许多重要的培训活动，都在那里举行。我一直期待，在安子的校园里，开出真正的新教育的花儿。

于春祥：
一个"用脚做梦"的老师

我对于春祥的基本印象：一个典型的山东大汉，一个教育在线的忠实网友，一个新教育实验的积极实践者。

认识他是在教育在线的网站上。大概是在2003年的春天，他开始在教育在线发表文章，我感觉这是一个有思想的教师，更是一个有激情的教师。于是，我开始关注他的文字。从他的文章中我知道，他本来是新基础教育的积极倡导者，曾经带领临淄地区的老师轰轰烈烈地做新基础教育的实验。但是，到了教育在线以后，他又迷上了新教育实验。他曾经这样评价我们的教育在线：

网络我并不陌生，五年的网络生涯，浏览的网站上百上千，但是，都没有给我极大的冲击。然而，教育在线的确魅力无穷，这是一个能吊人胃口，生成追求，改变命运的所在。这种感觉可用"静静私语"的一句经典概括："找到教育在线，就像游击队员找到组织一样。"这里没有森严的等级序列，就连市长也是平民；这里没有学阀的武断，有的只是对等的交流；这里没有人际的隔膜，有的只是生命的提醒与关照；这里没有疆界的屏障，有的只是大家庭的和谐。我们不得不敬佩朱永新老师的远见卓识，教育在线已经成为一个名副其实的网络教师成长学院。当年孔子弟子三千，成盖世之功，如今这么多的"研究生"竟然带得如此潇洒。纵然孔子再世，也会自叹不如。谁都不会怀疑，教育在线五年或者十年之后会为我国培养上百上千的教育专家。谁都不会怀疑，经过五年或者十年的在线发展，他们会成长为专家型的人才。

基于对教育在线的感情,他发起了一个百校、千人、万帖的活动,为教育在线在山东临淄地区的影响做了许多工作。他还亲自实践新教育实验的教育随笔,他的"春祥夜话"一开张,就成为教育在线的一道美丽的风景线。他为自己写了一篇《用脚做梦》的序言,反映了自己脚踏实地的人生追求。

第一次见到他是在2003年的7月。看他的模样,是一个饱经风霜的长者,我想叫他一声大哥,但是一了解,他比我还小一个月。再深入打听,又知道他曾获全国优秀教师、淄博市中学语文学科带头人等荣誉称号。他的著作《初中作文目标全程训练》荣获山东省新时期中学语文教改实验成果一等奖,可以说是一个已经有很大影响的老师。在我们的开幕式上,春祥讲了他那有点"悲壮"的感人故事。我们知道了一个农村教师的艰苦成长的历程,知道了一个不停用脚行走、用脚做梦、用脚思考的于春祥。

他在区教研室工作,山东网友亲切地称呼他为"于科"。为了更好地推广和实践新教育实验,他主动放弃了在机关的舒适岗位,来到山东省淄博市临淄区齐陵镇中心校担任校长。做校长以后,他上网的时间少了,但是他对教育在线的牵挂没有少,对新教育实验的感情没有少。他对我说,他会坚持写教育随笔,他信守着十年后的承诺。

"教育在线文库"的教育随笔第一辑出版后,受到了社会的好评。在考虑第二辑的时候,我和镇西不约而同地想到了春祥兄,想到了他的"春祥夜话"。《春祥夜话》这本书是由他在教育在线网站"春祥夜话"发表的网络随笔精选加工而成,是作者面对鲜活的教育现实深刻反思的结晶。我们从中可以看到春祥写作的风格:观点不求大而在实;理念不唯洋而在新。热点分析,入木三分;评教说学,见解独到;实践探索,方法新颖;语言鲜活,可读性强。这里的不少文章我都读过,后来又在《中国教育报》《现代教育导报》《教师之友》《师道》《山东教育》等报刊上看过,但是现在读起来仍然很有味道。

后来,春祥老师退休了。我们渐渐也失去了联系。但是,他激情澎湃的样子,经常浮现在我的眼前。

苏静：
创造奇迹的年轻人

2001年，《中国教育报》发表了陶继新老师的一篇长篇报告文学，讲述了青岛市嘉峪关学校年仅23岁的苏静老师的故事。文中说，在她教龄还不足一年的时候，她所教班级的学生就能背诵古诗文百余篇，这些古诗文短则几十字，长则几百、上千字；更让人叹为观止的是，他们还能在两分钟内轻松地"指物作诗立就"。

当我读到这篇文章的时候，我被她的故事深深地震撼了。如果说教育有奇迹的话，这就是奇迹！而这一奇迹，是许多教了一辈子书的人都创造不了，甚至想象不到的。

当时，我正在主编一本《教育的奇迹》，于是决定把苏静的故事写进这本书中，就委托我的研究生与她取得联系。

2002年，当教育在线网站开通后，我就策划拖苏静"下水"，希望用她的故事去激励更多的年轻教师，让他们也叩响成功的大门。

2002年的国庆节，苏静作为特邀嘉宾，来苏州参加教育在线工作会议。这位小妹妹的到来，使会场上洋溢着青春的活力和浓浓的诗意。她的得体大方，她的礼貌热情，尤其是她的才思敏捷，给每个与会者留下了深刻的印象。在临别时网友们自发举行的联欢晚会上，苏静用两首"十六字令"表达了她的感受：

美，一逢宛若江南水。离别际，相思惹人醉。
别，执手望断夕阳斜。侬无语，君心可化蝶。

回到青岛,她就成为教育在线的铁杆网友了。她不仅拉来了她的同学、同事和朋友,还为教育在线谱写了一曲感人肺腑的"网歌":

永动的天堂
——写给我挚爱的教育在线的朋友们

我想送你一座天堂,
 一座永动的天堂。
悲伤和彷徨在这里止步,
生命里充满温柔的歌唱。
 你与我未曾谋面,
 心与心早已燃亮。
这里没有拥挤的谎言,
每个笑容都真诚坦荡。
让猜忌成为永远的逃兵,
 让理想变得不再感伤。
让阳光成为最新的请柬,
 幸福从此熙熙攘攘。
 教育在线
 ——永动的天堂,
有什么比付出更加美丽,
有什么比真爱还要高尚。
 教育在线
 ——永动的天堂,
唱出你灵魂最渴望的声音,
舞出你生命最本真的希望。
 教育在线
 ——永动的天堂,
 让激情点燃爱的流光,

让理想为新教育的明天导航。

来吧，来吧，

与梦牵手，

奔向永动的天堂。

天堂……

苏静不仅会作词，而且会作曲；她先后获得三个文凭，在绘画、篆刻等方面也有所涉猎；她还拥有国家导游资格证书。真所谓"汝果欲教诗，功夫在诗外"。

蓬蓬勃勃的青春，沸沸扬扬的诗意，红红火火的事业……但你别以为苏静只是一个感性女孩，她还对诗意教育有着非常理性的认识。我认为，这才是弥足珍贵的。"教育应该是一个诗性的世界。""只要是简洁的、意义丰富的语言，都是诗。""从诗意的孩子和诗意的教师碰撞到一起的那一刻起，教育就有了一片诗意的土壤，当然这一刻来得越早越好。"侃侃而谈之中，我仿佛看到了一位很有思想的"小小教育家"。

于是，我邀请她报考我的研究生。在苏州大学读书期间，苏静勤奋而潇洒。说她勤奋，因为她在几乎没有外语基础的情况下，硬是啃下了各种考试，顺利完成了学业；说她潇洒，因为她在学习期间经常背起行囊走天下，天南海北闯世界。读书的时候，她已经从一个"酷"老师变成了一个"麻辣"学生——我"逼"着她写出了《麻辣学生酷老师》一书。我之所以这么做，是想让更多的人了解一个年轻教师的成长过程，知道年轻教师照样可以做得很优秀。我曾经要求苏静对自己的工作经历和读书生活认真地解剖，但是由于时间等原因，许多工作没有来得及做。尽管如此，一个刚刚教了两年书的青年教师就做得如此精彩，多少是可以给我们一些启发，让我们学到一些经验的。

研究生毕业以后，这位当年的小学老师选择了去大学工作，成为青岛大学师范学院小学教育系的一名专业教师，成了一名培养小学老师的大学老师。虽然做了大学老师，苏静却没有把自己关在象牙塔里。她在信中曾经对我说："朱老师，我很庆幸，一直没有脱离小学教育。我喜欢孩子，也一直希望能够在更高层次上做小学教育。我如愿以偿。今天,我所教的大学生们将成为未来的小学教师,他们将掌控和改变无数孩子的命运。所以,我更加责无旁贷,我要带他们走进新教育,过一种幸福完整的教育生活。我更会把新诗教进行到底,打造体现新教育精神的儿童诗意专业课程。"她说到做到。此后的苏静,以大学教师和新教育儿童诗意课程公益项目组负责人的身份,开始了儿童诗意课程的进一步研发和实践。她带领着一群和她一样执着的青年教师志愿者,利用节假日走进偏僻的大山,也走进繁华的都市,从讲授课程到修改打磨,再到课程教师培训,为新教育实验区的老师和孩子们送去诗意的温暖。同时,她还是新教育网师课程的志愿者讲师,坚持为全国一线教师网络授课。她一直都说,无论自己站在哪个讲台上,都不会忘记自己的使命。做新教育是她最快乐的事,她可以真实地感受到师生精神状态的改变。

2008年,在大学工作了三年以后,她完成了一本总结自己从教八年经验的新书《凭什么让学生爱上你》。这本书充分地体现了一个小学教师的实践经验和大学教育理论研究的自然融合。她不仅用充满灵性的语言讲述了亲历的经典案例,更难能可贵的是,她从"课堂""管理""沟通"三个教育层面,提出了非常具体的操作方法。这样做的价值远远超越了单纯的教育叙事本身,可以给读者最直观的借鉴,同时引发读者进行深层次的理性思考。这是这本书的个性和灵魂所在。

2013年,她又在中华书局先后出版了《中华儿童诗意课》《不一样的诗词课》。多年来,苏静一直致力于诗意教育的研究,她的硕士毕业论文就是关于诗意教育的。她教的学生也是背诗赏诗侃侃而谈,作诗论诗提笔成章。但她一再表示,这只是她诗意教育的一部分。诗意教育的真谛,是把学生培养成一个真正意义上的"诗人"——不是单纯的写诗之人,而是诗意之人:有才华,有勇气,有创意,有良知,有激情,有理想。所以,在这两本书中,从"诗意课堂"到"魅力诗词"再到"诗化生活",她全方位地展示了诗意教育的魅力,昭示着新教育的理念。

我听过苏静的诗词课。我欣赏苏静上诗词课时的课堂,在她的课堂中,我感受到了扑面而来的活力。我一直认为,一堂好课最重要的标准就是:课堂是孩子的，把课堂还给孩子。一个高效率的课堂才是一个好的课堂。所以，评价一堂课好不好，不是看老师在课堂上滔滔不绝、口吐莲花讲得多么精彩，而要看孩子们得到了什么，孩子们在课堂里是不是主动的、快乐的。

我们新教育一直致力于让所有的人享受一种幸福完整的教育生活。我们认为教育生活很重要，而课堂是教育生活的重要组成部分，所以在听课时我最关注的是：孩子是不是很开心？学生的课堂生活不快乐，教师的教育生活就黯然失色。

但是，课堂上仅仅有笑声还不够，同时要有紧张度。过去，在我们的课堂上老师很紧张，老师在背他准备好的东西，或者说在演绎他设想好的教学内容，而不是让学生进入他的课堂，也就是说，学生的脑子没有动。而苏静的课堂让我感动，无论是高年级还是低年级的孩子，无论是她的"本门弟子"还是仅有一面之缘的异地他乡的孩子，只要走进她的课堂，就会很兴奋。从晓风残月的清丽到大江东去的豪迈，看似古奥难懂的内容，在她行云流水般的讲述下变得通俗易懂。特别是她在全国巡回执教时，下课后常常被仅有一面之缘的孩子们团团围住，流泪挽留。在学生眼里，她是一个有魅力的老师，一个让人终生难忘的老师。

这些年来，她到过全国30多个城市的上百所学校，在数千名孩子的心里播下了诗意教育的种子。走进孩子们的心灵，让孩子们在高效率的课堂上收获幸福，这就是魅力课堂的本质所在。所以无论课堂怎么变，让学生成为课堂的核心，始终是理想课堂的标准。苏静的课之所以非常成功，就在于她始终是以孩子为中心，始终是让学生做课堂的主人。

这些年来，她一直努力地充实自己。2014年，苏静以优异的成绩考取了湖南师范大学教育学博士研究生，经过四年的艰苦努力，顺利毕业，获得博士学位。她的博士论文仍然立足于诗教和人才培养，研究中小学教师成长的规律，并选择了新教育榜样教师飓风（郭明晓）作为案例，对其生命叙事进行了细致深入的质性研究。

作为大学副教授和硕士生导师，苏静一直带领着自己的研究生进行新教育各个领域的广泛探索。2020年起，她的研究生团队将正式开启新教育榜样教师的个案研究，进一步丰富新教育的理论与实践成果。

作为大学教师的苏静，对新教育一如既往地热情参与，真诚投入。2010年，她在青岛大学小学教育专业本科生必选课程里，首次开设"新教育通识课"，讲授新教育的理论与实践，并被评为当年青岛大学优质课程，开启了新教育高校通识课程的新篇章。2018年，她将"新教育的理论与实践"正式纳入小学教育系研究生必选课程"教育热点分析"中，获得学生的高度评价。近20年来，除了生育孩子的那一年，苏静每年都要千里迢迢赶往苏州参加新教育的元旦论坛，与大家分享她的思考。在《新教育晨诵》的编辑过程中，她也全身心地参与。在今年疫情最严重的时期，受华东师范大学出版社委托，我主持编写的教师心理援助手册《面对疫情，教育何为》一书，苏静也积极参与，撰写了《以读攻毒：疫情下如何用经典疗愈身心》一文，为疫情下焦虑困惑的老师们送去了及时的安慰。

我的一个朋友曾经对我说：苏静做大学教师可惜了。她本来应该是一位天才的小学教师，一位应该为中国传统诗教的复兴作出巨大贡献的小学教师。我告诉她，在现在的教育体制下，小学教师可以发挥的空间非常狭小，而且靠苏静"一个人的战斗"，影响也毕竟有限。如果能够把诗意教育的种子播在更多的小学教师心中，让更多的孩子接受诗意的教育，拥有诗意的生活，不是也非常有意义吗？

我曾经赠送给苏静一本小书《新教育之梦：我的教育理想》，在扉页上我写了这样一段话："苏静老师：相信孩子，享受教育，梦想就会成真！"从我"逼"她完成第一本《麻辣学生酷老师》到她笔耕不辍完成《凭什么让学生爱上你》，再到她写就《中华儿童诗意课》《不一样的诗词课》等八本教育学著作，她一直没有忘记我的嘱托。2020年是新教育20周年，20岁之于人生，恰是风华正茂，之于新教育，更是未来可期。苏静是2000年开始研究儿童诗意教育的，她的诗教与新教育实验共同走过了20年，这是很深的缘分。可以说，苏静的新诗教是在新教育的宏大背景下创生并持续发展的。就在2020年的元旦，她郑重承诺，要正式开启新诗教的线上推广计划，将自己20年的诗教经验进行全面总结，以专著和课程的方式，借助优质的网络平台进行推广，惠泽更多的师生和家庭，为新教育20周年献礼。我很欣慰看到她一路的成长，也期待和祝福她有更加美好的未来。如今，我这个不"酷"的老师要为"麻辣"学生继续摇旗呐喊，我要对她说：小苏静，千万不要停步，加油！

魏智渊、干国祥、马玲：
"魔鬼团队"

从2000年到2005年，新教育一直没有自己的专职人员。最早正式进入新教育的专业人员，是网名叫"铁皮鼓"的魏智渊老师。我们都习惯叫他"皮鼓"。

皮鼓是中师生。1991年毕业以后蜗居在一所山区的小学教书，后来考取了陕西教育学院的中文系，才分配到了乾县一中做语文老师。其间，他有一段疯狂读书的经历，在应试教育的压迫下，他努力寻找着通过提高和丰富自己的学识来提升学生成绩的方法。功夫不负有心人，结果他从教初中到教高中，再到带高三毕业班，从普通班到实验班，再到"青云班""火箭班"，逐渐成长为当地很有名气的语文教师。

书读得多了，心里的烦恼也多了。在周围的人群中，他找不到可以交流的对象。于是网络成为他的最爱，他是当地第一个以个人名义申请宽带的教师。当读到格拉斯的名著《铁皮鼓》时，那个拒绝长大的孩子让他不能忘怀，他自己又何尝不是呢？他不善于交际，希望始终保持着纯真的理想。所以他将自己的网名定为"铁皮鼓"。

2004年，铁皮鼓无意中闯入了教育在线网站。他一开始就是以一个怀疑者和批评者的身份出现的。在《新教育实验断思》一文中，他对新教育实验的行政色彩、阳光透明、出书过快等问题提出了尖锐的批评。我发现了这篇文章。为他的直言而感动。我在回应时说，铁皮鼓的意见是新教育的及时雨，新教育实验如何居安思危，如何沉静下来，他的意见是值得重视的。在文章的最后，我郑重地邀请铁皮鼓加盟新教育。

那段时间，铁皮鼓疯狂地在教育在线发帖子，很快成为论坛里的名人。在教育在线发表的文章先后被媒体转载发表近100篇。尽管一开始他是从一个批评者的角度介入新教育的，但是这没有阻止他成为新教育的拥趸者。2005年，他从陕西来到成都盐道街外语学校工作，正式开始自己在新教育学校的实验历程。

2006年2月，由于新教育理论建设的需要，在李镇西的力荐下，他正式加盟新教育，成为苏州工业园区职业技术学院新教育实验工作室的一名老师，成为新教育理论建设团队中的一员大将。

到苏州以后，铁皮鼓跟着我走南闯北，参加新教育实验区的工作会议，考察实验区与实验学校的进展情况，整理我对新教育的思考文字，忙得不亦乐乎。

在新教育的发展过程中，铁皮鼓始终扮演着一个"乌鸦"的角色，不断发出危险的信号，提醒我们如何走得更好。到苏州以后，他发现，新教育如果在理论上没有建树，在课程上没有突破，是无法真正地取得成效的。于是，我们开始考虑新教育研究团队的专业化建设问题。不久，干国祥、马玲等早已活跃在教育在线网站的优秀骨干，先后正式加盟新教育。

2006年4月，紧随皮鼓而来的是干国祥老师。在教育在线网站，干国祥最初也是一个勇敢的"斗士"。我与他的初次相识，就是从他在教育在线网站上的"干干歪批朱永新教育小语"开始的。当时我在教育在线网站上连载"朱永新教育小语"，他就在后面"歪批"，不乏真知灼见。我自然印象深刻。

干干的经历与皮鼓非常相似。都是中师生，都曾经疯狂地阅读，都有着强烈的成长渴望。其实，这是新教育的气质特征，一种追寻理想、永不满足的气质。也是这种气质，让干干从不迷信权威，甚至敢于横眉冷对、当面顶撞，而对真心渴求进步的新教育老师，他却友善、坦率、诚挚，倾心交流。

干干与教育在线的亲密接触可能比皮鼓还早一些。2003年，干干第一次出门就是参加新教育实验的首次研讨会暨教育在线的网友大会。随后，他以观察员的身份参加了新教育的支教活动。在遵义，干干告诉我，宁波万里国际学校的校长已经决定把新教育实验引入万里，现在迫切需要有人来做这个实验。他准备为新教育而去，"但是，您需要给我们足够的时间……"于是，在几个月后的秋天，有了我的万里之行，有了万里长达一个多月的读书节，有了全面开展的书香校园行动，有了一个校园论坛的兴起，有了一个民间沙龙的形成……

来到苏州以后，干干的才华与长期积蓄的能量得到了空前的释放。干干到新教育做的第一件事情，就是编辑了《新教育》宣传册。不到一个月的时间，从收集资料到撰写文字，从装帧设计到印刷事务，几乎他一人包揽。当在年会前拿出了这本现在看来也毫不落伍的新教育宣传册时，我们充分感受到，这个干干身上蕴藏了巨大能量。

不仅是做事情的能力，干干的理论构架能力也让我眼前一亮。这些年阅读的积累，以及他对于心理学和复杂性理论的娴熟，为新教育的理论建设作出了非常重要的贡献。据说，在来苏州以前，他就悄悄起草了一份关于新教育实验"十一五"期间的发展规划。

到苏州以后，干干不知疲倦地工作，南京、常州、盐城东台、苏州等多所学校留下了他的足迹，他开始走进新教育的学校，在调动一线教师的理想与激情的同时，他也发现了新教育面临的问题与困难。

于是，他和皮鼓建议我积极引进人才，开发新教育课程，加强教师培训，注重理论建设。

接着是新教育的年会。2006年的年会，是新教育人的一次盛典，也是新教育"进京赶考"的关键时刻。在开往北京的火车上，我们还在字斟句酌地讨论主报告的主题和内容，憧憬新教育的未来。

2007年，新教育研究院正式成立，原先由张荣伟博士担任主任的新教育研究中心重新组建，由干国祥接任中心主任。同时，新教育小学在翔宇教育集团的宝应小学悄然诞生。我担任了这个学校的校长，干干担任执行校长。马玲、陈金铭、余春林等也先后加入。被人们称为"魔鬼团队"的新教育研究中心有了第一批脱产的专业研究人员。

马玲是"魔鬼团队"里的女性，担负着"毛虫与蝴蝶"儿童阶梯阅读项目负责人的重任。她和其他"魔鬼"一样，有着强烈的求知欲、高效的工作状态，喝起酒来十分豪爽，却又是最不像"魔鬼"的一员。她热情、温和、内敛、沉稳，从未逞口舌之强，而是默默地用行动影响、感召了一大批新教育一线老师。

尤其是在"读写绘"项目开展过程中,她及时发现、积极帮助了大批一线教师。正是她的不懈努力,正是她最直接、最有效的扶助,才让"毛虫与蝴蝶"项目短时间内在无数教室里扎下根来。

从2007年到2010年8月,"魔鬼团队"把新教育实验向更高的高度有力地推进。从2007年运城年会以"共读共写共同生活"为主题的新教育儿童课程,到2008年以"知识、生活、生命的深刻共鸣"为主题的新教育理想课堂课程;从2009年以"书写教师的生命传奇"为主题的新教育教师专业成长课程,到2011年以"文化,为校园立魂"为主题的新教育学校文化建设;从新教育的"开放周",到北川、石门坎、凤冈等地的新教育公益项目,新教育事业风生水起。

2010年8月,干干和他的团队来到了内蒙古鄂尔多斯市东胜区罕台镇,在当地教育部门的协助下,成立了罕台新教育小学。

这是一所位于东胜区郊区的农村小学,环境非常艰苦。尤其是第一年校舍未建成,这所新教育小学只能借居于他们的邻居新世纪学校内,这里时常停电,每天只能三次集中供水,加上初来乍到,干燥寒冷的气候难以适应,学校又是寄宿制,老师们从早到晚难有休息时间……"魔鬼团队"面临着极大的挑战。

2011年9月,在罕台新教育小学校舍即将落成前夕,我受邀成为罕台新教育小学荣誉校长,为他们写下了《让所有生命都在大地上开出自己的花》的致辞——

亲爱的老师们:

你们好!

一所小学的开学,在许多地方不是一件什么惊天动地的大事情。

但是,你们的开学,却可能成为写在历史上的事件。因为你们承载着特殊的使命。全国1200所新教育实验学校的目光在注视你们,大家期待着由新教育研究中心引领的这所学校,能够完整乃至完美演绎新教育的文化,一如既往地引领全国新教育实验学校的前行;大家期待着你们能够书写生命的传奇,成为新教育人的榜样;大家期待着学校能够创造卓越的课程,缔造完美的教室,以博大胸怀，给予更多一线教师、普通教师以更多指导。

庄子说，始生之物，其形必丑。刚刚开启的全新校园，有如一片刚刚开发的崎岖之地，纵因此前积累而肥沃，却同样可能会有许多你们无法预想的困难与挑战。仅仅眼下就有生活上的艰难、学生基础的薄弱、交通的不便，等等，都是横亘于现实中的挑战。但是新教育生命叙事的理论告诉我们，这些遭遇或许正是我们成长的机遇，传奇偏爱跌宕，这些难题，也就是我们书写传奇的"魔法棒"。

作为新教育的一分子，无论如何，你们的工作是我的牵挂，你们的孩子是我的孩子，你们的荣耀也是我们共同的荣耀，同样，你们的困难、失败或者耻辱，也是我的困难、失败和耻辱。而我非常高兴受邀成为你们的荣誉校长，我也因此更感责任重大。

一所全面展示新教育文化的学校，一所全面探索新教育课程的学校，一所因新教育而生、因新教育而长、最终因新教育而成的学校，是你们的梦想，更是全体新教育人十年来一直追寻的梦想。新教育实验在2006年就提出过"成为中国素质教育的一面旗帜，打造具有本土特色的教育学派"的愿景和"过一种幸福完整的教育生活"的价值追求，这一切，都需要这样的一所新教育学校来实现，来佐证。

这些梦想，这些愿景，这些追求，不是靠鸿篇巨制书写，更不是靠豪言壮语装点的，而是靠新教育的每一间教室去演绎。这首先取决于你们能不能让每一个生命在教室里开出一朵花来，取决于你们能不能成为一个创造生命传奇的老师。

其实，午夜梦回时，我曾无数次希望——

我多么希望我此刻就是学校的普通老师、就是你们中的一员。我多么希望我也有一间小小的教室，就像农夫拥有一片窄窄的土地，我在其中日出而劳作、日落而学习。

我多么希望自己能和孩子们彻底交融到一起，用生命点燃生命，用智慧撞出智慧。

我多么希望让自己和孩子们的每一天，开始时都充满着期待与向往，结束时都萦绕着回味与留恋。

我如此渴望也绝对坚信：在这日复一日的坚守中，所有生命都将在大地上开出自己的花，素朴而芬芳。

只可惜，人生不可能同时踏进两条河流，而命运之河有着自己的流向。如今，我的希望已经只能成为一种希望。但我深信，我的希望一定也是你们的梦想、你们的承诺和你们的方向——我深信这一点，因为你们与我虽然所做具体事务有所不同，我们却拥有同样的名字：新教育人。

我非常抱歉，由于公务繁忙，无法抽身参加你们的开学仪式，只能以视频的方式向大家致以敬意、祝贺与慰问。但是再过一个月，新教育的又一次庆典就要在东胜召开，我一定会来学校看望大家，看望可爱的孩子们！

亲爱的老师们，全新的旅程已经在我们的脚下静静展开。在这全新的起点，让我们以孔子为榜样，以雷夫为楷模，像新教育喜欢的犟龟和蜗牛一样，起步前行吧！

非常可惜的是，2015年，由于各种各样的原因，这支"魔鬼团队"离开了罕台，也离开了北京丰台，离开了新教育团队。

感激他们为新教育曾经做过的一切，也真诚地祝福他们。

朱寅年：
一路追梦

认识朱寅年，是一个偶然的机会。2002年某日，我在教育在线网站上收到一位山东网友发来的短消息，说："《现代教育报》的记者朱寅年准备采访你，可以吗？""当然可以！"

于是，第二天，我们通过电话进行了一次深度交谈。说它有深度，因为从寅年事先发来的采访提纲看，他已经对自己的采访对象进行了深入的研究与了解，他认真读了我的不少文章与著作，问题有独到的视角。两周后，一篇题为"博士、教授、市长、网友……"的长篇报道发表在《现代教育报》上。从此，我也开始留意他的作品、他的行踪。

随着我们见面机会的增多，随着我读他的文字的增多，我开始走进他的世界。我喜欢读寅年的作品，尽管这往往是一次沉重的心灵之旅。

我看到他深入湖南益阳调查优秀教师李尚平被枪杀的事件，看到他为民办大学学生被公安局关押而走访法学博士，看到他为黑龙江大学生毕业交纳出省费、定向分配费、工作改行费而鸣不平，看到他揭开全国"百强县"竟然是教育重灾区的真相，看到他分析河北中捷农场总场中学的老师为什么"劝"学生离开学校，看到他研究浙江义乌的童工现象，分析为什么频发学生事故……

他完全可以不去采访这些"得罪"当事人的事件，完全可以潇洒地参加各种会议，拿点纪念品，而不必冒如此的风险。我知道，寅年的确也为此付出了代价。但是，他无怨无悔。

我喜欢读寅年的作品，因为他注重用专业的眼光审视问题。在《减负是

"减去一个负数等于加上一个正数"吗？》《中国离教育现代化还有多远？》《中国农村拷问着教育》《农村义务教育与农民负担》《特殊教育：呼唤走出角落见阳光》《国贫县的"高考神话"》等一系列的文章中，我看到他学习与读书的影子。记得2003年我们在北京召开教育在线的网友会议时，一些聋人朋友的呼吁，激发了他为聋人教育讲话的愿望，并不知道多少这方面知识的他，竟然在很短的时间内写出了颇受好评的文章。没有强烈的责任感和敬业精神，是难以做到这一点的。

有意思的是，寅年的书稿后记用了"那温热了的梦"为题。我当时的一本书也用了一个"梦"——《新教育之梦：我的教育理想》。寅年说："那痼疾缠身的教育重新鼓足了我为教育敲边鼓的记者之梦。"其实，也许正是这个原因，鼓足了我为教育鼓与呼的学者之梦。同是教育追梦人，我们当然应该坚定而自豪地说：在教育的名义下，我们应该不辱使命！

同为追梦人，最后总会成为同路人。2006年，寅年放弃北京的报社主任职务，南下苏州，正式加盟新教育，成为新教育研究院办公室主任。他与新教育核心团队的朋友研讨新教育未来，同赴山区支教……

一路风尘，一路收获。

2010年，寅年又根据新教育工作的变动，从苏州重返北京，成为新阅读研究所的一员大将，邀请、协助各位专家在短短时间内圆满完成《中国人的书目——中国幼儿基础阅读书目·导赏手册》《中国人的书目——中国小学生基础阅读书目·导赏手册》《中国人的书目——中国初中生基础阅读书目·导赏手册》《中国人的书目——中国高中生基础阅读书目·导赏手册》和《他们都在看：中国企业家基础阅读书目·导赏手册》的研制、发布工作……

2015年，由于各种原因，寅年离开了新阅读研究所。面对每个新教育同仁的离开，我都非常痛苦。但这毕竟是一个如此庞大的事业，进进出出也是正常的。我只是期待，每个人能够顺利平安、幸福美满。我当然更期待，有一天他们会再次归来。

窦桂梅：
新教育的玫瑰

想起窦桂梅，就会想起她在教育在线网站的网名"玫瑰"，就会想起诗人的那句诗："玫瑰佩戴着锐刺，并没有因此变为荆棘。"

窦桂梅是鲜花而不是荆棘，是不容置疑的事实。这当然不仅是她以花为网名，而是她的生命早已如同鲜花一般怒放。她那夺目的美，通过那些令同龄人艳羡的成绩单，已经完全可以证明：多年扎根于教学一线，让她得到了最可贵最真实的滋养，两次全国教学大赛一等奖的荣誉，数十节公开课为无数教师提供着引领；在实战基础上的理论提升，让她创作的诸如《回到教育原点》《窦桂梅与主题教学》《做有专业尊严的教师》等十余部专著陆续出版，受到认可；语文特级教师、全国模范教师，全国师德先进个人，全国教育系统劳动模范，"建国六十年来从课堂里走出来的教育专家"等荣誉接踵而至，既是在见证鲜花之美，也是在不断传播着鲜花的芬芳……

为此，1997年我担任苏州市副市长不久，就邀请她来苏州为我们的名师名校长班作过报告，也邀请她为我主编的《中国著名班主任德育思想录》写过文章。

但是，我真正了解窦桂梅，却是从网络开始的。

那还是教育在线网站成立初期的2003年，窦桂梅以"玫瑰"之名闯进了论坛，开设了一个"玫瑰之约"的专栏，纵横驰骋，痴迷其中。用她自己的话说，那时的她"会像那初恋的少女，体验'激情燃烧的岁月'，甚至半夜里还在这里徜徉行走，流连忘返。以致爱这里爱得'死去活来'。就是怀着这样的激情，每一天必须上网几次,而且每一次,只踏上这'教育在线'的船只,进行网络大书的海洋航行。欣赏着'新教育'海上日出一样的风景,陶醉着'朱永新教育小品'的表演,品尝着'李镇西之家'的风味特色,感受着'小学教育论坛'的习习海风……"而她写的一些帖子,感情充沛、夹叙夹议,在网友中引起关注,大家纷纷猜测这样的一手好文章到底出自谁的手?我通过"密探"得知内情后,忍不住写文章揭露了她的"真面目"。

客观地说,当时的窦桂梅尽管已经受到关注,在人民大会堂等重要场合作为年轻教师代表发言,但从专业成长来讲,还显稚嫩。我想,对当时的她而言,如她形容教育在线网站对她产生的影响时所说的"我就感觉自己被一种无形的向上的力量托起,不自觉地就顺着船只前进的方向航行"一样,新教育的这个官方网站已是她不可或缺的精神家园。她在这里认识了卢志文、干国祥、看云(网名)、李玉龙、袁卫星、王开东等一批新教育人,这些人先后都成为了她生命里的重要他人。以书会友,读人如书,亦师亦友,她和大家积极分享、互相碰撞、彼此激发,形成了一段共同成长的黄金时代。

也是在这样的交流中,窦桂梅理所当然地成为了新教育早期的骨干成员。我还记得2005年冬天,新教育临时决定在吉林市第一实验小学召开"北国之春——全国新教育实验与教师专业化成长研讨会",原因之一就是她的穿针引线、极力推荐,因为那是她原来工作的学校。2006年夏天,新教育第六届年会在北京召开,主会场之一就是她当时担任副校长的清华附小,她自然更是幕后英雄。那是一届被媒体称为新教育"进京赶考"的年会,那也是清华大学的礼堂第一次款待近700位来自全国的基础教育工作者。结果,新教育的"考试成绩"有目共睹。窦桂梅当时既协助准备"考场"迎接各方来宾,也是亲自上阵担任考生,立下了汗马功劳。

这样的窦桂梅,这样的清华附小,大家都以为必将领跑新教育,我也这样认为。尤其是借助于清华大学之得天独厚的人文资源,我曾经笃信类似于"聆听窗外声音"等新教育项目,窦桂梅必然会率领清华附小成为全国新教育的示范窗口。可惜的是,因为种种客观原因,最终未能实现这个目标。而且,随着新教育在全国范围内的推进,尤其是在一些学校里的深度展开,相对这些新教育核心学校而言，清华附小反而失去了在新教育里曾经一枝独秀的地位。尽管窦桂梅也一直积极参加新教育的活动，但她的其他事务也越来越多，参加活动不免行色匆匆，相对其他更加深度卷入的新教育人而言，她渐渐从中心到了边缘。

我还记得，2010年新教育桥西年会，窦桂梅赶来参加活动，并在分论坛上作了报告。在看到同样参加那届年会的作家童喜喜会后写的一封公开信时，她第一时间就感慨地回应："读到童喜喜的信，泪水又溢了出来。正如那晚陈美丽的歌词触动我泪流满面一样，每一个人都那么的孤独无助，好在有新教育！这火炬温暖照亮了这些有梦想、有激情的人！泪还要流，已不再是伤心难过，是被别人、被自己感动的倾诉……"

我回答她："是啊，期待着，有一天'玫瑰'在新教育年会上绽放。"因为我明白，那个在教育在线上激情澎湃的玫瑰，其实从来没有离开。新教育人有一句话：一个人可以走得更快，一群人才能走得更远。每个人都需要激励，追梦人更需要在点亮自我的过程中照亮彼此。新教育的光芒，因为大家的追梦而生。把所有追梦的人们温暖，把所有追梦的路途照亮，也是新教育的责任之一。

所以，在新教育自己筹建一所全新的学校时，窦桂梅还险些成为这所学校的校长。尽管最后阴错阳差，失之交臂，但玫瑰的芬芳，毕竟因为这次波动而更为人所知。

所以，在有人向我说起窦桂梅这样的早期新教育人后来已经不是新教育人时，我总是笑而不语。

的确，因为精力有限，因为新教育的快速发展，我不可能对每一个新教育人都密切关注，但是从内心深处，我永远在感谢、关注并祝福所有为新教育添砖加瓦的人们。更重要的是，我清楚，我不仅仅是新教育发起人，更是中国教育人。新教育是中国素质教育探索中的一支力量，如同新教育提出"新教育实验总的目标是努力成为中国素质教育的一面旗帜；全力打造一个根植于本土的新教育学派"那样，后者曾经受到一些质疑。其实，打造学派，不是为了学派而学派，而是从理想处取法其上，由此从行动中能以更加积极主动顽强的姿态，试图为中国教育的探索留下一些可供借鉴的成功经验，而不仅仅是失败的教训。

所以，重要的并不是是否叫新教育，而是有没有真正走在中国教育的创新之路上。我欣慰地看到，窦桂梅做到了这一点，而且坚定不移地大步向前。她担任了清华附小的校长后，更是完全发挥出专业引领的优势，进行了一系列的探索。好的教育，其灵魂都是相似的。从她曾经的"主题教学"，到新近的"课程整合"等行动中，能够看出与新教育异曲同工之妙处，看出新教育的书香校园、理想课堂、童话剧等项目与课程对她的影响，我能够深刻地感受到新教育带给她的滋养，更能够看见她仍然扎根沃土之中，正在茁壮成长的勃勃生机。

一朵花长出锐刺，能够为自己赢得更大的成长空间。窦桂梅的锐刺，在于笑着迎接生活的挑战。她是真正的农家女儿，苦孩子出身。她不怕苦累，一日一夜地拼搏，一点一滴地积累，终于有了今日的成绩。窦桂梅的锐刺，在于勇敢进行教育的探索。就像她在《圆明园》一课里，尽力"压着感情"来讲，试图带领孩子以冷静的反思甚至反省看待完整的真相，代替把教学陷入传统的仇恨与口号一样，她的思想在日趋深沉与冷静。

记得有一年，窦桂梅邀请我参加海淀区为她举行的"窦桂梅教育教学实践研讨会"。据我所知，这已是海淀区第三次为她举行个人教育思想研讨活动。几年前举行第一次活动时，我和霍懋征老师都参加了。听着霍老师对她的欣赏和褒扬，我曾经骄傲地对霍老师说："她是我们新教育的玫瑰！"

那次的活动我也作好了参加的准备，并且已经在为会议上的发言作准备。可惜因为与民进中南片会的时间冲突，只能以工作为重，忍痛割爱。但是，我想说的话，相信窦桂梅心中已经知道了。她发了一条短信给我，引用了这样一段文字："当一棵树不再炫耀自己枝繁叶茂，而是深深扎根于泥土时，它才真正地拥有了深度；当一棵树不再攀比自己与天空的距离，而是强大自己的内径时，它才真正地拥有了高度。"她知道，我希望她把自己的根扎得再深一些，像苏霍姆林斯基那样，在课堂、校园书写自己的生命传奇。

所以，我热切期待这个有着"锐刺"的窦桂梅，以她的勤奋、真诚、率性、执着，取得新的成绩，创造新的辉煌，书写新的传奇。我也热切期待着这朵光彩夺目的玫瑰，在新教育里更加芬芳四溢，能为新教育的成长与成熟，奉献力量。我更热切期待在中国教育的百花园里,有更多的花朵如同玫瑰一般绽放,各美其美,让中国师生幸福完整起来,让中国教育真正站立起来,让这个世界更加美好起来。

章敬平：
新希望工程的命名者

2003年年底，我有幸获得了《南风窗》杂志评选的"为了公共利益"年度人物称号。

正在苏州出差的《南风窗》主笔章敬平先生，顺道把奖杯与证书送我。于是，有了我们的相知相识。有了章敬平与新教育的不解之缘。

2004年4月，《南风窗》重磅推出了章敬平的长篇报道《新希望工程：一场对抗教育异化的实验》。他在以编辑部名义撰写的"策划人语"中写道：

年初以来，坊间对"问题教育"的诘问，早已追溯到"人的教育"的缺失。

起先，云南大学广西籍学生屠戮四名同窗的"马加爵事件"曝显于天下；

继而，敏感于三亿余未成年人思想道德层面的"新情况新问题"，中共中央和国务院联合下文，敦促有司防止"各种消极因素"侵袭未成年人；

当下，新修订的中小学生守则和日常行为规范，张榜天下。

我们在为官方即将启动的德育行动喝彩的同时，将探询的视角放置到以纯民间方式运作的"新教育实验"，我们不想重复日日可见的"问题教育"的现状，只希望展现新教育实验在中国的复兴。

我们将这场或许是乌托邦的实验命名为"新希望工程"，不仅在于主张"人的教育"的新教育实验，在为失学儿童找回书包的希望工程暂告结束的今天，已然是希望工程的升级产品，还在于新教育实验一边放飞中国教育的新希望，一边以爱因斯坦言犹在耳的声音警醒我们，要避免获得专业知识的学生"更像一只受过良好教育的狗,而不像一个和谐发展的人"。

应该说,新教育实验从酝酿到发起,再到全国推广,只有短短几年时间,媒体的关注已经非常密集。但是,像章敬平这样敏锐深刻、高屋建瓴的报道,还是让我眼前一亮。

他不是像其他媒体一样,就现象讲现象,就故事说故事,而是厘清现象背后的本真,故事背后的缘由。

他说,仅凭个案的成功,就宣称新教育实验决非理想主义者的乌托邦,还为时尚早。但是可以断定的是,作为一场对抗"教育异化"的实验,理想主义者试图从源头上救赎中国教育危机的努力,起码可以视作以"人的教育"为旨要的"新希望工程"的剪彩仪式。他说,与其说新教育实验是一个"实验",不如说它是一次伟大的"教育复兴"。他说,这是一群理想主义者的新教育实验,在行动力匮乏的当下,对坐而论道的中国知识分子群体,是一面镜子式的昭示。

应该承认,最初发起新教育实验时,我们的认识远远没有达到章敬平报道中那样的高度。我们自己也只是力图对中国教育现状做一些局部的改变与完善。是他的报道,让我们重新打量我们自己,重新思考我们的目标。从此,以心灵建设为追求的"新希望工程",成为我们自觉的理想。

也是从此开始,章敬平一直关注着新教育实验,关注着新教育人。他为新教育的每一点进步而欣慰,为新教育的每一点问题而焦虑,不断地提出许多建设性意见。

在2004年的报道中,章敬平专门写了一篇《"新希望工程"还缺一半》的评论。在这篇评论中,他"遗憾地宣称","新希望工程"只完成了一半。他写道:

仔细考察新教育实验的六大行动,内中渗透的,是"修身,治国,平天下"等传统意义上的道德修为,传承的是千古不变的礼法精神。它或可塑造出一个类同于古代社会的"完人",却未必能锻造出一个现代社会的"公民"。原因即在于，我在对苏州部分学校的访问中，并未感受到有意识的现代公民教育的存在。新实验教育的挂牌学校，也编写了诸如《小公民在成长》的课本，不过，其内容多为爱劳动要节俭等等陈词滥调，关乎法治时代精神规则的公民教育，微乎其微。

他提出：新教育实验，既然是对中断半个多世纪的教育实验的复兴，自然应该续接同样中断半个多世纪的公民教育。

一年半以后，以"新德育，新公民"为主题的新教育年度会议在四川成都召开。新教育编写的《新公民读本》正式出版。闻讯而来的章敬平很快在2005年第17期的《南风窗》发表了一篇《锻造新公民》的文章。明确表示："对于新公民教育，对于锻造新公民的努力，除了迎合并为之鼓吹，我们恐怕再也找不到更为正确的态度。"

2005年10月，章敬平担任主编的《新希望工程——媒体眼中的"新教育实验"》正式出版。这本书用十章的篇幅对近百篇关于新教育实验的报道进行了爬罗剔抉的整理。他认为，媒体对于新教育的关注是出乎意料的，除了中宣部组织的大规模新闻宣传，或者商业力量的炒作，很难引起如此广泛的媒体注意。他认为，原因就在于新教育实验击中了我们这个时代的命脉。

在这本书中，章敬平发现了一个重要现象，媒体的报道客观成为新教育实验的"公益广告"，随着媒体的报道渐趋深入，新教育实验倡导者和参与者的认知水平和行动能力也在向前推进，新教育实验的境界也在媒体的探讨中迅速提高。

2006年7月，以"过一种幸福完整的教育生活"为主题的新教育年会在北京清华大学礼堂举行。此时已经转任《经济观察报》首席记者的章敬平，以"新教育实验进京赶考"为题，再一次大篇幅报道。这一次，他把新教育实验放在一个新的语境中重新审视：NGO（非政府组织）。他通过对新教育实验日常运营的分析，借21世纪教育发展研究院杨东平教授的话提出：

对于没有官方一分钱拨款的新教育实验而言，进京赶考的成功，还从另外一重意义上，见证了中国NGO（非政府组织）运营模式的初步成功。这个中国民间最大的教育实验，在未来的成败，也是对中国NGO运营模式的一次考验。

他是最早把新教育实验作为一个NGO组织的样本，发现新教育实验的公益性、民间性与市场化、经营性之间的冲突，关注新教育实验可持续发展的记者。

差不多在同时，新星出版社出版了由"打工女皇"吴士宏翻译、美国记者戴维·伯恩斯坦编写的《如何改变世界：社会企业家与新思想的威力》。这本书提出了社会企业家的概念。敏锐的章敬平读完以后深有感触，很快用"社会企业家"这个概念来观照新教育实验，并且于2007年两会期间在《经济观察报》发表了长篇报道《朱永新：一个社会企业家的中国样本》。他在报道中这样写道：

凭借法国作家雨果所说的恰逢其时的理想，借助新思想的威力，社会企业家们在政府和企业时常失败的领域，在教育、健康、环保、助残等社会领域，像管理学大师德鲁克十年前所说的那样，改变了社会的性能。

惊讶于社会企业活动已成全球现象，感念于社会企业家在中国的稀缺，我们在全国政协会议期间，有意识地集中报道了全国政协常委朱永新，一个从省政协到全国政协参政议政十数年的老政协委员，一个相信"总要有人擦星星"的民主党派中央常委，一个用五年时间影响了100万中小学生的教育家。他是新教育实验这个"零元企业"的董事长，他把"心灵的教育"视作他所经营的"社会企业"。当一群企业家为他的社会企业打工，他不仅开发出"社会企业"的运营模式，还为民主党派人士，为全国政协委员参政议政，提供了一个别出心裁的样本。

我们认为，朱永新在出任全国政协委员期间的表现，已接近我们对社会企业家的理解和认知。我们将他视为一个社会企业家的中国样本，条分缕析地展现给我们的读者，并非为了表扬某个人，而是期待着我们对这样一个样本的解剖，能够引起中国公众对社会企业家的关注，引起县、市、省、全国四级政协的委员们，对参政议政的思考。

正是这篇报道，让远在上海的王海波先生结缘新教育，让教育界之外的人听到了新教育的声音。从"新希望工程"到 NGO，再到"社会企业家"，章敬平对新教育的解读，也让我们对自己的定位逐渐清晰。

2010 年，新教育基金会正式成立，章敬平应邀成为基金会的理事，也成为新教育家庭的重要成员，从一个观察者变成一个参与者。2011 年 1 月，他参与指导策划的慈善拍卖晚会在上海举行，拍卖所得 100 余万元全部捐赠给新教育基金会。中国佛教协会副会长、玉佛寺主持觉醒法师临时捐赠的"妙心吉祥"现场拍得 10 万元。觉醒法师也是应章敬平之邀成为基金会的理事。

和敬平频繁接触的过程中，也让我对他有了更加深入的了解。

章敬平出身于一个普通的家庭，中学读书时并不是一个所谓的"好学生"，曾经逃学流浪街头。幸亏他的一位语文老师，用自己无私的爱温暖、唤醒了他。这也是他对教育特别有感情，对老师特别尊敬的原因所在。每年新年和教师节，他都会给老师送去自己的问候。他还专门为基金会策划了一个"感恩乡师"的活动。我带头响应，捐赠了自己的 20 万稿酬，为山西绛县等地建立了以乡村教师名字命名的图书馆。

我一直感叹他能够在不同专业、不同行业之间穿梭而行，游刃有余。他大学本科学的是新闻，1998 年安徽师范大学毕业后，先后就任合肥日报集团记者，中国新闻社《新闻周刊》记者、采访部负责人，《经济观察报》特稿部主任，广州日报集团《南风窗》主笔，《经济观察报》编委、首席记者，南方报业集团《南方周末》首席记者，30 岁出头就成为新闻行业的翘楚，各大媒体竞相挖抢的主笔。

就在这个时候，他却潜心法学，去了苏州大学攻读行政法学的博士学位。毕业后，又改行当起了律师。我见证了他在备考律师资格证书那段时间的挣扎。但是，认准目标的他从来不会放弃。最后如愿以偿。在担任北京市金杜律师事务所上海分所律师、北京市共和律师事务所上海分所合伙人期间，他的业绩也让同行刮目相看。

就在他的律师生涯前景大好的时候，他又急转弯担任了北京陌陌信息技术有限公司联席总裁。在他任总裁期间，陌陌顺利在美国挂牌上市，股票涨了许多。

2016年7月，敬平告诉我，他又要到华闻传媒担任总裁了。从媒体回到媒体，从新闻转向法律，从记者变为律师再变为总裁，敬平每一次的华丽转身都是那么不显山不露水，都是那么轻松自如。

2019年，他再次放弃上市公司的高管，进行新的创业。这一切，源自敬平是一个十分好学的人。即使是担任公司的总裁，敬平也很少应酬。读书写作，是他的生活方式。这些年来，他先后出版过《向上的痛：目击2000年以来中国转型之痛》《权变：从官员下海到商人从政》《中国人的自我探索》《拐点：决定未来中国的12个月》《浙江发生了什么：转轨时期的民主生活》《新闻人的江湖》《皇上走了》《今天，我们怎样评论中国》《国家与教堂》等多部著作，还在一些媒体上开设了专栏。

我知道，敬平心里还有更大的梦想。今后他也许还会有华丽的转身。但是，有一点永远不会变，那就是他不断学习不断成长的人生态度，他对朋友的真诚、对教育的真爱，他对新教育的期待、对师长的敬爱。

营伟华：
来自台湾的"一号义工"

认识她有点儿偶然。

2006年元旦，在数百封新年贺卡中，我发现了一个没有联系过的人——苏州新鸿嘉的营伟华。她感谢我对"西部阳光"事业的支持。我很奇怪，因为"西部阳光"是我发起成立的21世纪教育发展研究院的一个公益事业，每年暑期组织大学生到西部义务支教。一了解，才知道"西部阳光"的幕后英雄就是她。

一个普通的大学生尚立富，就是在她的帮助与指导下，开始建立了团队，开始成立了基金会。从租办公用房到购买家具，从出版简报到募集资金，几乎是营总手把手地教会了这些年轻人。我突然回忆起，立富曾经在苏州做过西部支教的展览，曾经在苏州的一个艺术沙龙举办过"西部阳光"的说明会，这些大概也是营伟华在后面支持。应该是我感谢她。

我很礼貌地回了一张贺卡，表达了我的感谢与羡慕之情。这个已经到苏州创业近四年而且一直在支持公益活动的营伟华才正式浮出水面。1月21日上午，在她回台湾过春节的前一天，我们在观前街的"雅戈尔"店前碰面。她告诉我，2004年4月在看中央电视台的《面对面》节目的时候，她认识了尚立富，当时就想支持这个年轻人实现他的梦想，于是每月电汇小额资金，并且要求公司的员工一起支持"西部阳光"。2004年9月她开始加大力度，拉上她20年的好友，在上海的台湾企业家周小丽，出资200万成立了基金会。她说："'西部阳光'并不是我的力量，我只是小舢板，引介大航母。2005年秋天，在看《南风窗》时，我看到朱老师的新教育采访文章，非常激动，我觉得很想做点事，才冒昧与朱老师联系，虽然早知道朱老师一直鼎力支持'西部阳光'，但身为苏州市民，不愿打扰你这位苏州大家长。"

在交流的过程中，我知道她是淡江大学中国文学系的高材生，在台湾有着22年的房地产经验和非常优越的生活。我问她，为什么放弃在台湾的一切来大陆创业？她说："如果，你知道我的父亲，会听马思聪的《思乡曲》流泪，那么就不会奇怪我为什么放弃台湾的高职高薪而来大陆。"我问她，我认识的台商很多，为什么很少像你这样热心公益？她回答："如果，你知道我的母亲，会去监狱为死刑犯祈祷，那么就不会奇怪我为什么把支持公益事业看作和自己创业一样重要。"

两个小时的时间，我们谈了很多，仿佛很久没有见面的老朋友。

最后，她拿出一张两万元的支票，说是给新教育的"见面礼"。我有点儿紧张，因为从来没有经历过这样的场面，简直有点儿像"受贿"的感觉。后来我才知道，她差不多把自己的薪水全部用来支持公益事业，经常只剩下够来回台湾的机票钱。

在台湾，她曾经给我发过一条短消息："朱老师，为了新希望工程，几乎辗转不寐。我会在这年假中想好一些方案，在回苏州以后尽快请你过目并召开工作会议，可执与否再作定夺。"春节一过，营总很快回到苏州。她告诉我，她已经把公司的具体管理工作交给袁继峰总经理，她自己的主要精力是为新教育做义工，她会训练袁总一起帮助我们成就新教育的事业。她说，为了新教育事业，她愿意加入这个理想团队，"承受挫折、打击、冷漠、讥讽和怀疑……无怨无悔，坚持到底，如是在我辞世之时，或可觉得此生亦是丰富之旅"。从此，"新教育义工营伟华"成了她名片上的重要头衔。

她知道新教育实验没有自己的宣传材料，便自告奋勇地请缨，她甚至为这个宣传册取了一个戏剧性的名字：一群傻子跟着一个疯子。她说，她要印成中、英、日三种文字，使之成为图文并茂的作品。为了编写这个册子，营总不知道请了多少人，不知道红过多少次脸，不知道产生过多少误会，不知道花了多少时间。终于，在2006年的北京会议上，1000本精美的新教育实验宣传册装进了代表们的材料袋里。

不用说，所有的费用，都是她个人提供的。

她知道新教育实验面临许多困难，没有专业人员，没有研究资金，网站运营艰难，缺乏可持续发展的能力。她主动提出成立公司，帮助新教育"造血"。她与卢志文一起为公司起了一个很有韵味的名字——"鼎新"，即鼎力支持新教育的意思。她在自己公司不大的办公区域内，专门辟出一间房子；在自己公司并不富余的人员中，专门抽调一人帮忙，用于"鼎新"的筹备。

2006年2月18日，当我在北京接受2005年"中国十大教育英才"颁奖的时候，父亲溘然离开人世。当我星夜奔丧回到老家的时候，营总发来了这样的短消息："朱老师：我知道在这时打扰您很不恰当，但恰是在此时，我决定将我个人在新鸿嘉股份的50%赠与新教育事业，可能数字很小可能数字很大，都是我追随新教育的心意。不必言谢。"我知道，她是希望在我悲痛的时刻给我一点心灵的慰藉。

有人曾经这样描写营总："营姐的成功有相当大一部分来自她彻底的诚实。因为这种诚实，在她三十多岁的时候，每年从她手上签字的金额就已经有上亿台币，只要她签过字的，老板就不会过问。"

而营总在新鸿嘉的网站发表的一篇文章《江山有待》，更是让我们透过她美丽的文字看到她那颗美丽的心灵。文章全文如下：

在高中一年级时，我被学校选派为代表参加文艺营。住在依山傍水的淡江中学，红砖仿英国牛津的校舍，青色山坡上，群鸽飞过，远方淡水河成S型，迤逦入海，淡淡腥咸的海味，空气中传来琴室的练琴声……这么美的地方，多么好的青春。年轻的男孩女孩们，将共聚七天，学习如何编辑校刊，如何寻找写作素材，如何锻字炼句；啊，文学的心，将和同路人一起饱食飨宴盛典。

就在这文艺营中，我聆听到的一句话，影响了我16岁以后的人生观。是一次下午名家讲座，请到当时颇富诗名的痖弦来演讲，他的谈话内容，现在已全然不复记忆，但他结束演讲的最后一段话，穿过30多年的漫长岁月，依然清晰地烙印在我脑海中。

他说："或许你们认为我就是一个卓然出众的作家，但是，我，只是一名清道夫。一名清扫街道,扫除垃圾,搬走障碍物的清道夫。当一切都洁净了以后,铺上红地毯,恭敬地站在一边,等候真正大家级的人物出现,为他的到来,鼓掌喝彩。"

我不知道当年相聚的伙伴们,今天在哪里。在那次分别后,再也没能共处,我不知道别人七天之后的收获是什么。在那以后,我回到学校,编过校刊,当过图书馆长,毕业时荣膺毕联会委员、毕业纪念册主编。这一切的训练对我以后的工作,都发挥了很大的作用。

但时至今日,我真切地知道,是痖弦的那一次谈话,影响最深最远,因为我自己清楚了,自己只是一名清道夫的角色。

基于爱美的女性思维,我把它修改为,我只是一名园丁的角色。

捉虫、除草、洒水,但我绝不是那个有资格踏上红地毯,接受两边排列人群喝彩的人。

我学会了欣赏别人比我更好、更美、更优秀的事实,我只要在花园里尽一分力气,可以让花开簇簇早日到来,就非常满足。

我只要在文学的殿堂里,做一名贪婪的读者,疯狂的阅读,如同站立两旁,向走在红地毯上的大师们鼓掌,拍肿了掌心,就非常开心。

我只要在工作的领域里,培育出一代比一代更优秀的后继晚生们,让他们卓尔出群,不羁风采,就非常乐意。

如是我般的园丁们,心甘情愿地洒扫勤耕,才华横溢的大师就会翩然到来。不负岁月静默的等候。

谨以此篇短文,送给新鸿嘉人。

营伟华

2006,淡淡三月天

"寻找比自己更出色的人,为他们铺好红地毯",这就是营总的品格。其实,凭她的睿智与人格,她完全可以做很大的事业,赚很多的钱,但是她总是把帮助别人成就事业作为自己的人生追求。她经常对我说:"朱老师,你是灯塔型的人物,而我只能是小火把,为灯塔加点柴,火把才有价值。"她还说,其实我们都是借助支持您的理想来实现自己的人生大梦。她在短信中曾经写道:"选择公益,选择新教育,收获最大的是我,非常荣幸我有这个机会,非常谢谢你给予这个社会朴实而坚定的力量!"

我感觉,营总的心灵美,源于她那对于崇高的不可遏制的追求和对于弱小的不可遏止的同情。我也听过她在台湾参加许多公益团体的故事,其中最惊心动魄的是她参与成立的基金会救助台湾雏妓的事情。因为当时的台湾警匪勾结,要改善雏妓的命运不但需要极大的勇气,而且可能有生命危险。当她与对方谈判的时候,上了膛的枪就放在桌上,用报纸包了起来。而为保护雏妓基金会筹款,曾经是她业余生活的重要内容。此外,环保、教育、帮困等公益事业,几乎伴随着她的职业生涯。

我一直认为,一个人的精神发育史就是他(她)的阅读史。热爱读书,不仅让女人更美丽,而且让女人更有智慧。在营总的办公室,最醒目的东西就是她的书架;她给员工最珍贵的礼物,经常是她最喜欢的图书。我也有幸得到过她赠送的《读书的艺术》等图书。她曾经在《无禁忌的关怀》的文章中提到过一长串作家和作品的名字:陀思妥耶夫斯基、高尔基、普希金、契诃夫、罗曼·罗兰、莫泊桑、杰克·伦敦、王尔德、川端康成、夏目漱石、钱钟书、老舍、巴金、鲁迅、沈从文、张系国、黄春明、钟理和、王文兴、白先勇、陈若曦、余光中、张晓风、陈映真、吴鲁芹、龙应台、杨唤、雷骧、罗智成、郑愁予、吴晟、李锐、张炜、韩少功、莫言、余华、贾平凹、苏童、王安忆、李碧华、黄碧云、平路、肖曼……这些名字,足以让任何一个中文系的学生晕倒。营总告诉我们,即使再忙再累,她也会抽出读书的时间,哪怕几页纸。无论是清晨还是黄昏,不管是深夜还是午后,在飞机场,在火车上,在约会见面对方尚未出现的时候,她都会拿出随身带的书,"沉静在文字凝练、思绪飞扬的书中世界"。她经常说这样一句话:"来不及,还有太多要读的书,来不及了……"

她的睿智还体现在她的工作中。每天早晨,她会用心思考一天的工作,理出头绪,才会走进办公室。新鸿嘉的核心价值观"诚实、专业、团队",是她对员工提出的基本要求。"面对现实"是她为自己的员工提出的工作座右铭。其实这也是营总认为的最重要的生存智慧。

她经常对自己的员工说：我们渴望在代理事业的领域，成为实力代言人，从而成为服务业中受人尊敬的公司。如何做到？就必须"以平实的态度，切实的执行，诚实的人品，厚实的理论，认真地做好经过手的每一件事。然后，放下一切曾经获得的掌声，以冷静理性的头脑，配合温柔感性的心，迎接下一个，再下一个，无数随之而来的挑战"。

因此，她用自己的睿智，征服了许多业主，也征服了自己的员工。前不久，新加坡的一家公司主动邀请营总的公司作为他们在中国的战略合作伙伴。

对于新教育事业，营总像对待自己的公司一样认真地思考与经营，充分展现了她的睿智。她为每一件工作制订了时间表，她为每一个可能的机会去奔波。为了给新教育筹款，她建议成立图书出版公司，并且亲自去成都和北京考察，最后她力排众议，选择了品质最好的合作伙伴。为了说服卢志文全力以赴投身新教育事业，她亲自去苏北宝应做工作。所有与新教育有关的会议，她都会认真地参加。我们在上海召开以"制度化生存"为主题的新教育工作会议时，她全程参与，而且提出许多建设性的意见。所有与新教育有关的人，她都要去见，无论他在天涯海角，她的日程表上，新教育占了绝对多的时间。

最让我感动的是，为了消除误会，改善和无锡灵山慈善基金会的关系，她多次亲自去拜访有关工作人员，并与赵一平成为很好的朋友。在她的努力工作下，无锡灵山慈善基金会决定捐资支持新教育的事业，而灵山的当家人吴国平先生在父亲病危的情况下，毅然出席了在北京的签约仪式。事后，营总给赵一平写了这样一段话："俯仰无愧天地之间，我们结缘，不仅在新教育，而是在出世的无欲无求和入世的不放弃。很高兴也很荣幸认识你并且得到大力支持。新教育是沉疴已久中国教育的千秋大业，我们此生可为之付出，已是不辜负了。"

她用自己的睿智和热忱，感动了每一个与她打交道的人。她受我的委托去上海拜访的一个企业家，用自己的亲身经历说明怎样"让我们仅有的商业谋略赚钱技能得以有深切的意义"，结果，很快就有了获得200万元资助建立的新教育基金会。她去北京拜访新华立品图书公司的黄明雨先生，用自己的读书故事感动了这位资深的出版人，最后决定加盟新教育的团队。就这样，产生了一个个奇迹，新教育事业发展的大框架开始形成。我对她说，营总，2006年应该是新教育的营伟华年！她却淡然一笑，不以为意。

当然，营总也有烦恼的时候。尤其是在新教育团队内部办事效率不高、执行力不强的时候，她往往会不留情面地批评。作为新进入这个团队的一员，自然会引起一些人的不理解甚至不配合。终于，在前不久她回台湾短暂休假的时候，她给我发了这样一封委婉的"辞职"信："思考了一整天。我非常谢谢朱老师的赏识，只是我觉得累了，我需要长长的休息。离家太久太远，也想回家，也该回家了。新教育会吸引更多更优秀的理想寻梦追梦人，我期盼宽容以待，荣辱与共，真正做到同舟共济。祝愿全力以赴的我们终将为彼此喝彩！"

当然，我不会轻易地"放过"她。我说，我会尊重她的选择。但是，新教育事业才刚刚起步，我们的路还很长很长。大家都可以有自己的选择，但是我没有选择。那 13 个实验区、500 多所实验学校、5 万名教师、80 万名学生怎么办？教育在线网站怎么办？其他人可以离开，但是我不能。

也许是我的真诚感动了她，也许是她真诚的本能说服了自己。很快她发信给我解释："不是不喜欢新教育和朱老师，只是想到一些我不理解的事，就会觉得可能渐行渐远。"她说，她只是想在不复杂的环境中，做一点力所能及的事，就像新鸿嘉人人坦诚，兄弟姐妹大家庭。她说，她只能接受简单的人，做简单的事，不愿意没有原则地生活。我说，我能够理解，但是新教育需要包容需要理解，需要不同个性的人才，当有一天新教育和朱永新不值得你信赖的时候，你当然可以而且应该离去。

营总写了这样一段让我非常感动而且永世难忘的话："我喜欢你这种不拖泥带水的风格，我有时坚持太多原则以至于事业小打小闹难成大局。好！只要朱永新不言退，我全力以赴挺到生命终结日，OK？"这其实也是我与营总为了新教育事业的"一个美丽而睿智"的约定。

可惜的是，我们美好的约定，随着我调离苏州，营总远赴外地创业，以及回台湾照顾女儿，也许还有一些说不清的误会，而渐行渐远。

在当年，大家都尊称营伟华是"一号义工"。这些年，新教育事业仍然在稳步地发展着，我一直怀念和不敢辜负的，就是像营总这样对新教育全力以赴的人。

吴国平、王海波：
新教育的"山"和"海"

2006年8月21日，是新教育实验值得纪念的日子，它应该被写进新教育的历史。

中午11点，上海的王海波先生准时来到苏州。他的到来，为新教育带来了海一样的广阔空间。

他是看了章敬平先生在《经济观察报》的一篇文章《新教育实验进京赶考》后主动与我们联系的。8月6日，打开我的教育博客，一段亲切的留言让我感动不已：

朱老师：

您好，由衷希望能为新教育事业尽绵薄之力，我是一个自由职业者，看了7月24日的《经济观察报》才知道您的理想的，希望通过捐赠能支持您和您的团队，我的手机号是××，上海的，E-mail：××。

王海波，向您和您的团队致敬。

由于我在外地出差，我把王先生的联系方式转给了《经济观察报》文章中提到的"一个美丽而睿智的女人"——营伟华，请她尽快联系。

8月7日，营总专门去上海拜访了王先生。王先生告诉营总，他以前只有一个赚钱的目标，而没有明确的人生目标。以往所做的善事，往往是看到一些可怜的人与事而一时冲动的"无序经营"。正是《经济观察报》的文章，让他觉得新教育是一个不可思议的大工程，他愿意永续奉献全力支持。第二天，王先生就捐献了10万元作为第一笔新教育的研究基金。同时，他与营总相约，尽快与我们见面，研究新教育的造血行动。

两个星期以后，在我的办公室里，第一次见到了这个让我敬佩而感动的年轻人。其实，在我十年市长的经历中，见过的企业家和亿万富翁不计其数，但是真正有社会责任感、有人文情怀的并不多。许多关系比较好的企业家，虽然也关注我们的新教育事业，但是慷慨支持的很少（当然我从来没有向任何人开口）。一个素不相识的年轻企业家，为什么会主动加盟我们的事业？

海波的衣着非常朴素，一副大学生模样的简单装束。他是个一岁孩子的父亲，他说，希望他的孩子今后能够"过一种幸福完整的教育生活"。1995年大学毕业的时候，一个炒股票的朋友的一句话改变了他的人生，他成了一个"个体户"，股票和海运成为他事业的双翼。

但是，在轻松赚钱的同时，他感到若有所失。他说，如果不能够对社会作贡献，不能够有赚钱以外的追求，钱只是钱，没有意义。海波知道我们是一群理想主义者，一群单纯得透明的人，一群不会赚钱的人，而新教育事业需要大量的资金，需要职业的队伍，需要可持续的发展。这些正是他能够贡献于我们团队的。他不希望一次性捐许多钱让我们慢慢花完，而是希望帮助我们建立一个源源不断的"造血的机器"。

因此，我们在一杯清茶的交流中达成了共识：由他出资200万共同成立"新教育基金会"，基金由他亲自运作，所有的盈利全部用于新教育事业，每年拿出不低于50万元支持新教育事业，不足的部分由他另外支持。他让我们相信他的运营能力，他说，可能许多年以后这是一个很大的基金！

我为海波的慷慨无私而感动。他却非常淡然。他说，真正的教育就应该像新教育，让孩子们快乐地读书，健康地成长，关键是培养孩子的兴趣和习惯，教给孩子一生有用的东西。真正的学习不是在课堂里学到的知识，而是今后学习的能力和阅读的习惯。海波的许多观点，竟然就是新教育的基本理念，而我在陈述新教育的许多想法的时候，海波也频频点头。在一旁的营总说："你们简直就是隔世的弟兄！"

中午两点，海波匆匆地驾车离开了苏州。我还不敢相信眼前的事实，"新教育基金"已经正式启动！真是天上掉下一个王海波！

晚上，我给海波发了一条短信，我说，感谢上天，让新教育结缘王先生。在这样一个物欲横流的时代，我们一起谈读书论人生，是一件多么美好多么惬意的事啊！感谢他加盟新教育的团队，使我们如虎添翼！

海波很快回短信："是的，我们确实有缘，为了新教育事业，我跟老兄您结伴而行。"

已经在火车上的营总则感叹我们的见面："真好！这位从天而降的兄弟，如一平所说，是你的心念感动上苍。"

在这天晚上，我写下了结识海波的经过，没想到被海波打入了"冷宫"——作为新教育人和即将建立的新教育基金的重要资助人，他一直不允许我们张扬他的真实身份。他说，其实，一个人是否拥有财富，不是看他赚了多少钱，而是看他花了多少钱，更重要的是看他在什么方面花了多少钱，为了公共的利益花了多少钱。他说，也许，五年以后，他会辞去一切工作，专门做新教育的义工。于是大家只知道上海有一个年轻人为新教育事业捐赠了200万基金，不知道他是何许人也。

我对他说，我们不是宣传个人，而是弘扬真正的公益精神、人文情怀。同时在大家的劝说下，一年后，海波终于同意公开自己的"秘密"。他终于"浮出海面"，于是，我这篇文章终于可见天日了。

而营总提到的一平，则是无锡灵山慈善基金会的赵一平居士。如果说王海波先生给新教育带来了海一样的广阔空间的话，那么，无锡灵山慈善基金会则是给新教育带来了山一样的厚重基石。

与无锡灵山慈善基金会的结缘，竟然也是由于《经济观察报》的主笔章敬平先生。2004年时，他是《南风窗》的首席记者，那一年我被《南风窗》评为"为了公共利益"年度人物，他路过苏州时给我送来了纪念奖牌。没有想到，他从此也与新教育结缘。

在与我的交流中，他发现新教育不是一个简单的教育实验，而是一项"伟大的工程"。很快，他撰写的《南风窗》的封面文章《新希望工程：一场对抗教育异化的实验》正式发表。文章写道："原先的希望工程是一项增添书桌的工程，侧重于物质。新希望工程是一项有了书桌后塑造一个什么样的人的工程，注重于精神。"作为章敬平的朋友，无锡灵山慈善基金会的董事长吴国平先生很快读到了这篇文章，马上委托他邀请我去灵山洽谈合作事宜。

我与吴国平居士谈得非常投机。他说，灵山慈善基金会是由刚刚荣获"中华慈善奖"的无锡祥符禅寺和灵山实业有限责任公司共同发起的，旨在进一步利用灵山广泛的社会资源，更好地探索新形势下慈善事业发展的新路子，组织一支热心支持和参与社会慈善事业的队伍，创造性地开展多种形式的慈善活动和社会救助工作，给需要关爱的人一点温暖，给有爱心的人提供一个善缘，为构建和谐社会，为促进社会的公平、进步、稳定与发展作出更多的贡献。灵山慈善基金会是真正意义上的民间基金会，不打算直接参与政府职能范围内的事，避免成为"第二民政局"。他强调，灵山慈善基金会的目标是给人信心，给人希望，给人力量，这与新教育实验的追求是一致的。灵山一直在寻找值得支持的公益事业，现在总算有了明确的方向。20分钟的时间，我们的手就紧紧握在了一起。在一旁的章敬平先生露出了欣慰的笑容。

回到苏州，我把这个好消息告诉夫人，谁晓得她马上沉下了脸："你怎么化缘化到菩萨头上了？"我解释说："我们做的是同一个事业，都是致力于'心灵的环保'，投入的都是'灵魂的事业'，从事的都是和谐社会的'人心工程'，我不是化缘，而是灵山慈善基金会主动与我合作。"

此后，在赵一平居士的具体负责下，灵山与新教育的合作全面启动。2005年夏天，在太湖之滨著名的灵山大佛脚下，灵山慈善基金会启动了资助新教育实验的"试点工程"，在全国八个省，为20所新教育实验学校配备了电脑、图书等必备的物品，成立新教育实验工作室；并为"试点学校"培训师资。2006年6月，基金会在贵州湄潭、凤冈举行了"新农村、新教育、新希望"的专场报告会，向1000多名教师传播了"过一种完整幸福的教育生活"的新教育理念，点燃了西部教师参与新教育实验的激情。

2006年7月14日晚，吴国平居士告别了病危的父亲，来到北京。15日上午，新教育实验第六届全国研讨会在清华大学礼堂召开。当他在开幕式上激情讲述灵山慈善基金会为什么结缘新教育的时候,当他宣布资助新教育实验500万元成立"新农村、新教育、新希望"基金的时候,他不知道,他的父亲永远离开了这个世界,离开了他这个儿子。讲完话的国平看到短消息,强忍着悲痛,悄悄离开了会议,离开了北京。我给他发了一条短消息:"为了新教育,你没有见上父亲最后一面。我们504所学校、5万名教师、80万学生与你同悲共泣!"

不久以后,我们与灵山慈善基金会共同举行的"新教育贵州行"的队伍出发,近10位教师在贵州山区进行了为期20多天的支教。后来,这次支教的经历被整理成为《一次梦想的远征:"灵山—新教育"贵州支教》一书正式出版。

再后来,新教育成立了自己的基金会,与灵山慈善基金会进行着各种形式的合作,包括共同发起了佛缘新教育慈善公益书画义展活动等。

我们新教育人非常欣慰,一"海"一"山",都是因章敬平先生的文章结缘,新教育一开始就得到了媒体的关注与呵护。

我们新教育人非常欣慰,与我们同行的有"海"有"山"。我们有海波为我们提供的广阔的空间,还有灵山慈善基金会为我们支援的厚实的基石。

徐锋、陈瑞献：
新教育的颜色

2012年10月14日傍晚，从新加坡风尘仆仆刚到北京的陈瑞献先生，在徐锋先生的陪同下专程赶到了北京张家港饭店。

没有媒体，没有鲜花，只有墙上张贴的红纸上印着一行字，写着当晚相聚的缘起：慈果佳缘——国际著名书画家陈瑞献向新教育捐赠杰作《柿红》仪式。

如此悄然简朴的捐赠仪式，见证的却是一位世界级艺术大师和一位享誉海内的儒商对中国、对教育的拳拳赤子之心。

陈瑞献先生，新加坡国宝级的艺术大师，曾是世界上最古老的艺术研究机构——法兰西艺术研究院最年轻的驻外院士，被季羡林先生称为"代表着东西方文化发展的未来"。他通晓中文、英文、法文和马来文，在小说、散文、诗歌、戏剧、评论、油画、水墨、胶彩画、版画、雕塑、纸刻、篆刻、佛学、哲学、美学、宗教学等诸多领域成就斐然，在饮食文化、园林艺术和服装设计领域也造诣精深。先后获得过历史最悠久的艺术团体法国艺术家协会金奖章、法国国家功绩勋章、拿破仑荣誉军团军官级勋章与瑞士达沃斯世界经济论坛水晶奖等国际级大奖，1998年由联合国秘书长安南提名，他的彩墨画《大中直正》入选为《世界人权宣言》新版本插图……

从艺术到教育，从新加坡到中国，陈瑞献先生因何与新教育结缘？缘分真是说不清道不明，一段缘分的缔结，往往是另一段缘分的缘起。与瑞献先生结缘，还得从我与徐锋的结缘说起。

徐锋先生，华严集团董事局主席。2012年4月22日，由徐锋资助的理想大学专题研讨会在北京饭店举行。这次研讨会是为前武汉大学校长刘道玉的《理想大学》一书出谋划策,朱清时、顾明远、易中天、钱理群、辜胜阻、杨东平、左小蕾、马国川、刘海峰、杨德广等名家大腕来了一大批。会上,刘道玉的一名学生晚到先离,让徐锋义愤填膺。会议结束时,徐锋当众宣布从此不与此人交往。他说,再著名的学者,在老师面前,也应该是谦卑的。

有些人,经常见面,却无法深交;有些人,只见一面,却如故友至交。我与徐锋,就属于后者。出于对他的敬意,我送给他介绍新教育的一本小书《那些新教育的花儿》和两本杂志。

一周以后,就收到了徐锋的来信。他告诉我,详细看了新教育的资料,很感动,想不到中国还有人在做着这样一件有意义的事情。我告诉他,7月份在山东有一个新教育的年会,欢迎他去观摩指导。

两个多月以后的7月14日,全国第十二届新教育年会在齐国故都临淄举行,来自全国19个省市自治区的近2000名新教育同仁参加了这次以"缔造完美教室"为主题的会议。徐锋先生不仅如约前来,而且还带上了夫人、儿子和儿媳。

新教育的会议内容丰富,每次时间都安排得特别紧凑,从早到晚,各项议程排得满满当当。徐锋不仅全程参加了为期两天的会议,还多次被感动得潸然泪下。在闭幕式上,他当场捐赠100万人民币给新教育基金会,并且作了一场让全场2000名老师潸然泪下的主题为"相信种子,相信岁月"的即席讲演:

来临淄两天,我的心灵产生了巨大的震撼。我真切地看到,在物欲横流的当下,居然有一个庞大的群体,他们仿佛是从女诗人舒婷80年代的诗歌中走出来的另类——舒婷的诗这样写的:仅仅凭了一个简单的信号就集合起星星、紫云英、蝈蝈、小蚂蚁、小溪流的队伍向着没有被污染的远方——出发。

这里的"小蚂蚁"和"小溪流",是我加上的,这是新教育完美教室的名称,因为这个群体就坐在我的面前,就是你们!就是全国数以百万计的新教育的实践者。当十几亿中国公民都忙着改变自己的时候,你们却相信种子,相信岁月,怀揣梦想,走向与他们相反的方向——力求通过改变中国的教育,实现文化和道统的修复。用佛家语言讲,这是走向大光明、大自在!而且坚信通过自己的行动，通过自己付出的青春、汗水和生命，未来的世界一定会改变。

你们是拓荒者、是未来佛！历史会记住你们！

……我认为，新教育是在给一个病人——中国教育，做一次准确的基因修复。大家从事的，是一项注定要走进历史的、伟大的、关系中国教育成败的基因修复工程……

到那时，新教育也就要改名了，改名为"中国教育"。为了这一天的到来，我们还要努力，还要坚持，还需要更多的人参与进来，继续相信种子，相信岁月，继续付出青春、汗水和生命……

徐锋先生的发言，字字珠玑，振聋发聩。这一番话，重重敲打着我的心。我永远记得那一刻的会场，2000人的现场如无人之境，在场的新教育人无不动容。

100万善款，并不是一笔小数目。可事后，从一线教师到教育管理者，再到新教育专职团队的成员，许许多多人异口同声地对我说，徐锋的讲话，远远超过100万，堪称价值连城。

可是，哪怕徐锋先生当时都不会想到，这还是另一段善缘的开始。

7月18日，徐锋把自己的讲话与远在异国的好友陈瑞献先生分享。瑞献先生读完立即回复：

徐锋，顷接年会发言稿，至为感动，我若在现场，定领先起立鼓掌致敬……知识而外，事关价值之取向与正道之灌输，新教育使命浩荡，华严新教育贡献奖之设立，尤高瞻远瞩，堪为各界楷模。

在信中，瑞献先生提到了他的一篇寓言《柿红》。他说，新教育正如寓言中之果农，有朝一日，必将"累累柿实，灼灼村庄；果农浸濡，浑身红放"。

徐锋立即回信介绍了他在临淄的亲眼所见：新教育的孩子一个个阳光灿烂。小学三年级已达一千万字的经典阅读量，一个个都是徐思原（注：徐锋之子）。我们现场听了一堂五年级小学生的毕业典礼课，老师、家长、学生都到，老师给每个学生点评，学生跟老师告别，感恩父母，最后是所有人哭成一团，包括我们这些观摩者。我为我们的后代能接受这样的教育而感到自豪,也看到了我们国家的明天和希望。

两天后的7月22日,瑞献先生给徐锋又写下了这样的一封信:

新教育亦令我想到刘道玉校长东方心灵大学之构想。或许灵犀相通,接临淄讲稿前夕,我已将新作《柿红》寄出予你。《柿红》乃我同名寓言之延续。寓言如此写道:"他沿着湖走,橘黄的长影和涟漪一齐荡去,在湖边浣衣的母亲都微微抬起了头。他沿路送柿子给孩子们吃,让柿红在不经意之中染上他们的衣襟。"佛证道时发出红黄蓝白橘以及前五色综合之色,共六色毫光,而橘黄(柿红)乃佛法本质之色,智慧之色。《柿红》中画一果农,由顶至踝呈橘黄色,在满村柿实围拢之中,炯炯一心灵导师之化身也,或置诸临淄语境,则为新教育之先行者及新兵之化身也。因临淄讲稿感我至深,《柿红》装裱后,请仁弟代赠予朱教授及其团队,以示钦敬,虽山海渺远,祈颂因风而至。慧安,瑞献。

7月23日,徐锋就收到了瑞献先生从新加坡寄来的这封信和画作。徐锋也是当即回复:

信和《柿红》同时收到,先代永新先生和新教育以及新教育惠及的千万少年向您致谢。《柿红》画面祥光一片,硕果累累,与新教育之愿景完全吻合,园中那位果农,当然就是朱永新了。此乃灵犀相通之作,画在作者胸中就有了至善归宿,非佛法牵引不可得此佳缘也。

阿弥陀佛!

永新先生有言:尺码相近的人总是容易走到一起。因我一篇短文,让您捐出一幅价值数百万的佳作,实在令弟感动。无以为报,唯愿能跟在永新兄后面也作一果农,继续浸润柿园。

当我看到两位先生的这几封往来信件时,热泪盈眶。或许会有人不能理解,为何他们会如此投入地交流,赤诚地奉献?因为这可以说是与他们毫无关系的人和事。可是，我想我能明白，他们热切交谈所表达的，其实是对祖国、乃至对世界的由衷热爱。他们将对人民、对人类的美好祝福，对明天、对未来的深切期许，寄托在教育中，寄托到新教育上，这才有了这番所言所行！

徐锋向瑞献先生提议，为此捐赠举办一个仪式，被瑞献先生婉拒。可我无以言表自己的感佩之情，于是我再次与徐锋商量，在瑞献先生访问中国的时候，举行一个捐赠仪式，以答谢他的慷慨与慈悲。

在我的坚持下，瑞献先生终于应允，这才有了本文开头的那一幕。

那一晚的仪式上，无论是主持人徐锋、捐赠人瑞献先生还是代表新教育来答谢的我，都没有准备任何讲稿。那一晚，与其说是为答谢而举办的捐赠仪式，不如说是为倾心长谈而召集的聚会。

徐锋告诉大家："认识朱主席，发现新教育，已经是很晚的事情了。但我还是觉得，我走近、亲近朱主席，走进新教育是恰逢其时。因为正在新教育十年的这个关口，我发现了中国居然有这样一批非常了不起的、以朱永新教授为代表的老师们，在从事这样一项伟大的事业，在为共和国培养未来的公民。昨天晚上，我向瑞献先生介绍新教育这项事业时，我说：如果我们全中国的孩子未来都能接受新教育这样的教育，未来中国一定是不可战胜的！"

他还特别指出："这幅《柿红》是瑞献先生恰好此前刚刚创作完成，并非为新教育特别创作，但无论主题还是内容，都非常合适新教育——这不是刻意创作的'非常合适'，恰恰是最美好的缘分！"

瑞献先生则介绍了这幅画的创作过程和他对于新教育的理解。瑞献先生说：

在人类的历史上、人类文化史上，最伟大的心灵都是老师。从孔子、释迦牟尼、苏格拉底，一直到今天的朱教授，都是伟大的心灵。

记得我刚刚完成这幅画的创作时，就看到了徐总从临淄新教育年会上传过来的演讲稿，当时非常震撼。

中国今天有这样一场心灵的运动，完全跟我所思考的，完全跟我所向往的、包括以前刘道玉校长的理想，完全吻合，跟我整个的人生取向也是吻合的，跟我这幅画也是吻合的。

为什么画一个浑身是橘红颜色的果农呢？因为悉达多是我们的老师，悉达多坐在菩提树下开悟的时候，发出六种光——红、黄、蓝、白、橘色这五种颜色和综合起来的另一种颜色，我们今天看佛旗的设计，就是根据这六种颜色组合的，其中柑橘的颜色是佛法本质的颜色，也是智慧的颜色。橘红色对我来说，具有特殊的意义。

这幅画的缘起是我写的一则寓言，写一个高大的身影，浑身发散着橘红色的光芒，走过一片湖水。他的头也是橘红色的，投影在湖面上，随着湖水的涟漪漂过去。在湖边有一些浣衣的母亲，看到这个颜色，马上抬起了头，她们开始受这种颜色的吸引。一个母亲跟着橘红色的影子走向孩子，看他沿途送橘红的柿子给一个个孩子吃，看他们在吃柿子时不经意地把柿红染上了衣襟。

这个柿子，就是文化教育的象征。就像新教育把中华文化的宝典都浓缩在一块晶片上面，然后放在孩子们的心灵里面。把最好的东西藏在孩子幼嫩的心灵里，将来发挥出来的能量是惊人的啊！

这次为在北京的展览，我不停地创作，就将这则寓言变成了这幅《柿红》的画。那《柿红》就变成一个柿子园，那高大的身影变成一个农夫，也就是我那则寓言里面那位伟大的导师。我画完之后，正好看到徐锋的演讲稿，当时就感动得掉下了眼泪！是的，这绝对不是为新教育创作的，但这是心灵的相通。当我们拼命往地下深处挖掘，我们可以发现，地下水都是相通的，当我们把想象往天空无限地投射过去，我们会发现星星也是相连的，这是一种同体大爱的表现。我当时心里就想，我要把这幅画送去给朱教授、他的团队，是不是会被接受呢？但我鼓起勇气对徐锋说，我想把这幅画送出去，虽然我们当时还是素昧平生，但我一定要送给他们。徐锋马上接受了我的建议。

这个橘红色也是60年代在美国与西方的心灵运动一个很重要的元素。你看，僧人穿的是这个颜色，印度很多大人物也穿这个颜色。今天能够见到朱教授，见到这个团队，我觉得，你们真是了不起，人类就应该这样，这种橘红的身影应该多起来！真希望有一天，我们这个世界都充满了柿子，都充满了橘红的颜色，橘红，是了不起的颜色，是智慧的颜色，也是新教育的颜色！

瑞献先生的讲话，与徐锋先生在临淄的讲演一样，直抵心灵。

我知道，不是我们做得多么出色多么卓越，而是我们拼力前行，恰好与他们的行走方向一致——无论艺术、商业还是教育，都是改变世界的一种方式，在努力让世界变得更加美好的这一方向上，我们殊途而同归。他们的行动，是对新教育的期许，对新教育人的厚望。

徐锋认为，我们新教育所做的是对中国文化进行的基因修复的工程，对中国未来的一种建设。其实，我们开始并没有这样的一种厚重的自觉，只是在行动的过程中渐渐发现了我们所做的事情的意义。中国要强盛，教育必须强大。教育要强大，不仅需要由上而下的官方引领与推动，同时需要教育从业者自身进行由内而外的心灵变革。一位教师点亮了自己，就会照亮一间教室里的几十个孩子，世界则会因此产生蝴蝶效应般的悄悄改变。

在答谢辞中，我向瑞献先生和徐锋先生汇报了一个好消息：刚刚过去的暑假里，中央电视台举办"我最喜爱的一本课外书"特别节目，在中国寻找最会阅读的孩子。结果全国海选出的30个孩子中，有17个是新教育的孩子，最后评出的十大读书少年中，有六个是新教育的孩子。其中最让我感动的是一个新疆的孩子。他是在新疆奎屯读初三的一位维吾尔族少年，五年级才开始学习汉语。因为新教育非常强调阅读，认为阅读对人的成长非常关键，他也在老师的指导下读了大量的书。编导把他带到我面前，问他："认识这个人吗？"他说："我认识，他是朱老师。"我和大家一样，都感到很奇怪，因为我们从没见过。他说："学校有朱老师的照片。"原来他就读的是当地的新教育实验学校。然后他对我说："你说过，一个人的阅读史就是一个人的精神发育史。我要说，我要用我的阅读史改变我和我的家族、民族！"

能够把阅读变成一个中学生的自觉，我是很欣慰的。不仅孩子，老师也是这样。《中国教育报》每年评选推动阅读十大人物，也是从全国1500万名老师里面评选。前年选出的20个候选人，有6个是新教育的老师，最后10个获奖者中，新教育老师有3个。去年因为有了经验，发现新教育的老师太多，他们就刻意限制了人数，可20个候选人中还是有3个新教育的老师，最后10名获奖者中有1个。

我说:"新教育取得的这些成绩,不仅是我们的努力,更是借助了许多贵人、缘分的力量。今天,就是缘分使我们来到这里。比如,我们和徐锋先生本来不可能有所交集,和陈先生更是相距遥远,但一直以来都是这样,我们在行走中不断地遇到贵人、有缘人,或师或友,亦友亦师,不断帮助、督促我们前进。我们将更加努力,不辜负大家对我们的期待!"

第二天上午,我参加了在全国政协礼堂举行的"陈瑞献个展"。

政协的领导高敬德在致辞中说,这个礼堂举办过无数盛会,但为一位海外的华裔艺术家举办个人作品展,还是第一次。画展开幕式上,王明明、宋雨桂等国内知名画家高度评价了瑞献先生的艺术成就。

在答谢时,陈瑞献先生说,中国是他父母亲的国家,他的脐带连接到中国的黄帝陵。从艺数十年来,自己接触到各种文艺理论,学习多种语文,但最充分地让其表达思想感情的是母语文。因为"中国是我'文化根本的原乡',中华文化是我的根"。每当他在书写汉字的时候,总是忘不了远在汉代竹简上那一模一样的文字,还有在更遥远的殷商时代那一脉相承的结构。"一根丝也有一个开始,一颗大米也有一个源头,一个延绵数千年的文化符号系统有它的最初","今天这次展览,就是想让人看到我这条线的源头。"对祖国浓浓的眷恋之情,溢于言表。

我翻阅本次画展的画册,看着徐锋所作的序言,品读这些文字,仿佛再一次聆听二位师友的心声,与他们再度交流:

陈瑞献是一个佛教徒。

他从不掩饰自己的宗教信仰。而且经常告诉世人并提示自己:艺术实践只是宗教实践中微不足道的一个部分。解脱,才是真正的归宿。

他的书法作品一个字最高卖到一万美元,但他绝不为美元去写一万个字!

这种坚守和底线,正是一座大山的基座。

新世纪的第二个龙年,陈瑞献带着他的作品来到了古老而又年轻的北京。

今年69岁的陈瑞献告诉我:"中国是我的文化祖国。我为北京的个展已经准备了69年!"他通晓几国语言,但所有的作品永远只落款"陈瑞献"这三个汉字，且坚持自己的中国画和西画同尺同价。这是一个炎黄子孙对母族文明自觉的皈依和维护。

关于他的画，实在不需要我赘言。我要特别告诉读者的是：陈瑞献的每一幅作品，都是在打坐和千万遍诵经之后，一手托钵一手拿笔在地板上完成的。由此他的腿部肌肉变成了钢锭！

陈瑞献把自己全部的生命都投入他所钟爱的艺术。而这怒放的艺术之花当然是他解脱途中的道道风景！

阿弥陀佛。

无论是文字中托钵执笔傲骨铮铮的瑞献先生、生活里温和内敛谦谦君子的瑞献先生，还是为画展不辞辛劳忙前忙后的徐锋先生，和开幕式时悄悄坐到最边上的徐锋先生，他们不同情境下的不同行为，最终组成了一个立体的、大写的人。一路得以与这样的师友结缘同行，是新教育之幸。

2012年年底，新教育研究院准备印制一本新年记事本。商量方案的时候，大家不约而同地选择了这幅《柿红》作为封面。我们不去奢望柿红满园的丰收，却愿秉着以大地为柿园之心，埋首于耕种。在记事本上，我们为这幅珍贵的画配了这样的文字：

一群点灯者

把柿红

一盏盏地

播撒开来

每一个新教育的孩子

都认识这光

与生俱来

它叫爱

或者慈悲

朱雪晴：
我们一起寻找好教育

2012年7月21日，北京遭遇了40年未遇的暴雨。77人为此付出了生命的代价，万余人无法按时回到自己的家。晚6时许，友人挂念，短信询问"在哪里"？我以打油诗回答："倾盆大雨，吾在路上。错把北国当水乡。无奈苦应酬，梦想不忘。"友人知道，我的梦想自然指的是新教育，于是和诗鼓励："百万兵马，十年草粮。大帅小兵一肩扛。风雨等闲视，高歌朝阳。"

新教育一路走来，从一个人的念想，变成万千人的梦想；从一所学校，发展到成百个实验区的上千所学校，成为燎原大半个中国的民间教育改革运动；所倡导的"过一种幸福完整的教育生活"的理念，已成为许多学校的价值追求；所开发的"晨诵、午读、暮省"的儿童课程，已成为许多孩子的生活方式……

也是在2012年7月21日晚，我收到一封署名为"一个普通的新教育人"的长信，结合刚刚落幕的新教育年会，提出了一些问题。

这封信，我反复阅读，感动良久。

这位老师告诉我，年会回来以后，一位新教育的朋友对她说："你知道吗，读'看云'，读华德福，仿佛听见：不要急，慢慢来。而打开新教育的微博，就感觉焦虑，感觉要加油！加油！要奔跑！"她想想也觉得如此，遂有一问：新教育，是不是走得太快了？

这位老师的疑问，与年会的形式与内容有关。她在信中问道："年会的功能究竟是什么？年会需要每年都办吗？年会以这样的方式呈现妥当吗？毫无疑问，年会是一种庆典，庆贺每一阶段的实践成果。但年会更应是引领，是解惑答疑，是交流碰撞，是厘清与梳理，是矫正与规划。"

从庆典的角度看年会，应该说堪称精彩。但是，年会显然不仅仅是庆典。从解惑答疑、交流碰撞，或者厘清与梳理、矫正与规划方面来看，年会的确仍然存在许多不足，甚至因为实验规模的日益扩大，不足之处也日趋明显。

比如，尽管年会期间我们有实验区负责人的会议，有新教育理事会，对于上述问题多少有所涉及，但这些会议毕竟不是面向所有的新教育人，而对于参加会议的大部分新教育人来说，局长、校长、老师等等不同职位，语文、数学、美术等等不同学科，甚至于是新手还是老将等这些身份同为教育者、差异其实巨大的新教育人而言，他们最需要的是什么？我们又如何切合他们的需要，让他们从年会中得到更实在的收获？的确应该引起我们足够的重视。

这位老师长期负责学校的教育科研工作。她说，从教育科学研究的目光来看，新教育十分关注行动研究：边研究边行动，边行动边修正方案。而她更愿意把年会视为"课题立项"。年会的主报告，就是一份课题方案，介绍课题的研究目标，研究内容，以及研究方法。它更像是一个大课题，其中具体的研究步骤与策略，则由不同的老师不同的学校依据自己的实际情况去制定。一年聚焦一个主题，就是一年一个"课题方案"。

因此，这位老师坦率指出："但是，我深深地懂得，课题，除非是学科课题，否则一年做一个课题，那是做不好的。就像猴子摘西瓜，摘一个扔一个。真正做事，非五年十年不可。所以，我就想，年会，为什么非要一年一次，一年一个主题？是否也可以两年或者三年一次？"她认为，从科学研究的内在规律来看，一年一个课题，很难真正地深入，也很难真正地巩固。

此话有一定道理。对一所新教育学校来说，如果没有足够的准备，每年参加年会，每年推出新的实验项目，的确会有些眼花缭乱、手忙脚乱。所以，我们一直建议实验学校结合自身情况，选择项目去做实、做好，并没有要求实验学校面面俱到，所有的项目都去践行。

但是，对于一个成长中的教育实验来说，我们的确有时不我待的紧迫感。

新教育真的走得太快了吗？坦率地说，我一直没有感觉新教育走得太快，相反，倒是觉得走得太慢。因为新教育与我的理想还有漫长的距离，还有许多事情没有完成，或者还可以做得更好。

也许是我的这种心态驱赶着新教育，尤其是自新教育专职团队于2006年成立以来，2006年北京年会、2007年山西运城年会、2008年浙江苍南年会、2009年江苏海门年会、2010年河北桥西年会、2011年内蒙古东胜年会、2012年山东临淄年会……每年一个主题，从儿童课程到有效课堂，从专业发展到校园文化，从中国文化到完美教室……新教育理念，随着这一路奔走的行动，在逐渐充盈。

教育的问题如此之多，需要探索的问题也如此之多，我们需要不断挖掘，不断研究，不断言说。每年一个主题的关注，是新教育根据自身的发展需要制定的研究目标，也是新教育自身学术积累和话语体系形成的需要，同时还是保持新教育的学术张力与研究引领地位的需要。新教育每年开一次年会，每次年会一个主题，是新教育的传统，是新教育人的庆典，这个基本的格局可以不变。

之所以会有"快"的感觉，我认为，不是我们的新教育实验走得太快，而是我们的管理和服务水平没有及时提高。如何让年会更加具有参与性和指导性？如何让曾经关注的主题不断深化、细化、实化？这才是横亘于我们面前的难题。

为此，应该充分发挥新教育的研究机构和项目小组的作用。那些通过年会形成的理论共识和操作模式，应该由这些机构进行日常维护，通过培训、展示、讲座、开放周等各种形式来巩固研究成果。今后每次开年会时，可通过种种方式，比如，可以通过工作坊的形式，将新教育实验的重要项目在年会期间或者年会前后，进行充分的交流与展示，让开展了相应项目的实验区、实验学校有选择地进行研讨，加强大家的参与性，发挥大家的能动性，从而集思广益，把各个项目深度推进。

正如这位老师建议的那样，这样的年会，可以让站在不同起跑线上的实验区与实验学校各取所需，都能找到适合自己的东西：是普通教师的，去看看儿童课程与完美教室的课程打造；是校长的，去看看校园文化；是教研组长的，去看看有效课堂；是分管领导的，去看看教师专业发展。让那些不远百里千里赶来的每一个人都有收获，而不是"看看心动，无法行动"。

这位老师多年与新教育风雨兼程。她感叹地说："新教育这一路走来，真的不容易。她不局限于关注教育改革的某个领域，而是真正把触角伸向了学校教

育的各个角落,这种勇气,非一般教育实验所有。"她在信的结尾写了这样一段话:

亲爱的朱老师,当新教育站在又一个路口的时候,可否把已经走过的日子再重新走一遍,直到感觉自己的脚步够踏实,直到大多数的实验人都能跟上前行的速度,直到让更多新教育的冷眼旁观者,目光终于渐渐柔和。

如果,每一个新教育人,因为新教育,他们更热爱生命了,更善于(会)生活了,更能给工作注入思考与活力了,那么,这,才是真正的幸福与完整。

相信终有一天,很多很多的中国人,会微笑着对我们说:"是的,你们是对的!"

这位老师的信,我看了很多遍。我也回了一份近万字的长信。因为这封信,我对她刮目相看。

这位老师,来自杭州萧山银河实验小学,这所学校是我们的新教育实验学校,也是一所优秀的实验校。新教育的许多重要事件,与这所学校有关。人,是有故事的人;学校,也是有故事的学校。

她在学校是分管教学和课程研发的副校长。我希望她写写银河研发卓越课程的故事。她谦逊地说,学校的故事应该由校长来写,自己只能写写参加新教育的心路历程。

差不多一年的时间,雪晴送来了她的书稿。字数不多,却沉甸甸的。寻找,是这本书的关键词,也是作者多年教育探索的主题词。

从2004年筚路蓝缕参与创办德意学校,到2006年与新教育相遇;从参加贵州支教,到银河新教育课程研发,她从来没有停止寻找好教育的步伐,她知道,好教育,总是在路上。

她为女儿寻找好教育,为学校寻找好教育,为自己寻找好教育,一路奔跑,一路寻找。即使跌倒摔伤了,包扎休整一下,恢复以后又开始了新的寻找。

寻找本身就是最美的姿态。风景就在寻找的过程中。

她享受着寻找、发现与收获。在书中,我们可以看见她不是那种匆匆忙忙赶路的人,她在寻找中欣赏着每一个风景,享受着每一个发现。她没有忘记与女儿谈心交流,没有忘记为"驴友"老公加油喝彩。她没有忘记在行走中阅读与思考,没有忘记自己作为副校长的责任与担当。她把每一件事情都做得那么天衣无缝,流畅完美。

她始终站在幕后,甘于做配角。但是她又不推托责任,是一个有担当的人。她在新教育团队里是一个小小的"士兵",但是她一直牵挂着新教育的未来。在文中开头提到的这封很长的信中,她就新教育教师的家庭生活,新教育课程的研发,如何防止教师的职业倦怠等许多问题,提出了自己的想法、担忧与建议。

这是一本很耐看的书,是一个新教育教师的生命叙事。我们可以看到她的家庭生活,她的教师生涯,她的校长风采;看到她如何陪伴女儿度过少女最美好最关键的时光,看到她如何带领老师研发开学课程等一系列新教育卓越课程,看到她如何数年如一日编好一本小小的校刊,看到她如何带领老师们一起成长。

她给自己的书取了一个美丽的书名《走,我们去找好教育》。她告诉我们,"走,我们去找好教育"这句话,是12年前她对八岁女儿说的话。当然,那时候女儿很小,不会懂,这样的话只是化作了一次毅然决然的出走。只是没想到这一次出走,让女儿走了一条与众不同的求学之路:女儿没有经历一般意义上的中考、高考而顺利走进了大学之门。小学毕业后,女儿在小和山下那所叫作杭州外国语学校的校园里,度过了六年的中学时光。那里没有冷冰冰的考试排名,那里没有做不完的家庭作业,那里谁都可以担任班干部,那里总有许多好玩的活动,而最重要的是,那里的老师竟然提醒她:学习,犹如长跑,千万不要在中学就把力气给用完了。她很庆幸,女儿在她成长最重要的时段,遇到了这样的教育。

她告诉我们,"走,我们去找好教育"这句话,是她所在的银河实验小学教师团队彼此之间相互勉励的话语。12年,她亲眼看着这所小学从无到有,在风雨飘摇中艰难成长,从13名教师、75名学生,发展到100名教师、1600名学生,这个团队秉持"让每一颗星星在银河中闪光"的理念,以"只有珠穆朗玛,不是喜马拉雅"的集体站立姿态,打造出了一所极富活力的学校。她很庆幸,在自己人生最美好的时光里,遇到了这样的团队,心意相通,情同手足,一起寻找好教育，一起创造好教育。

  她告诉我们，这句话，是一群始终以追寻真正的教育为己任的伟大的灵魂发出的热切召唤。这些人一直在伏地践行，勤耕细作；一直在抬头仰望，厘清方向。这些人，就是一个叫作新教育实验的团队。作为入围世界教育创新奖（WISE）的新教育实验，从2004年开始，就在中国大地上呼唤着每一个有良知的教育人。新教育提出"过一种幸福完整的教育生活"，把教育改革的触角不断伸展到校园的角角落落：从校园文化到教师成长，从完美教室到卓越课程……也正是新教育，给予一所蹒跚起步的学校，以巨大的勇气与力量，以有力的扶持与引领，以无私的鼓励与肯定。她很庆幸，自己的学校在发展的重要时刻，遇到了这样的教育。

  她告诉我们，这句话也是她作为一个工作多年的普普通通的小学教师时时刻刻对自己、对身边人的呼唤。这么多年，她始终无法清晰地描述，究竟什么样的教育，才是她心中最好的教育，但是她坚信，好教育就在前方，如朝阳和清风一样美好。

  是的，只要去找，好教育一定就在前方。

  看完她的这些文字，我像当年读她的那封长信一样感动。我想告诉她，好教育，其实不是我们去寻找的，而是我们共同去创造的。

陈惠芳：
在网络上成长

2002年6月18日，我和我的一帮教师朋友创办了教育在线网站（www.eduol.cn）。自此开始，早晨6时左右，我上网"晨练"一小时，中午休息时间也要上网"冲浪"一会儿……那根细细的网线，俨然延伸为我的一根脑神经，也让我与许多原本素不相识的一线教师血脉相连。网络占据了我为数不多的休息时间，也日渐成为我生命中的一个重要组成部分。

在网上，我发现了一大批教育英才，这其中，就有张家港市沙洲小学原副校长、数学教师陈惠芳。

陈惠芳老师是一位优秀的青年教师，曾获苏州市优秀教育工作者、苏州市百名"好师徒"、张家港市第三届"十佳"师德标兵、张家港市名教师、数学学科教改带头人、教育科研学术带头人等荣誉称号；2004年，她的美丽形象还登上了《人民教育》《新风教育》等杂志的封面……

应当说，我见到的陈惠芳老师在短短三年中成长的速度很快，我在网上网下关注着她，觉得她的成长或者说成功是有规律可循的，值得广大青年教师借鉴。

她勤于学习，一方面，在日常的教育教学中常常拿一把尺子量自己的短处，量别人的长处；另一方面，经常一头扎进互联网信息高速公路的世界，在教育教学论坛，尤其是教育在线论坛，跟帖发帖，碰撞思想，激活思维，点亮灵感。她具有拼命汲取知识和经验的本领与素质，犹如树木，把根须伸展到泥土中，吸取氮、磷、钾乃至微量元素等养分。这慢慢滋养了她的底气。

她善于思考，能够及时总结新教育实验开展和新课程实施中的点滴体会，及时反思自己教育教学中的成败得失，坚持撰写教育故事、随笔感想。她写完之后，就拿到教育在线论坛去发表，去和她的网友也是同行们进行讨论，以引起进一步的思考。她的不少文章先后被《人民教育》《中国教育报》《中国教师报》《小学德育》《小学青年教师》等刊物选用。从她发表的文章里，我们能看到的是，她不局限于学科而是站在教育的高度，思考着自己的职业。她对教育、学校乃至自身的存在与发展的理解越来越深，这使她在教师专业化发展的道路上越走越远。可以说，她以写作，尤其是网络写作带动的思考，磨砺了她的灵气。

她勇于实践，无论是以"优点卡""成长日记""快乐成长袋"为抓手的赏识教育，还是运用元认知策略、多元智能理论、建构主义原理开展的数学课堂教学，都显露出她敏锐的洞察力、丰富的想象力和大胆的探索精神，以及勇于打破传统教育模式、具有开拓进取意识和创新求异能力的品质。尤其值得指出的是，自从她所在的学校成为我们的新教育实验学校后，她所开展的实践研究更新鲜、更活跃了。

她就像那一朵洁白的浪花，涌动在教改实践的潮头。

每一位教师都要寻找成功的感觉，这个成功，或许是平常一堂课的出彩，或许是网上一个帖子的共鸣，或许是一次思维碰撞和思想交锋时自我的提升，或许是一次教育沙龙或学术研讨时内在的彰显……这个成功，是"智慧资本"和"文化资本"的成功，是对教育充分的、活跃的、忘我的、集中精力的、全神贯注的体验。我们新教育实验有一个目标追求，那就是：追寻理想，超越自我。我相信，从陈惠芳老师的成长故事中，大家除了能读到她教育教学中的一些成功经验、失败教训，更能也更应当感受到的，则是她的这份理想追求。她告诉我们，每一个做教师的都应该给自己一种挑战自我的勇气，一种超越自我的精神，都应该有自己的梦。

孙惠芳：
勤于"三耕"乐为师

孙惠芳经常是我的"反面典型"。

在苏州，有两个惠芳。一个是张家港教育局教研室的陈惠芳，一个是吴江平望中心校的孙惠芳。两位老师都非常勤奋好学，都热爱写作。

孙惠芳的起步比陈惠芳早得多。

2002年，我在教育在线的网站上发现了她。当时她是吴江梅堰小学的一位语文老师，已经在《教育参考》等报刊发表了几十篇文章。教育在线网站创办之初，我曾经邀请她参加网友聚会，畅谈新教育的理想。回去以后，孙惠芳与她的孩子们就开始了共读共写的探索。在《新教育，让梦想轻舞飞扬》这篇文章中，孙惠芳记录了我们那次的美丽邂逅。

当我把孙惠芳的故事告诉陈惠芳的时候，陈惠芳还不会上网，也没有发表过作品。但是，陈惠芳善于主动交往的个性，让她很快在教育在线脱颖而出，她善于向徐斌、窦桂梅等优秀的教师请教，善于抓住每一个成长的机会，不长的时间，就出版了《触摸教育的风景》一书。

我用陈惠芳来激励孙惠芳。我告诉她，无论是才气，还是基础，孙惠芳都不在陈惠芳之下，为什么陈惠芳成长得更加快？其实，我用的是"激将法"，希望孙惠芳更加大胆，更加主动与外界交流。

几年过去了，孙惠芳成为孙校长，成为了苏州市名教师、苏州市教育科研学术带头人、苏州市优秀教育工作者、苏州市优秀班主任，她拿着这些成绩单和即将出版的著作《教育十日谈》向我报告。

利用业余时间细读《教育十日谈》一书，还是蛮受感动。这本书以一位一线教师的视角，从八个方面阐述对当今教育的理解与感悟：

在"教育十思"中，孙惠芳努力探索教育规律，关注教师成长，阐发学科特点，思考新时代教师的精神状态；在"教育十忆"中，她能够深入教育生活，细数教育历程，放大教育细节，回忆与恩师、同事的点点滴滴；在"教育十论"中，她大胆点击教育热点，碰撞教育观点，直面教育难点，议论当今教育中的优与劣；在"教育十寓"中，她敏锐地感受教育现象，阐述教育哲理，抒发教育见解，寄寓教育现状与理想；在"教育十读"中，她走进教育书籍，触摸教育理论，浸润教育思想，阅读教育这本千变万化的书本；在"教育十解"和"教育十听"中，她善于进入课堂现场，感悟课堂真谛，解析课堂情境，聆听课堂中的精彩与遗憾；在"教育十察"中，她又基于一线立场，明确研究主题，反思教育问题，观察和思考教师与学生的生活。

精彩的文稿后面是精彩的实践。孙惠芳告诉我，她的法宝是"三问"与"三耕"。"三问"是每天睡觉前问自己："今天我想了吗？""今天我读了吗？""今天我写了吗？""三耕"是每天坚持"舌耕"（上课）、"目耕"（看书）和"笔耕"（写作）。通过"三问""三耕"，用教学反思擦亮自己的双眼，用教育名著烘热教育情感，用教育日记编织教育梦想。因此，她的博客取名为"三耕斋"。

从孙惠芳的这本书以及她博客中的几百篇文章，我们可以看到一个新教育人，一个年轻的校长和语文老师的成长历程。我想，如果大家都能够像她那样坚持"三耕"，坚持阅读与思考，与学生一起成长，一定可以成为一个优秀的、幸福的教师，从而书写自己教育生命的传奇。

记得我在为她的书写序言的时候曾经说过，以后，孙惠芳会成为我讲述教育故事的"正面典型"。希望她以这本书为一个新的起点，用新教育的教师专业发展"三专"（专业阅读、专业写作、专业发展共同体）来更加自觉地指导自己，带动全校的教师和学生，过一种幸福完整的教育生活。

2019年的五一假期和10月，我和吴江的一批新教育"老人"见面交流后不久，孙惠芳又给我寄来了她和孩子们一起"玩"诗歌的许多故事。她告诉我，始终没有放弃在自己的那个简陋的教室里追寻新教育的梦想,虽然有时觉得孤单和无助,但一直默默无闻地坚持下来。每天一首诗,开启学生一天的学习生活。她说,她觉得自己做的事很有意思,至少尽自己所能在农村小学一隅为传统文化播下一粒小小的种子。

吴樱花：
"孩子，我看着你长大"

我喜欢海子的诗，尤其是那首《面朝大海，春暖花开》：

从明天起，做一个幸福的人

喂马、劈柴，周游世界

从明天起，关心粮食和蔬菜

我有一所房子，面朝大海，春暖花开

从明天起，和每一个亲人通信

告诉他们我的幸福

那幸福的闪电告诉我的

我将告诉每一个人

给每一条河每一座山取一个温暖的名字

陌生人，我也为你祝福

愿你有一个灿烂的前程

愿你有情人终成眷属

愿你在尘世获得幸福

我只愿面朝大海，春暖花开

2003年的一天，我在教育在线上发现了一个名叫"海子"的网友。我知道，作为诗人的海子早已乘风而去了。但是，很显然，作为教师的"海子"与作为诗人的海子有着某些相通之处。我开始关注这个不同寻常的"海子"。后来，我才明白，教育在线上的"海子"原来取的是"孩子"的谐音，意在心中装着孩子，一切为了孩子。用心真是良苦，我不禁又对其人产生了几分敬意。

渐渐地，我看到她在网上为班级的学生建立起档案，看到她与一个名叫苏岱的学生的书信来往，看到她那细腻动人的学生评语。2005年5月，昆山市教研室的储昌楼给了我一本由"海子出版社"出版的白皮书《孩子，我看着你长大》。近50篇的通信，都是为了同一个孩子。当时我们正在开会，教育局的申局长竟然在会议进行中就将这本书看完了。我们共同的感受就是：感动！如果我们所有的老师都能像"海子"老师一样，苏州的教育会有多大的变革，我们的孩子会多么的幸福！与那些在重点学校里拿着不少薪水，同时又没有用心与学生心贴心地沟通的老师相比，"海子"老师是伟大的！

后来我才知道，"海子"老师的名字叫吴樱花，是昆山玉峰实验学校初中部的老师。有一次，她在短消息中说，她想把一年来为学生写的评语编成一个集子《孩子，我想对你说——学生评语系列》，希望我为这本集子写点东西。我当然乐意。我是在兑现诺言。看完了全部的手稿，我又一次被感动了。你看，她为一个名叫李靓靓的学生写了这样的评语：

你的人如名字一样美丽脱俗。喜欢看你那黑水潭般的大眼睛，长长的睫毛忽闪忽闪，眼睛里似乎隐藏了无穷的奥秘；喜欢品你那漾着笑意的面容，如含苞待放的月下玫瑰，充满诗情画意；喜欢读你那行云流水般的文章，如欣赏一幅幅五彩纷呈的生活画卷，令人心醉神迷。

因为你的存在，我们班增添了多少亮点；因为你的努力，我们班还会有更多的精彩。秀外慧中的你，性格外柔内刚，因种种原因你一直没把学习发挥到最佳状态。但老师仍然欣赏你的才气，你的稳重，你的坚韧。冬天是贮备的季节，老师希望你在寒假里能更好地理顺自己的思绪，调整好自己的步伐，尽快地适应这紧张的初中生活。不管前进途中会遇到什么样的艰难困苦，相信你一定会挺过去，因为总会有很多掌声和鲜花在沿途守候。努力吧，靓靓！

你的班主任：吴樱花

又一个学期末，她又为这个学生写了这样的信：

靓靓：

你好！

还记得上学期末，你妈妈擦着眼泪恳求我替你调班级。原因是你在（3）班受到的干扰较多，你的学习、你的生活一直处于糟糕状态。老师何尝不为你担心，为你着急，但却爱莫能助。虽然多次找你谈心，与你聊天，却排除不了萦绕你心头的烦忧，要想战胜困难，只有靠你自己的努力。如你日记中所言，寒假里，你潜心反省，调整心态。本学期一开学，你就表现出一种蓬勃的活力和崭新的姿态，在本学期历次考试中一直位居班级前列。学习面貌的改变也带动了你的心情的改变。微笑经常挂在你的脸上，欢语经常来自你的身旁。尽管如此，老师仍认为你还有潜力。你只是稍微使了一点力，李靓靓的实力远不止于此。你在友情与学业间徘徊不定。其实这二者的关系本来就不是对立的，只是谁主谁次罢了。聪慧的你，经过一年的涤荡，在初二即将来临之际，一定会好好把握的。还记得你竞选班长的演讲吗？你说如果你竞选上了，你一定不辜负同学和老师的期望，协助老师把班集体建设得更好。假如选不上的话，你也不气馁，说明自己在某些方面还做得不够，你会全力配合班长做好自己的各项工作。与那些"班长之职，舍我其谁"相比，你的气度，让人肃然起敬。尽管你以一票之差与班长失之交臂，但你以你的行动证明了你的誓言。这就是你，宽容、稳重、善解人意、惹人喜爱的李靓靓。作为学习委员，你以身作则，名副其实。不仅自己的学习顶呱呱，你还帮助小组同学提高成绩。你激励大家上课发言，这学期你上课发言踊跃，而且你所在小组的发言次数也一直是班里最棒的。真诚地希望你能一如既往地努力下去，（3）班变成现在这样团结友爱、奋发向上，这与你的努力是分不开的，老师感谢你！还记得《柳叶儿》公开课吗？老师选你范读课文，你反复练习，毫无怨言。那天晚上在办公室，老师指导你朗读的重音和节奏，你的把握令老师赞赏不已。富有灵气的李靓靓只要用心去做一件事，那是绝对没有问题的。不过老师还要建议你，你的声音比较小，上课发言和朗读课文能适当再大一点声，就完美无缺了。每一次的黑板报抄写，你都无怨无悔地为班级出力。你那一手漂亮的书法吸引了多少同学的目光，也让老师我自愧弗如。你很孝顺，你的那篇《唆的爱》，让老师读得泪眼婆娑，为你妈妈有你这么个懂事的女儿而高兴。不管遇到什么事，你都能冷静地对待，并进行理智地思考，这对 14 岁的你来说，是多么的难能可贵啊！一年来，我几乎从不曾看见你发过火，耍过性子，你以你的微笑、你的恬静征服了班级的每一位同学。老师还想给你提个建议：遇到问题要多与父母和老师交流，多跟爸妈谈谈学校的学习生活情况，多跟老师聊聊生活学习中的困惑。这样有利于你视野的开阔，性格的开朗。还有，学会与他人交流，本来也是一种生存能力。你说是不是？人生的道路还很漫长，你刚跨出青春第一步，尽管步履有点儿艰难，但你毕竟开始走顺了。衷心地期望着你能够沿着这正确的方向，加足马力，一往无前地驶向成功的彼岸。

你的班主任：吴樱花
2003 年 6 月 18 日

  我之所以全文引用，是想跟大家说，写这样的信，比写那些大而空的论文不知道要强多少倍！这是一个老师写给学生的"情书"！看着这样的老师，我真的也想走进课堂当一回老师。我甚至想去做她的学生，我会珍藏她给我的每一封信，伴随我生命中的每一天！

  而吴樱花在此基础上，并未停步。她不仅是让人感动，还给我警醒。

  2004 年 6 月的一天，我像往常一样打开电脑，出现了一个熟悉的名字——吴樱花。

  我不知道她又会给我带来什么精彩，却没有想到，她是来"抗议"的。她这样说：

  可能会冒犯您，但我还是觉得应该对您说一下！下面是您在中央电视台上的发言:"我前面讲了,他不是为写而写,他是为了要写得精彩,必须活得精彩、做得精彩。你比如说我们第一个实验学校——玉峰,有位老师,一位普通的语文老师,按照新教育实验要求写日记,她写着写着,没东西写了。她说这样,我来观察一个孩子吧。然后她就开始用心地观察一个孩子,她就每天给这个孩子写观察日记,跟孩子交流,和孩子谈话。写了整整两个月,她写出了一本书,叫《孩子,我看着你长大》。"

有几点我想和您探讨。

第一,我不是觉得没什么东西可写了才观察孩子写孩子的,正好相反,我是写得太多了,才发现我的随笔里竟然经常出现一个叫苏岱的孩子,于是我调整了我的随笔记录,除了写语文教学和班主任工作,又专门开辟一块"学生档案"。

第二,您曾经看到的《孩子,我看着你长大》这本小册子,并不是我观察孩子两个月就能写成的,而是我记录了一年的积累。而且现在我仍然在记录,我还计划把它延续到这个孩子初中毕业。跟踪记录整整三年,一个孩子的成长过程尽显我的笔下,这是否填补了教育史上一项空白呢?我还计划请专家对每一篇进行评析(我已经联系了北师大和华师大的朋友),希望能给他人一点儿借鉴。

第三,由此我想,在新教育开展得如火如荼之际,在媒体竞相炒作之时,我们对实验学校和实验老师的状况的真实把握是很重要的。否则,很可能会带来一些负面效应,听说某报报道张秋瑛老师的情况就有杜撰之嫌。像《人民教育》的那样认真负责的记者是很难得的。那么作为主持人的您,在媒体上的每一句话都会有很大反响,所以我诚恳地提醒您在举例的同时尽量掌握第一手的真实资料。

最后,不敢说得太多,占用您的宝贵时间,冒犯之处,请多多包涵!

玉峰实验学校　吴樱花

我读着吴樱花老师的来信,心中充满了愧意。其实,我一直要求新教育实验能够实事求是,能够真实地反映情况和问题,为什么自己的作风却如此不踏实呢？

作为一项行动研究，其中很重要的工作，就是收集在行动过程中发生的案例、故事和典型，但是这些案例、故事和典型应该是绝对真实的。我在许多场合说过，我们宁愿要一个真实的、有缺点、有问题甚至是"失败"的实验，也不要一个虚假的、圆满的、经不起时间和实践检验的实验。

因此，我非常郑重地向吴樱花老师道歉，我还向大家承诺，今后凡是我引用的案例、故事、典型，一定要认真核实，尽可能听取当事人的意见。

同时，我也希望所有的实验学校，能够及时记录实验过程中发生的案例、故事和典型，通过实验管理的平台，与大家共同分享。我由衷地感谢吴樱花老师，她不仅为我纠正了一个错误，而且让我们更加重视实验的真实性，更加注重在实验过程中的务实作风。

也正是因为有了像吴樱花这样的老师，才有了源自一线、生机勃勃的新教育，才有了不断前行、随时纠偏的新教育。

2006年的一天，《姑苏晚报》发表了《15万字日记改变一个学生的命运》的一篇报道，讲的正是吴樱花老师的学生苏岱在她的耐心教育下，从一个调皮的后进生转变为一个优秀的中考状元的故事。我才知道，吴樱花老师与苏岱的故事一直在继续，她一直在关注和帮助这个特殊的孩子，一直在记录着他的成长与烦恼。我又一次被感动了，专门去她任教的昆山玉峰实验学校，与她和苏岱进行了一次长谈。

其实，吴樱花老师的故事只是我们新教育实验学校中许多教师的缩影。我们一直鼓励教师与学生一起记录自己的生活，我们主张，为了写得精彩，必须活得精彩、做得精彩；只有活得精彩、做得精彩，才能写得精彩。我决定为她的15万字日记找"婆家"，帮助她联系了出版社，编辑慧眼相中了这本书，我也兑现了最初"我要为'海子'的书写序"的承诺。

而这一切仅仅是个开始。一个人真正确定了新的方向，生命的爆发力将是惊人的。最近一次得到吴樱花老师的消息，是2011年9月13日，离开苏州、离开副市长的工作岗位已经三年多的我，突然收到一封邮件，开头是："朱市长您好！呵呵，还是习惯叫您朱市长……"

写信的，就是吴樱花老师。她已经离开昆山来到苏州工业园区整整五年，可是她说："一直记着曾经跟您说过的话：我永远是新教育实验忠实的践行者，我要还您一个精彩。"

到了新的学校，吴樱花老师担任七年级两个班的语文教师、一个班的班主任，同时兼任七年级语文备课组长，后又从备课组长变为年级组长……无论如何改变，对很多人而言，这些工作安排只是意味着一堆吃力不讨好的繁杂事务，但吴樱花老师却在平凡中发掘出伟大，将一个共有五个人的普通备课组变成了一个生机勃勃的"青葵园"团队。

不用列举吴樱花老师与"青葵"们共同成长的细节，只需要读一段吴樱花老师的心声，我们就会明白"青葵园"团队成功的秘诀："铁和碳在合成钢之前都是极其普通的元素，当经过了高温的熔合，高压的锤炼之后，一种硬度远远超过起始元素的新型品种——钢，形成；每一个个体再有特色，但当仅仅作为一个个体的时候，力量的单薄决定了他的影响力的微弱，可是，当这些个体以默契的配合、共同的目标、求同存异的气度走到一起时，一个极具战斗力的团队，形成。"

正是有了这样的想法，吴樱花老师和她的团队把进校时普遍不被看好的一班学生，变成了创造建校历史上毕业成绩最好纪录的毕业生；他们这个团队的成长经验被四处传诵，并被收录进《全国知名青年班主任谈专业成长》一书；他们还捧出了集体智慧的结晶——沉甸甸的一部《遭遇学困生——学困生的教育与转化技巧》。

我很清楚苏州工业园区直属学校的忙碌，我更清楚一线教师的辛劳，但是，吴樱花老师和她的团队成员就这样满怀激情地走着，一路上沉醉于教育的美景，而他们也成为风景的一部分。

我知道，在吴樱花老师背后有一个重要的人物——王丽琴老师，这个从中师生成为博士生的王老师，因为新教育的缘分走近了吴樱花老师，两人成为一对好姐妹，也成为一起探讨教育问题的好伙伴。吴老师从中获益良多，她深有体会地说："让一线老师团队和理论研究团队零距离对话，让普通老师和名家名师零距离合作，这种对话与合作，就像是架起了一座桥，让理论与实践都焕发生机，都灵动起来。"

这是吴老师的心愿。我想，她的确实现了这个心愿。

而我的心愿是：我希望我们的教育生活中涌现出更多的像吴樱花这样的老师。

吴老师在教育在线网站用的网名叫"海子"，她不仅喜欢那个名叫海子的诗人，她更喜欢海子的同音"孩子"，她说，她是新教育的"孩子"。其实，这些年来我也一直在关注着她的行走，关注着这个新教育的"孩子"的成长。

海子最脍炙人口的那首诗是《面朝大海，春暖花开》，我想，如果我们的老师都能够像吴樱花一样，不抛弃不放弃，永远追寻梦想，那样，我们的教育一定会春暖花开。

于洁：
把生命之根深深地扎在教室里

2007年9月，我在媒体上看到了一则来自昆山玉峰实验学校的消息——《父亲突然离世，家校簿留言成15岁少女最珍贵礼物》。因为玉峰是我们新教育的第一所挂牌实验学校，所以我格外关注。

消息讲的是昆山市玉峰实验学校初二（6）班女生陆凯悦的父亲陆建新在车祸中不幸罹难，去世时没给妻女留下只言片语，全家沉浸在深深的悲痛中。怎样才能安慰这个孩子，让她学会坚强呢？班主任于洁老师想起了凯悦的父亲曾经在"家校联系簿"上为女儿写下的一段段充满爱心的留言。她想，如果把这本联系簿送给凯悦作纪念，将会让凯悦感受到父亲的爱永远存在。

当这本不寻常的"家校联系簿"送到凯悦手中，看到父亲绝笔的凯悦禁不住泪流满面……在于洁老师和大家的关怀鼓励下，15岁的凯悦逐渐从悲伤的阴影中走出，变得越来越坚强。

后来，凯悦在《留一份心痛也美丽》的文章中这样写道——

过去，我是一个人人羡慕的孩子，我拥有幸福美满的家，可是父亲的突然离去，让我一下子掉进了痛苦的泥沼。

直到听到这么一个故事：上天总爱像吃苹果一样，在他认为是强者的人身上咬一大口，他越是青睐你，咬的那一口就越大越深。我于是开始想：大概我就是上天眼中的那个可人儿，不然他为何在我身上咬那么大一口呢？

不过我又想：上天无私地赐予我世界上最伟大的父爱，让我尽情享受了15

年。或许是这 15 年来我只知道索取而不懂得给予，上天才一怒之下收回对我的恩赐。这时我才明白要拥有爱就必须付出爱，太迟了！

……

尽管心还在隐隐作痛，但我仿佛听到了父亲在对我说："别哭，好孩子，等你长大了，你一定会明白：有时候，留一份心痛也美丽！"

当时读到这个报道，我既为凯悦失去父亲而悲伤，也为她能够很快振作起来，微笑面对灾难而欣喜，更为于洁老师的教育智慧而感动。从此，于洁老师的名字就深深地印刻在我的脑海中。

四年之后，于洁将那些记录日常教育生活、记录自己与学生共同编织梦想的文字结集成一部书稿。因为这部书稿，我再一次注意到她。

与其说这是一篇又一篇的文字，不如说这是生命连着生命的爱恋。这本书没有父爱的严厉，只有母爱的仁慈，虽然她只是孩子们的班主任而不是他们的母亲。

沉稳、优雅，有诗人的气质，有理想的追求，也不缺少青春的活力、创新的方法，这就是做了 20 年语文老师、20 年班主任的于洁老师在这本书里浮现出来的身影。她的生活丰富而细腻，精彩又精致。

新教育主张师生共写随笔，不是为写作而写作，不是为了培养离开教育生活的"作家"，而是为了改进教育的生活，改进教育的品质。

于老师写给每个学生的那么多信，几乎是一个学期一封，完全没有内容上的雷同。作为班主任，于老师每个学期要给每个学生写封信，没有高高在上的训诫，全是日常生活的絮语：穿衣，读书，爸爸，妈妈，点点滴滴，没有傅雷那样的苦心孤诣，没有职业作家那样斧凿的痕迹，纯净水一样，没有可乐的喧哗，没有酒的狂躁，淡淡的，是生命自然的流淌。每一封信都有对学生学习生活细节的描述与点评，可见她对学生了解之深。我也看到了学生们写给于老师的信，同样有对她的教学教育甚至穿着气质等生活细节的描述与点评，可见学生们对她的了解之深。

这是新教育的"家书"。新教育主张教师与学生、父母共同编织有意义的人生。学期开始或者过了一半时，我们鼓励老师给孩子们和他们的父母写信，在学期结束时，老师们要丢弃过去常见的学期评价，代之以生命叙事，不是文件模板式的八股，而是因材施教的心语。我们相信，在这样的"家书"中，你能看到教育生活的润泽、师生关系的谐美。

于洁老师是新教育主张的探路者、实践者。她是一位理解并践行"师生共写随笔"的老师。你看她的文字，不是写的，是用生命记录的。品味这些朴素的文字，你能发现，她不是为写作而写作。

我喜欢这样的"家书"，倒不是觉得文字有多美，布局有多巧，立意有多高，而是因为这样的"家书"有爱，有理想，有坚持。

2002年，我们在玉峰学校点燃新教育的星星之火，呼唤有理想的老师和我们一起，参与新教育的"六大行动"。我不敢想象，真的有一批像于洁这样的老师，将"师生共写随笔"坚持至今，不曾停歇。

我们强调师生共写随笔，为的是改进教育生活，提升教育品质，追求教育生活的幸福。于洁老师做到了。通过她的记录，我们不但听到了学生生命拔节成长的声音，也能看到她在教育生活中绽放的幸福的微笑。在《一场对心灵的考试》中她说："教学相长，这应该是教育的最高境界，学生向老师学习，老师向学生学习，在教与学的过程中，互相促进，共同进步。我想说，同学们，我和你们，真的是教学相长呢。所以，除了被你们感动，还有一种心情我要告诉你们，和你们在一起，我很幸福。"

我曾说，有资格评价老师的人，不只是学生和家长，还有老师自己。作为一个老师，静下心来，你可以问自己：和学生在一起，我幸福吗？如果你毫不犹豫地由衷地回答"我幸福"，那么，你一定是个好老师，一定是个幸福的好老师。

而从文字中，我们可以看出她在教育的大地上栖息得多么诗意，看见她那幸福的模样。这就是我们期待的幸福完整的教育生活，即和学生一起成长，一起享受成长的幸福。于洁老师用生命书写的教育生活，是我们新教育关注学生，呵护学生，促进学生精神成长的范例。范例中的她虽然"草根"，却很幸福。这种幸福，只有扎根教室扎根学生心灵的老师才能感受得到，犹如大师们的修行，高高山上立，深深海底行。教育这条路藏在海底，妄想漂浮在海面的人是走不远的。教师最要紧的是能够"沉"下去，沉到课堂里去，沉到学生中去，沉到教育教学的实践中去，进入教室，和孩子们一起，通过教育随笔，通过教育叙事，通过与父母的便签，通过家校联系的卡片或"家校通"等，与父母、孩子共同编织有意义的人生。

这些年来，虽然与于洁老师联系不多，但一直关注着她的成长，知道她获得了全国模范教师等许多殊荣。

2018年，于洁老师再一次让我惊喜。长江文艺出版社的秦文苑老师发来了她的新书电子版《我就想做班主任》，希望我再写点文字。虽然知道她的许多故事，但是读了书稿，还是心生许多感慨。

"我就想做班主任"，这是于洁老师做了20多年班主任还要继续做班主任的回答。朴实，诚恳，没有任何矫揉造作。这份态度、这份坚持、这份笃定、这份幸福，具有震撼人心的力量。翻开书稿，动情的细节描写，深刻的教育思考牵出一个班主任老师应该关注的方方面面：教育的初心、班级的管理、教师的修炼、学生的沟通……于洁老师用饱含深情的文字写下自己的教育思考，没有多少华丽的辞藻，淡淡的叙事，是生命自然的流淌。

其实这就是新教育实验倡导的"教育叙事"。新教育所提倡的教师的写作，不以博取外在的名利为目标，也不是为了写作而写作，而是对教育生活的总结、归纳、剖析、反思和提升。而通过这样的写作，教师将会以全新的方式审视并悦纳自己的教育教学生活。

在开篇的《我为什么要做班主任》一文中，她说："他们让我深深明白，我的一言一行将会对我的学生的人生产生影响，也许很小，也许很大，也许会改变一个人的一生。"这就是我们期待的幸福的完整的教育生活。和学生一起成长，一起享受成长的幸福。

于洁老师用生命书写的教育生活，是新教育关注学生、呵护学生，促进学生精神成长的又一个案例。于洁老师的这种幸福，只有扎根教室扎根学生心灵的老师才能感受得到。教师最要紧的是能够"沉"下去，沉到课堂里去，沉到学生中去，沉到教育教学的实践中去，进入教室，和孩子们一起，通过教育随笔，通过教育叙事，通过课堂，通过交流与活动，与父母、孩子共同编织有意义的人生。

曾经有人诘问新教育：完全的草根运动是否具有长久的生命力？时至今日，新教育实验走过了20个年头，不长也不短。虽然现在下结论为时过早，但我欣喜的是，新教育路上，携手前行的同路人，最多的，已非初始狂热的追随者，而是厚积薄发的一线教育者，像于洁一样，像泰戈尔所说的过了青春期的生命，在美丽而平静的秋天，优雅地成熟，幸福地收获。他们冷静，成熟，适时调整教育教学状态，在实践操作中发现合适的教育教学方法，把手中的班级创设成一个"用教育的理想实践理想的教育"的舞台。

正是于洁这样的老师，成就了新教育实验，成就了中国教育的民间探索。

希望有更多的新教育老师，像于洁这样，把自己的生命之根深深地扎在教室里，扎在教育的泥土之中，在缔造完美教室的实践中，书写生命的传奇。

高子阳：
共读共写的魔力

2017年2月15日，子阳来信告诉我，自己又要出书了。这是一本比较特别的书。从2008年开始，他为昆山23所学校和上海、山东、福建等十多个省市的学生父母作了百余场"与孩子共读共书"的讲座，超过10万名父母接受了培训。他说，"这本小书，是新教育实验爱我15年的产物"，他要把这本书的所有版税捐赠给新教育实验。

他还说，这本书是他送给女儿的新婚礼物。两个女儿也是在新教育理念熏陶下成长起来的。她们都没有超常的智商，都是普普通通的孩子，现在大女儿已经在复旦大学做博士后研究，在国外学术刊物发表了多篇论文，小女儿继承父业，在苏州一所学校担任老师，深受学校师生、校长和父母的喜爱。他告诉我，两个女儿都非常期待我能够为这本书写一篇序言，让父亲这份不同寻常的新婚礼物更有不同寻常的意义。

君子成人之美。何况子阳是我的学生呢。于是花了一些时间读了书稿。尽管我不完全同意书中的有些观点，对其中的一些数据我也没有把握。但是我还是被子阳对于阅读、写作宗教般的激情和信仰感动了，被他与女儿共同成长的故事感动了。

子阳是我带的第一位访问学者，从徐州的乡村学校来到苏州大学。当时的子阳，朴素厚道但锐利敏感，初生牛犊，敢想敢说。虽然基础不是很扎实，但求知和创造的欲望非常强烈。

恰逢新教育第一所实验学校在昆山玉峰实验学校启动，就将他派去，成为一名真正意义上的新教育教师。

在新教育的诸多行动中，他对于"营造书香校园"和"师生共写随笔"特别着迷，对于"晨诵、午读、暮省"和"儿童阶梯阅读"特别喜欢。于是，他在课堂和家庭两条战线同步展开了自己的探索。成为学校的新教育骨干教师。

他拼命地读书，拼命地写作。有一段时间，我经常去玉峰实验学校了解新教育实验开展的情况。记得有一次他告诉我，每天读一本以上的童书，已经读了上千本了。我当时有点惊讶他读书的热情，甚至批评过他囫囵吞枣。

很快，子阳脱颖而出，成为新教育早期培养出来的一名特级教师。评上特级以后，他不仅没有懈怠停滞，仍然激情饱满地阅读、写作，仍然保持每年出版一本书，发表一二十篇文章的速度。

后来，新教育基金会委托他和管建刚、吴勇三位老师研发新教育的写作课程。可惜没有深入下去。

子阳在他的这本书稿中突出强调的"共读共书"，正是对新教育实验"共读共写共同生活"理念的实践。无论是亲子共读、师生共读，还是生生共读，都是非常重要的新教育的阅读方式。通过共同阅读，才能有共同的语言、密码，共同的愿景和价值。这本书中子阳和女儿的故事，就是最好的例证。教育其实就是唤醒，就是点燃。

我相信，子阳的这本书会唤醒和点燃读者朋友与孩子或者学生一起，真正捧起书本阅读、拿起笔写作的。这本书也会作为传家宝，让他未来的孙辈更加热爱阅读与写作。而真正阅读和写作的人，一定也会发现共读共写的魔力的。

周惠琴：
种子的梦想

作为全国第一家正式挂牌的新教育实验学校，昆山玉峰实验学校做了许多工作，我也曾无数次到该校参观、学习。还记得2005年的一天，我在学校里翻看全体教师在新教育实验工作室中陈列的两年来的教育随笔，我想了许多许多，我为老师们真心而做高兴着。来玉峰实验学校考察的诸多朋友亲眼看到了这些随笔，在羡慕、感叹的同时，也纷纷提出要加入新教育实验。因为大家相信，教育随笔，真的让老师成长起来了。

玉峰学校的许多老师都把自己的随笔集装订成册，我也曾经为两位老师的随笔写过一些文字，而周惠琴老师是玉峰实验学校第一位正式出版教育随笔的老师——2005年4月，作家出版社推出了她的教育随笔集《放手是一种美丽》。

周老师是学校德育处主任，应该说是非常忙的，因为学校德育方面的事特别多，上级布置的任务也肯定多；周主任还担任两个班的数学课，课要备，作业要改，学生要辅导，事肯定还是不少；周老师还是数学学科优秀教师，优秀教师在学校要起到带头人作用，优秀老师在学校里还要指导年轻老师，优秀老师肯定每学期还要多次上示范课、研讨课……这方面的事她肯定要做得好。

然而，读周老师的随笔，"忙"这个字被"喜欢""热爱""享受""快乐"等词代替了，我们看到的是她欢快的脚步和坚实的脚印。

自新教育在线网站创办以来，自新教育实验工作开展以来，我读了许多随笔，读每一篇随笔，我仿佛都能听到老师们敲击键盘的声音，都能看到老师们上课时的模样，都能想象到学生在课堂中的表现……读周老师的随笔，我同样看到周老师面带微笑与孩子交流，看到学生们聚在周老师周围为一个题争论，看到周老师带着学生一步步地往前走……对数学的喜欢，对数学课堂的热爱，对学生学习数学的真心关注，才会让周老师取得数学教学方面的成绩。

数学大师陈省身先生曾为中国的小朋友题词"数学好玩"。周老师正是一步步地引领孩子在玩中感受数学的美，在玩中让学生的思维得到发展。玩是属于孩子的，玩同样应该是属于数学的，玩同样也应该是属于小学数学老师的。要让学生会玩数学，老师首先也应该是个数学玩家。要想让学生在数学上玩出名堂，老师应该在数学教学中玩出智慧。我曾经从"六个度"（参与度、亲和度、自由度、整合度、练习度、延展度）出发阐述我心目中理想的课堂。读周老师小学数学课堂笔记，我们分明可以看到她课堂上的那种亲和、延展、自由、参与……我们看到周老师在朝理想课堂的方向行走着，同时，我们也分享着她那行走在路上的快乐。

2004年12月15日，联合国教科文组织召开了"第二届国民教育论坛"，这次论坛的主题是"教育质量"。改革开放以来，我国在数学教育方面取得了一些成绩，但许多方面还令人担心，比如国际奥林匹克数学竞赛获得很多次金奖，但整个民族爱数学的精神却没有真正形成，看来我们对数学教学质量的理解还存在着许多问题，但这些问题最终还是需要中小学老师来解决的。

如何在这方面取得重大突破？仅仅靠数学考试考出来的成绩是不行的，关键是要引领学生真正喜欢，广泛热爱。而这种喜欢的建立，最终还是要靠学生对老师的喜欢。著名数学家吴文俊在获得国家最高科学奖时说："我在大学三年级以前，不喜欢数学，就是因为大四时一位武老师的课太精彩了，我才从此喜欢上数学。"这句话对我们很有启发意义。20年前，我在苏州大学教数学系学生的教育学课程，调查中发现许多学生对数学没有兴趣，我写信给苏步青教授请教，他说，如果没有兴趣，不仅学不好数学，以后也教不好数学，因为教数学的最高境界，是让学生真正喜欢数学。我们小学、中学的数学老师，主要任务不是为了培养数学家，而是让我们的学生喜欢数学。

其实，学习数学是如此，做教育也是如此。只有喜欢，只有真正地享受教育，我们的生活才会有意义，我们的教育才会精彩。

第一本书出版之后,周惠琴再一次深深潜入了生活之中,一直行走,一路记录。五年之后的 2010 年,我接到她赠我的新礼物——她的第二本新书出版了。

2011 年 7 月,她又送来一叠厚厚的文稿——她的第三本书即将问世。

看着她的文字,我不禁又想起了十年前,那时我来到昆山玉峰实验学校,认识了周惠琴。当时,她是这所学校小学部的德育主任。如今,她已是全面负责小学部工作的业务校长了。但是有一点她始终没有改变:她是一位普通、认真且富有激情的数学老师。

她的三本书,风格与内容都是一以贯之,都是课堂实录、课堂点评和课后反思。她告诉我,尽管职务在变化,但她一直做着自己的梦——理想的数学课堂之梦,而且,一直努力在用好学、实干和激情去追寻属于她的梦。

是的。她是一粒怀有梦想和激情的新教育的种子。据说,她原来是教语文的老师,后来才改教数学,我注意到在她的第二本书里,有这样一个细节:"1999 年 9 月 9 日,在我刚执教数学第七天,我把昆山市小学数学教研员顾建芳老师请到了我的课堂,听我上课……"

你见过刚执教才几天的青年教师,敢把"掌管一方"的教研员请来听自己上课的吗?她敢作敢为,她让自己没有退路,她希望站在巨人的肩膀上前行。我欣赏这样的勇气与自信,也欣赏这样自加压力、挑战自我的个性。

她告诉我,作为新教育人,她特别喜欢"相信种子,相信岁月"这句新教育人的"密码"。她把教育在线论坛上面的一段文字抄录在自己的笔记本上,时刻提醒自己不要懈怠,不要放弃:相信种子,就是相信自己,无限地信任自己的生命。任何生命,都有可能开出一朵花来,这是上天安排的神秘与神奇。但你若不信任,便永远不可以嗅到芬芳。相信岁月,就是要努力坚持,就像种子必须穿越泥土一样,只有穿越岁月,让阳光进来,清风进来,鸟鸣进来,大自然界的一切神奇进来,人类文明的一切精华进来,那蕴天地之灵秀的生命,才能够真正地成为奇迹,成为传奇。

许多人既不相信种子,也不相信岁月,于是一生便平庸地度过,就像尼采所说的,许多人到死的时候,才发现自己从来没有活过。因此,她与所有的新教育人一样相信,每个人都可能是一粒神奇的种子,只要怀揣着成长的梦想,不放弃,不抛弃,就一定能创造出属于自己的奇迹。

是的,梦想对于一个生命来说,真的太重要了!种子的梦可以在起初并不十分清晰,可以只想着"我要长大"。就这么想着、长着,长着、想着,终于有一天它就有了一个明确的目标:我要做一株芬芳的花,或是做一棵傲岸的树。

面对周惠琴的三本书,我们已看出她的清晰梦想:立足课堂,做理想数学课堂的追梦人。

构筑理想课堂是新教育实验的六大行动之一,那么,理想的数学课堂应该是个什么样子呢?周惠琴在她的课堂实践里有诸多的感悟,在我眼里,她试图在回答这些问题,不妨听一听:

——理想的数学课堂,应该是师生"玩"数学的课堂。

——理想的数学课堂,应该是引领学生经历数学思维之旅的课堂。

——理想的数学课堂,应该是体现想象力比知识更重要的课堂。

——理想的数学课堂,应该是启发学生自主探究数学奥秘的课堂。

——理想的数学课堂,应该是让数学与生活更加亲密的课堂。

——理想的数学课堂,应该是充满数学诗意的课堂。

……

如果您不能从这样的句式中弄明白她的课堂到底是什么样,那就请您打开她的《快乐追梦人:周惠琴教数学》,里面有丰富的案例等着您去品鉴。

如果您是一位老师,正教着某一门学科,那么读完后不妨想一想:我的理想课堂是什么样呢?

我不知道周惠琴能够走多远,不知道这粒新教育的种子最后能否成为参天大树,但是我知道,这粒种子从来没有放弃梦想,从来没有放弃成长的渴望。所以,我愿意在岁月中等待她的绽放。

潘文新：
极点坚守与华丽转身

在 2004 年左右，我曾读过叙述潘文新教育轨迹的文章:《另一种飞翔——盐城市解放路实验学校副校长潘文新的成长故事》。也是从那个时候开始，我与潘文新有了实实在在的接触，也因此不断地关注着他的发展。

后来，我又读到潘文新的管理哲学自述，深为感动。一个年轻的校长，把生命交付给道路，而在这个过程中，历经并创造了三所学校的华丽转身。在这个过程中，他坚守理想，不断挑战自己，完善自己，他管理的，是自己的人生，将跌宕起伏的人生，管理得柳暗花明，异彩纷呈。

我欣喜地发现，当初，那个谈锋甚健的潘文新、那个在教育在线上发表很多好帖子的潘文新、那个在苏州中学国际校长论坛上与我作过一次长谈的潘文新，还在不断成长。这是潘文新的美丽教育人生，也是中国当下美丽的教育诗篇。

更让我欣喜的是，这些年里，他又读了很多书，写了很多文章。我发现了他的精神背景里出现了像狄尔泰、杜威、皮亚杰等著名的哲学家和教育家，并在此过程中形成了自己的思考。

潘文新之所以在成长，是因为他一直没有停止自己的脚步，一直在挑战自己。从淮安市吴承恩中学的副校长、高中部党支部书记，到盐城解放路教育集团副校长，再到宝应中学常务副校长和校长，潘文新每走一步，都将自己安排在一个极点上，然后，在这个极点上开始挑战自己并取得成功。他是那种以自己作为对手的人，这样的人，其教育的自省精神是令人尊敬的。

在潘文新人生与事业的三次飞跃中，殷广平和卢志文两个人起了关键的作用。可以说，他们是潘文新生命中的贵人。

潘文新与殷广平的组合，使他深切地认识到，认准一件事，就必须把它做好；教育，必须永远把质量放在第一位。潘文新到现在都深有感触地说，殷广平校长是他永远的人生导师。潘文新的教育质量意识非常坚定，这得益于殷广平校长的言传身教，这是这些年来他对自己的那种带有极端性的挑战与体验的力量源泉。

与卢志文的黄金组合，是潘文新更加重要的教育体验。卢志文是一个富有高度的教育专家，思想前卫、敏锐，处事果断、大胆，极富教育智慧。这应该给潘文新许多深刻的启发与引领。事实上，我们可以从潘文新的身上发现卢志文的影子，他的善读与多思，得益于与卢志文的交往，而他的教育智慧与实干家的气度，则显然是将卢志文与殷广平熔铸于一炉，然后脱胎而出一个睿智而敏锐的潘文新。

潘文新曾对我说过这样的话："我是中学校长中学历最低的一类人，同样，我也是中学校长中经历最为坎坷的一类人，在中学校长中，我历经的地方最多，淮安—盐城—扬州，以一种把生命交付道路的方式，在体验到生命中最严酷的底色时，也充分领受到教育的最温暖的情怀。我还是穿越了各种教育体制下的学校的中学校长。这一切，使我获得了一种敏锐的教育直觉，使我能在很多事情来临时会在第一时间内作出判断与决断。"潘文新的这一人生体验，也决定了他对教师和学生的真切关爱是发乎心灵的。

我一直把潘文新当作新教育人。这首先是因为他是教育在线的老网友。潘文新在教育在线的注册时间是2004年3月1日，对教育在线的许多网友而言，潘文新其实只是一个迟到者。但很快他便在教育在线上成长起来，他认识了新教育，融入了新教育，在众多网友中脱颖而出，令人瞩目。许多与潘文新一样的普通教师在教育在线得到了成长，这成为我们后来组建新教育研究院与网络师范学院最为直接的原因之一。

有一段时间，潘文新与我过从甚密。因为我的家乡也在盐城，他曾经多次代我去看望我的父母，我也多次有机会品尝他带来的家乡美味。他还专门邀请我去盐城解放路教育集团传播新教育，努力在他主持的学校中践行新教育。也是在新教育的旅途中，被卢志文慧眼识才，引进到翔宇教育集团。

潘文新曾经在拥有75万人口的宝应县执掌这个县的最高学府，使每年的高考达线人数超过千人大关，这已经是一个了不起的奇迹。而每年都有一批学生进入北大、清华，至于进入南京大学和东南大学这一类高校的学生则更多。对于这样一个苏中小县，这可以说创造了无与伦比的辉煌。更重要的是我还知道，分数、考试、进名牌大学等，都不是他的追求，而是对他追寻素质教育梦想的额外奖赏。

高中的压力是巨大的。主持高中的工作以后，他没有把自己蜕变为分数的机器和应试的奴隶，而是继续从新教育的沃土中汲取营养。他以自己的刻苦自砺与痛苦探索，确定了从量的庞大到质的优化、再到品质的深刻或高雅这一高中发展的教育愿景，且在这一过程中，形成了"让所有师生都在幸福、自信、从容中，追求教育理想，勾画优雅的人生姿态"这一教育思想与理念。这与新教育的理念"过一种幸福完整的教育生活"是高度一致的。他在以自己的教育探索实践新教育精神，并以这样的姿态，完成了他的体验教育的初步构建。从这个角度讲，潘文新仍然值得人们心存期待。

后来，潘文新又从宝应中学到温州翔宇中学担任校长，学校在他的主持下，开始了对理想课堂的建构与思考。对这一以"理想"为关键词的教育实践，我由衷地感到兴奋。毕竟，理想，是新教育的灵魂，理想课堂，是新教育人孜孜以求的目标。

一晃十多年过去了。潘文新仍然像十多年前那样，怀抱着梦想，充满着激情。只是，他更加从容了，更加稳健了。所以，我们有理由相信，他会走得更远。

何盛华：
新教育的垦荒者

2007年6月10日晚上8点，我与袁卫星谈生命教育的研究等问题。结束以后像往常一样打开电脑，看到了教育在线网站的版主"守护者"（方红）的短信：

明天上午9时是我们特教论坛网友"垦荒者"遗体火化的日子。一周以来，本坛许多网友都沉浸在悲哀之中。大家以沉默纪念着离去的"垦荒者"——九江博爱聋人学校的校长何盛华先生，并自发捐款九千多元（38人）以寄托自己的哀思。相关帖子如下《有关"垦荒者"——何盛华校长专题帖子系列》。他是一位私立聋校的聋人校长，他的才气和强烈的事业心、使命感感动着大家。希望总坛能在明天这个特殊的时刻，在网络中发帖为他送行！也许我的要求有些过分，但我希望得到教育在线总坛对一位离去网友的关注！

我吃了一惊：前些天我还在为何校长的健康祈祷，现在这么快就走了？他才56岁啊！到论坛里一看，才知道何校长已经于6月10日上午10点07分永远地离开了我们。

我知道，何校长是我们的老网友，他的许多关于特殊教育的文章，是我们论坛的精华帖。他是一位普通的中国聋人，又是一位不普通的聋人校长。因为他是中国民办特教的第一人。八岁那年，他因患脑膜炎导致耳聋，在南昌、九江聋校完成学业后，在福利工厂工作了十几年。在工作中，他凭借自己坚忍不拔的毅力取得了大学学历，并升任了福利厂厂长。并且先后担任过江西省聋人协会副会长和九江市聋人协会会长。

正是这样特殊的人生经历使他对中国聋人有着一份特殊的感情，也进一步激发了他从事聋人教育的梦想。2000年，他倾尽积蓄，竭力办起了中国第一个私立聋校——江西九江博爱聋人学校。

学校以国父孙中山先生倡导的"博爱"思想为核心，取"博爱"二字为校名，宗旨是要让更多的聋儿受到教育！学校开办至今，救助了当地上千名因贫困失学的聋儿，并因此带动着更多的人来实现中国的特教梦！

何校长经常说："传授知识只能有方法的特殊而不能有对象的特殊。聋孩子与其他正常孩子一样有受教育的资格，不能因生理的残疾而受到歧视。"为了更好地培养聋人，使聋人接受最好的教育，何校长在借鉴西方发达国家聋儿教育"双语教学"理念的基础上，带领学校老师奔赴香港等地深入学习先进的教学经验，继而创造性地形成了自己独特的办学特色，学校教学不仅深入实践了手语教材与书本教材相结合、健听老师和聋人教师相结合的教学方法，而且在教学中还进一步做到了与正常学校使用一样的课本、一样的教学大纲，甚至连学生考试试卷也是一样的，这在全国聋校中也是独一无二的。

何校长曾经说过："一个人的能力是微小的，办一所聋校也是微不足道的，然而我们每个人心里都应有一个信念，当每个人都凭着自己坚定的信念去做一件实实在在的事时候，我们就不会只停留在'四大发明'的自豪上。创办博爱聋校就是源于这种信念。我希望通过我的努力奋斗，使更多的失学聋儿受益，我希望我的努力对改善弱势群体现状起一些推动作用。这是公益事业的一个重要部分，更是现代文明的一部分，我既然投身于此，就要矢志不移。"

抱着这种坚定的信念，办学七年来，他兢兢业业，孜孜追求，奉献了自己的一切而在所不惜！我们都知道办一所学校有多难，更何况何校长作为一个聋人来创办聋人学校，其艰辛尽在不言中。私人办学的目的是争取最大的效益，而何盛华校长开办学校后却是越来越穷，为了学校，为了学生，他将健康置之度外。

2006年3月，何盛华校长被查出患了肺癌晚期，在自己剩下不多的时间里，他还在学校里为他的聋孩子们奔波忙碌着，而他自己却很乐观地说："只是希望命运能再多给我一点点时间……我办这个学校，什么都不在乎，就担心这个学校。"而我们教育在线的网友们，也一直在为他加油。

一个普通的人就这样走了，一个不普通的伟大灵魂永远留在了我们的心中。我马上与副总版主"大潮河"（刘恩樵）先生联系，希望第二天上午9点，教育在线网站召开一个网上追悼会，为我们敬爱的何校长送行！

记得父亲去世的时候，我曾经写过《父亲，一路走好》的文章，今天，我同样为何校长写下了"何校长，一路走好"的主题帖，以深切怀念我们的老网友。

张曼凌：
魅力女教师

很长一段时间，我只知道她的网名叫小曼。

认识她是因为教育在线网站。教育在线创办之初，李镇西就极力推荐他在K-12网站上结交的"死党"，小曼就是其中的干将。她是教育在线网站的明星，是新教育大花园中分外夺目的那朵花儿。她长得漂亮，文字也漂亮，心灵也同样美丽，一切注定她会成为一道耐人回味的风景。

那个时候，小曼从教不久，虽然在学校和本地名气不大，但在网络上俨然已经是一位"大虾"。很快，她就担任了教育在线小学教育论坛的版主。她不仅热情地为各位网友端茶倒水、言笑晏晏，还勤奋地书写自己的故事，笔耕不辍。她每天都记录着自己的教育生活，撰写着自己的教学反思，文字中既饱含女性特有的柔情细腻，又不乏教育智慧在闪光。她陆陆续续开设了好几个专栏与网友交流：记录教学实录及反思的《我的语文教学实践》、记载师生教育生活的《心路为你开——小曼教育随笔》、交流生活感悟与旅游见闻等休闲文字的《写给自己》……她还收集整理孩子们喜闻乐见的故事，以"小曼老师讲故事"为题连载。

其实，教育在线开办时，我就很想当个分论坛的版主，可我的热情申请被李镇西毫不留情地否决，所以我只能羡慕地看着小曼把自己的"小店"办得红红火火、宾客盈门。2003年，我们在昆山召开了新教育研讨会暨网友大会，小曼在会上被教育在线网站封为终身版主。当我宣布这个消息的时候，全场掌声雷鸣。而我，想起了李镇西……

在小曼讲到第 200 个故事时，辽宁音像出版社和辽宁少儿出版社主动与她联系，希望出版《小曼老师讲故事》，与此同时，希望她讲学培训的邀请也接踵而至……

就这样，小曼不由自主地出名了。

小曼的迅速成长震撼了她们学校的邢校长。从小曼身上，邢校长看到了新教育的力量。于是，2003 年，小曼所在的吉林第一实验小学成为新教育实验学校。一个人，撬动一所学校、带动一个区域参加新教育的故事虽然不少，但小曼无疑是"先驱"。

2005 年 10 月，小曼和邢校长突然来到苏州，提出希望举办一次新教育实验与教师成长的研讨会。其实这一年夏天我们已在成都召开过新教育实验第四届研讨会，没有精力再举办新的会议。但小曼和邢校长的热情感动了我们。邢校长说，她们从小曼身上看到了新教育对于教师专业发展的作用，希望好好总结交流。小曼则在一旁眨着大眼睛，恳切地、热切地看着大家……

于是短短两个月后，在北国江城吉林最美丽的季节，我们召开了后来被命名为第五届新教育实验研讨会的"北国之春——新教育实验与教师专业发展研讨会"。作为东道主，小曼再次成为"明星"，又收获了一批新教育"粉丝"。我也才知道，她的名字叫——张曼凌。

从 2006 年开始，小曼与新教育联系得更加紧密了。每一次年会，她都会参加，无论是公派还是自费，她说：小曼不能缺席！每一次支教，她也会参加，她说：小曼即使不做讲师，也要做服务生！

小曼的声名开始远扬。《魅力小曼》《小曼舞在网中央》等一篇篇报道接连出现在各种媒体上。但她没有陶醉，更没有止步。她还是那个率性、真挚的小曼。她的博客一样俏皮温情，她的专栏一样文采飞扬，她还是一样爱打扮，一样爱孩子，一样爱课堂，一样爱旅行。她的幸福很完整。

2011 年，小曼又出版了一本新书《魅力女教师修炼记》。她在书中提出，要打造魅力班级，做事业上的魅力教师，修炼个性魅力，做生活中的魅力女人。"魅力"是这本书的主题词，也是她人生的主旋律。前言《一个普通教师快乐而充实的一天》道出她的忙碌而从容，更是她日常生活的真实写照。

我为她的新书撰写了序言。一晃许多年过去了,最近几年在新教育的会议上很少看到小曼了,但是,依然记得她在教育在线上辛勤耕耘,记得她在早期的新教育年会上做志愿者,记得我去吉林时和她深谈交流的许多情形。她在我脑海中定格的形象:魅力女教师。

方红：
柴园的守护者

在美丽的古城苏州，有一所美丽的学校，它坐落在一座美丽的园林之中。这个学校叫苏州聋哑学校，这个园林叫柴园。柴园里有一群可爱的孩子，他们虽然没有正常儿童的视力和听力，但是他们有追求美好生活的勇气。我看过经过他们摆弄的盆景，他们亲手制作的陶瓷器，他们绘就的美丽的书画，他们演出的精彩歌舞。而最让我感动的是，一群盲人小朋友，竟然在舞台上表演了连正常小朋友都难以完成的大型舞蹈！我知道，在这群孩子的后面，应该有一支优秀的教师队伍。

所以，当看到老师们的作品集时，我为他们写了这样的话："我是怀着十分激动的心情读完这些文章的。我为苏州市盲聋哑学校的老师们对事业的执着追求和对孩子们的真诚挚爱而感动万分。我要感谢你们：你们让盲童看到了声音的颜色，用情弦奏起了《红的畅想》；你们让聋童听到了爱的律音，用心灵唱出了生活的缤纷。你们是柴园的守护者，是柴园中那一个个盲聋孩子心灵的守护者！柴园因为拥有你们而更加美丽，教育因为拥有你们而更加深沉，孩子们因为拥有你们而发现了生活的意义。我相信，他们走出柴园时，也同时走出了黑暗，走出了无声的世界……我为你们骄傲：柴园的守护者！"

有意思的是，在美丽的柴园中，真的有一个具有美丽心灵的"守护者"！这位守护者的身影，有一天出现在教育在线的网站上。她不凡的谈吐和对特殊教育的热情，很快给大家留下了深刻印象。在她锲而不舍的努力下，特殊教育论坛开张了。她想方设法请来了特殊教育的重要人物，军辉、唐无欢等一大批聋人教育专家来了，陈军、陆振华等一大批校长来了，教育在线已经成为特殊教育的研究重镇！

后来，我知道，她的真名叫方红，她的先生也是一位特殊教育工作者，在苏州的一所工读学校任校长。有一次李镇西来讲学，"守护者"一肩挑起两个学校，让大家分享了"爱心教育"的精神大餐。

我忘不了，有一次我去她们学校参加一个课题论证会，她犹豫地递给我一个信封，说："这是我们校长给您的评审费。"我拒绝了，我不应该拿这样的学校的一分一毫。但是，我看见了她伤心的泪水。晚上，她给我一条道歉的短消息，她说她本来就不想做的，只是校长布置的任务而已。我看到了她那颗纯洁的心。

她一直说，特殊教育论坛的人气还不够，还要继续努力。我想，作为一个普通的特殊学校的老师，能够把这个论坛打造得如此精彩，已经是一个了不起的成绩了。

后来，BBS 的论坛逐渐式微，苏州特殊学校也从美丽的柴园搬迁到苏州新区。但是，方红对于教育的情感，对于新教育的情感依旧。2014 年，新教育的年会在苏州举行，方红所在的特殊学校作为活动现场，出色地展示了新教育实验在特殊学校的实践探索，给出席会议的中外嘉宾留下了深刻的印象。

方红，也从柴园的守护者，成长为一个真正的特殊教育的守护者、新教育的守护者。

陈晓华：
贵在守望

认识"红袖"（深圳育才中学陈晓华老师的网名），是因为教育在线网站。教育在线刚刚创办之初，总版主李镇西就邀请红袖担任班主任论坛的首任版主。几年过去了，无论多么忙碌，哪怕是担任高三的班主任期间，他仍然坚守在班主任论坛的版主岗位上，默默地丰富和充实自己，默默地激励和引领论坛的教师。红袖已经是我们教育在线的"名主持"了。

2004年夏天，他作为版主应邀出席教育在线第三届教育研讨会。

在版主会上，红袖即席发言，给我留下了非常深刻的印象。他认为作为版主在奉献的同时，也是一种精神愉悦的享受，因此版主要善于利用论坛这个平台，把论坛变成充实自己、丰富自己，进而变成展现自己的平台。他是这么说的，也是这么做的。几年来，他的两本专著《守望高三的日子》和《追寻教育的诗意》分别由福建教育出版社、四川教育出版社出版。正如他自己在后记中说的："两本书稿中的教育原材料，是十几年的教育积累，而成为书稿，却是教育在线的魅力促成，没有教育在线，就几乎没有这两本书。"

在教育在线，他很少和我打招呼，但他的文章却不时引起我的关注，他的《农村经济和农村教育忧思录》，引起许多农村教育工作者的共鸣，正如《湖南教育》的黄耀红先生所言："陈老师的平民情结，深矣！尽管他人在深圳，却不时利用假期拖条板凳，与农民大哥聊生存，聊日子，这是为师者的良知。"正是这种良知和经历，赋予他更为深刻的人生内涵。记得他在《不幸而有幸的童年》中描述他小学就辍学的经历，生活的艰难和磨砺，铸就了他沉稳内敛而又坚强刚毅的性格，形成了他善解人意的良好素养，以及充满正义感和爱心的品质。这些，正是教育理想主义者必备的涵养和资质。

网络的魅力，在于培养和造就了一批"E时代"的新型教育者，在《在教育的长河中摆渡》这篇洋洋万言的文章中，他用饱蘸感情的笔墨，畅谈自己在网上的成长经历。他从大学到省重点中学邵阳市二中，再到深圳的育才，笔耕不辍，有思考有反省有追求有梦想。他以农民拥有丰富的农产品而没能系统地加工为喻，深入浅出地阐明教育教研的大道理，那就是教师要善于对自己的教育素材进行系统的整理，在整理中思考、反省、升华。他说："镇西把他熟悉的材料加工成完美的家具，把他生产的那些辣椒、橘子等制作成上等的产品。所以镇西成为年轻有为的教育专家，而我们说得难听一点，只不过是教育领域里的一个朴实厚道的'农民'而已。因此，作为教育工作者，应结合自己的特色和长处，构建属于自己的一套教育体系，形成属于自己的教育理念，构架一套属于自己的教育思想，如果能够突破教育理念的瓶颈，展现在我前面的将是更为广阔的空间！"

在《教育是一张无法超越的网》中，我看到了一个年轻教师在探索和追求过程中的艰辛与困惑。他说："孔子曰：三十而立，四十而不惑。教育则不然。我们可以看破名利、看破红尘，可就是无法看破教育。积累越多，似乎问题越多。学得越多，感觉困惑越多。了解的教育理念越多，有时候反而困惑越多。教育似乎永远没有进入化境的时候，永远没有洞明一切的境界。没有放之四海而皆准的标准，没有一枚能够解开所有学生心灵之锁的万能钥匙。似乎永远无法超越、无法突破。就好像攀越一座山头，呈现在你面前的又是一座更高的山峰。我们始终只是一个在教育路途中迷惘的探索者，我们始于迷惘而又终于更高境界的迷惘。登上高楼，望尽天涯路，平芜尽处是青山，似乎教育更在青山外……"记得当时我第一个回帖："这是一篇非常有价值的文章，晓华的困惑是许多老师的共同困惑。如何走出困惑？请大家讨论。"结果引起在线网友的广泛讨论。正是他这种不懈的追求，因困惑而思考，因困惑而解惑，才有了《教育是一条明净清澈的河》的敞亮境界。

2002年12月8日，我去香港讲学时在深圳稍作停留，回绝了其他的应酬，约请红袖、绵羊等深圳的网友见面，在几个小时的畅谈中，感觉到他们的不容易。在经济大潮的冲击下，他们依然能够坚守自己的教育梦想，默默地守望着自己的教育麦田。红袖谈到他的班级建设，便像是换了一个人，侃侃而谈而又不失风雅，从班级日记发展谈到班级在线论坛，从网络班会的召开又谈到班主任的一百个话题。

谈班主任，他是行家；谈班主任论坛的打理，他是专家；谈教育理想，他是一个默默的追寻者。在他们回家的时候，我忍不住在网上专门发帖赞扬他们的坚韧和努力。没多久，红袖的《我和市长是网友》的文章就贴了出来，我感觉他是位率性而真诚的人。

《守望高三的日子》，本来是红袖在做高三班主任的时候开的一个主题帖。没想到，它在教育在线十分火爆，连载过程中引起广大教师的强烈共鸣，我也不失时机地在后面扬其波而逐其流，希望更多的人像红袖一样坚守自己的教育岗位。纵观他的文字，字里行间充盈着特区高三教师对教育理想的追求和对教育理念的守望，体现了一线教育工作者的教育思考和实践，真实地再现了红袖在应试教育和理想教育的夹缝里突围的困惑、艰难，以及思考和实践所带来的喜悦和幸福。历练高三生活，点击教育现场，力求让学生在艰苦的高三学习生活中享受教师的阳光情怀。我曾说过："表面上看，教师的写作只是记录自己的生活，其实，他是在书写自己的历史。为了写得精彩，他们必须活得精彩，做得精彩。"李镇西说红袖的文字是做出来的，而不是写出来的，我感觉他所做的所追求的比所写的更有深远的意义！我曾对红袖说，之所以把《守望高三的日子》收入教育在线文库丛书，不是因为你和学生之间发生了多么精彩的故事，也不是因为你的学生考出了多么优异的成绩，而是为了向更多的普通老师展示一位普通的班主任真实而平凡的教育生活，展示新教育实验改变师生生存状态的精彩，以激励更多的朋友认真善意地对待生命中的每一天。

红袖是教育在线的一位普通网友，也是新教育实验的一个"个体户"。在普通而平凡的工作中，他创造出了不普通的成绩：连续12年获得南山区优秀教师的荣誉称号，1998年获得市优秀教师的称号，2001年被评为省级中青年骨干教师。在近20年的班级管理中，他勤于思考并笔耕不辍，先后在《中学语文教学》《语文教学通讯》《中学文科教学》《师道》《广东教育》《福建教育》《教师之友》《青年教师》《深圳教育科研》《中国教师报》《德育报》等全国、省、市报刊发表教育教学文章近百篇，他的专著《追寻教育的诗意》和《守望高三的日子》同时出版，可谓是双喜临门，是对他多年坚持和守望的褒奖。

2019年，我去深圳时专门邀约了红袖与袁卫星、熊芳芳等见面茶叙，讲起新教育的往事，仍然那么亲切。

红袖的故事告诉我们，只要我们有一种对教育梦想的追求和守望，就会收获沉甸甸的果实和喜悦。

方海东：
细节的力量

认识方海东已经好多年了。他在浙南温州教书，我们之间的直线距离超过 2000 公里，但我们的网络距离是零——我和他是网友。

和海东相识，缘起自我创立的教育在线网站。教育在线网站是新教育实验的网络平台，从 2003—2007 年，海东一直是班主任论坛的版主，网名"基石"。在那几年里，他的发帖量一直位居全论坛第一。常常会看到他在论坛里默默耕耘，也看到他不断发表自己的观点。我记得，2002 年进入论坛时，他才 27 岁。可以说，他是在教育在线网站上成长起来的年轻教师。

五年以后的 2007 年 1 月，我在温州苍南遇见了海东，30 岁出头的他看上去仍然未脱稚嫩，但眉宇间透露出自信与成熟。他送给我他新出的著作《守候阳光》，这是他的第一本书，由教育科学出版社出版。他告诉我，这是他投保"朱永新成功保险公司"以后的成绩单。

我一直认为，教师的成长有"吉祥三宝"。专业阅读是站在大师的肩膀上前行，专业写作是站在自己的肩膀上攀升，专业发展共同体是站在团队的肩膀上飞翔。一个人成长如果只站在前人的肩膀上，不站在自己的肩膀上，他就很难超越，很难成长。所以，教师要学会反思，学会思考，学会用心地记录自己的生活。教师的写作不是为了培养作家，也不是为了培养会写文章的老师，而是为了培养会思考的老师。

又一个五年以后，海东给我来信，说他的一本新书又要出版了。这些年来，他每天坚持做到"四个一"：每天上一节好课，读一个小时的书，和一个孩子谈话，写一篇教育随笔。每天的"四个一"让他积累了上百万字的教育手记。这本书就是从上百万字的手记中精选出来的文字。认真地读了这些文字，我再次被海东感动了。从这些文字中，可以看出他的细腻和专注，他的坚韧和毅力。

在这本《细节成就优秀的教师》中，海东从多个角度把握了教育教学中的细节，他让我们看到一种细腻的同时，更看到一个老师的用心。他始终认为细节才是最真实的表现，是建构教育教学问题的基础，也是分析教育教学问题的助手，更是解决教育教学问题的关键。

海东在书中提到了要抓学生生活的细节，他将此界定为老师关注学生的表现，也是老师分析学生的基础，更是老师帮助学生的助手。所以，他写了学生在课堂上、生活中、游戏里的表现，还有更加深入的描述，这一切使得教育问题的来源和分析变得深入浅出。看他的教育行为，宛如看一部不断发展的连续剧，他总会用细节交代清楚教育教学的发展过程。

海东在书中提到了要抓教育过程的细节，他将此界定为教育再发展的基础。他始终认为教育不是简单的一次性神话，这是一个发展性的过程，所以每一次教育过程都是螺旋式上升的。细节就是为教育可持续发展奠定基础。因此，我们总会发现他在教育过程中敏锐地发现新问题，并以此为契机，衍生出新的观点，让参与教育过程的老师和学生们都能有新的思考，于是师生共同经历教育生命，共同成长。

海东也将细节界定为课堂实效的关键。课堂教学是一个教师必备的能力，如何让课堂吸引学生，并有成效？海东认为是需要细节的，首先文本需要细节，课堂实践需要细节，教师引导学生思考需要细节。这些细节不仅仅是课堂教学的描述，更是帮助学生"以点见面"的助手。

如果说正确的教育理念是指路的星辰，细节就是我们跋涉的一个个脚印。因此，无论是学生的生活细节、教育过程的细节还是教学的细节，不仅决定着教育现场的表现，也是决定教育教学效果的关键因素。从当前的教育现状来看，很多时候教师们感叹教育低效，问题就出在既未仰望星辰，也不能踏实行走。而海东则在一次次的关注细节中，及时发现学生的变化，看到学生的成长点，出现在"最应该出现的时候"与"最应该出现的地方"，从而在解决问题中成长。

还记得2004年海东在教育在线上给我发了一条短信，谈及自己当时所做的一切，特别提到了自己当时已坚持了两年多的每天写一篇教育随笔的事情。我记得我是这样回复的："坚持数年，必有大成！"现在，他已经坚持了十多年，而十多年的岁月也给了他丰硕的果实。

教育写作不仅仅是一种写作，它更是教师专业发展的方式，它会帮助教师更深地认识和理解教育过程，反思教育行为的合理性。海东用自己的生活实践告诉我们，他选择了一条正确的道路。

多年没有见海东，但我的记忆中一直定格着那个微笑地递给我《守候阳光》的年轻人，一脸的阳光，一脸的坚定。

张志愿、洪延平：
让孤独的心不再孤独

2006年7月9日，网友子恒（张志愿）在遥远的厦门给我发了一条短消息，告诉我他们有一个400人的聚会，希望我为他们讲几句话。我当然无法拒绝。

下午3点，厦门暴雨。子恒来电说活动可能要推迟。半个小时以后，子恒打来电话，告诉我活动已经开始。而且，他让我听网友们正在进行的集体朗诵《教育的理想与理想的教育》。我的眼睛湿润了。

我给子恒发了这样的短消息：在这样一个炎热的夏天，在这样一个暴雨的日子，没有任何行政的命令，一群拥有理想和激情的人，走到了一起，把自己献给了教育。

十天以后，子恒给我写了一封信。他告诉我："7月9日的网友会连线，当您的声音无比亲切地从话筒里传来，当我宣读您发来的短信时，您可能不知道，在偌大的会场上，有多少追随者流下了热泪——教育或许不需要学术领袖，但厦门的教育却需要像您这样的精神领袖。因为有了您，所以才有了无数的教育网人，在火热的夏季里，关注着在线的盛会，更关注着您的声音。"

其实，我许多次明确表示，我非常反对用精神领袖这样的说法，我主张用同是追梦人，同是追求理想、拥有激情的教育行者。我对于大家认同我们的教育理念，感到非常欣慰。

子恒在来信中还告诉我一件让我非常感动的事情。他写道：

您是否还记得，5月21日您来厦门的那一天，一同去找您的网友里，有一位青年女教师。就是一直静静地立于一隅聆听的那位,也是那天晚上,唯一没有发言的一位老师。

其实,她那天晚上是"有备而去"的——带着她厚厚的手写书稿,她非常希望您有空能读一读这些用心写就的文字,哪怕只是翻一翻都是对她最有力的支持。可惜,最终她还是没有拿出来,或许是觉得过于唐突,也更是出于一种对您这位中国教育行者的敬仰而产生了隐隐的自卑。

她,就是厦门同安第一实小的洪延平老师,一位将整个青春乃至整个人生都献给教育的老师。虽然她现为福建省学科带头培养对象,虽然她多次在省教育电视台上过课,但厦门的教育远没有您想象的那样红火,少数人学术研究的热忱与对教育事业忘我投入的激情取代不了整个教育环境的安于现状、按部就班。在这样的土壤里,像洪延平老师这样,将全部激情投入教育的人,心常常是孤独的。

"教育需要激情,需要全身心投入与无私奉献……"当洪延平老师在台上领读您的诗句时,我分明看到了她眼里闪烁的泪花。

最近,洪延平老师的书稿获得了出版的机会,在一周熬夜,逐行逐字将手写稿打印完毕后,她最终还是鼓起勇气,请我代为转达她的心愿:想请她心中最敬佩、最感动的教育行者,帮她看一看书稿,哪怕……只是翻一翻。

朱老师,请您收下这份礼物。当然,子恒还想请求您,如有时间,请为这本小文集留下您的声音,或作短序,或题字。相信您的阅读,足以坚定许多像洪延平这样的老师一生信念的坚持与情感的珍藏。

在信的末尾,子恒留下了洪老师的电话。我明白子恒的用意,他是希望用我的手去抚摸一下那颗年轻而又孤独的心,让她不再孤独。

其实,所有孤独的心都有一个伟大的灵魂,他们集聚在一起,就会产生伟大的力量,从而不再孤独。我和子恒,和洪老师,和许多参加新教育实验的校长,以及教育在线的许多网友,都是这样聚集在一起的。

我马上拿起身边的话筒,给洪老师打了电话。我告诉洪老师,我一定认真读她的书,一定尽快完成序言。大概半小时以后,我就收到了她的电子邮件。

她这样写道：

窗外，正刮着凛冽的台风，厦门的七月真的不平静，而这时，刚写完手头的一篇随笔，正盯着窗对面的学校出神的我，忽然接到您的电话。

——惊讶，无比的惊讶与激动，带着蓦然间纷乱一团的思绪，我竟然失去了完整的表达，电话在手里发抖，您熟悉的声音传来，我竟还在怀疑是否仍处于梦中。

朱老师，这是您吗？真的是您吗？

很早就读您的文章，在一遍遍地诵读您的诗时，我的内心里，竟像《月光曲》里的盲丫头一样，奢望着能亲自听您诵读您的诗篇。五月，我的梦想终于实现了——在厦门湖里大礼堂，我站在您的身旁，与您一起诵读着《教育的理想与理想的教育》时，我的内心澎湃，我的两眼发潮，我的思绪如海……在追逐教育理想的日子里，我一直快乐地拾掇孩子给我的心灵感动，我在教育的诗行里欢笑着，行走着。六月，我接到了福建教育出版社的约稿，开始将我原本五月带去厦门想给您看的手稿结集打印出来，看着自己的文字，我没有太多的喜悦，因为我心中的那个梦想，一直在白天与黑夜里徘徊。厦门地方论坛的辰星周年庆，作为领读人，看着您的诗，我的泪再次流淌；网友连线，再次在会场听到您的声音，我再次失态……忙完周年庆，找到子恒，将心中的梦想告诉了他：将文稿转给您，哪怕是翻一翻……我的文稿，您能帮我看看，已是莫大的满足。请您写短序，是我的奢望，您别为我的文稿耽误太多时间。

我已经欠下了许多文债，也有许多朋友和老师请我为他们的著作写序言的任务没有完成。但是，我决定先读洪老师的书。我用了十天中的业余时间，断断续续地读完了那些感人的文字。这些文字是用洪老师那颗孤独的心写出来的。我看到，她走在"成长路上"，体验那"生命中的一份温情"；我看到，她站在讲台上，怎样让学生"在故事中理解词语""巧妙点拨学造句""给曹操写封信"，如何"用心灵感动心灵""捕捉课文的空白点""依托课文插图，巧设说话训练""实录回放"给我们演绎她的精彩课堂；我看到，在夜深人静的时候，她

"随想随记"，她写下了许多让她自己和我们都感到"甜润在心"的美丽的文字："没有一种草不是花朵""宽容是生命的一种香味""最美的是心情""把文学给予孩子""最是书香能致远""爱的絮语""在受伤的日子里"……而读同事、朋友、领导写洪老师的文章，更让我们看到了一个生活中立体的洪老师，她是那么热爱生活，那么重视友情，那么漂亮而清纯，那么努力而执着。

从她的文字中，我们不仅可以看到一个年轻教师的心路历程，而且可以看到，只要有了理想和激情，孤独的心一定会不再孤独。

一晃，与洪延平老师的这段往事已经过去了十余年的时间。新教育也走过了 20 年的历程。

这些年来，子恒一直跟随着新教育的脚步坚定地前行。他的学校，楼顶上是一排大大的新教育核心理念"过一种幸福完整的教育生活"，主楼前升着新教育的旗帜，楼道中布置着新教育的介绍。晨诵、午读、暮省，已经成为他们学校师生的生活方式。

每次到厦门，我总会联系子恒，他也总会带着他的团队与我见面，交流学校在新教育实验方面的探索。

子恒在给我的信中说：对于新教育，对于朱老师您，子恒一路追随，未改初衷。因为子恒一直相信，教育必须有理想，必须有坚定的理想，必须让少数人的信仰成为多数人的理想，教育才有新希望，才有新创造，才不会走入西医唯科学主义和中医唯经验主义的怪圈。而您（包括您所著的系列丛书）是我所认识的，以人的生命发育为核心，不以某流派为倚重，愿意去接纳和汇聚涓涓细流的海一样的长者。这些年，看着新教育影响了许多人（当然，也自然会有人因得其所而"瓜熟蒂落"），子恒打心眼里为新教育，为您自豪，为这十几年的一路追随而骄傲。

2020 年 8 月，子恒又开心地告诉我："厦门第一所新教育实验学校——梧侣学校，今年中考成绩在同安区、翔安区两区第一，全面领跑！"他是这所学校的创校校长，我为这所学校写过校名，我们不以分数论英雄，但从内心为学校的成就而高兴。

李庆平、李熙良局长及王德：
美好几时有？把酒问诸城！

2016年7月，以"习惯养成第二天性"为主题的新教育年会在山东诸城召开。

诸城，是舜帝故里，也是文化名城、教育强市。苏东坡就是在这片土地上，写下了"明月几时有，把酒问青天"的诗句，流传千年。

在这次年会上，教育局长李熙良讲述了诸城新教育实验的教材故事，与会的2000余名新教育人参观了诸城市第一所新教育实验学校诸城实验中学的书香校园、密州路学校的科技教育（学生有120多项新型实用发明专利）、文化路小学的诗性与美的教育、实验幼儿园的亲子共读共绘、农村片区大源小学的生态教育等，每个学校都特色各异，精彩纷呈，给与会人员留下了难以忘记的深刻印象。我在会议致辞中情不自禁地修改了苏东坡的诗句：

——美好几时有？把酒问诸城！

诸城结缘新教育，首先要特别感谢一个人，他就是诸城教育局原局长李庆平先生。

与李庆平的相识，就是源于新教育。

早在2004年，庆平就带领着他的团队参加了新教育的会议。接着，他领导的诸城实验中学加盟了新教育。由此，这所充满朝气与创新精神的学校，以及李庆平这位充满激情与思想的校长，不断引起我的关注。

2005年4月，由山东省教育厅主办的"山东省学校文化建设现场研讨会议"在诸城实验中学召开，庆平邀请我来作关于新教育、关于读书的报告。会议期间，我参观了诸城实验中学，朴素的校园环境、浓郁的文化氛围，给我留下了极其深刻的印象。在这所学校，我欣慰地看到了他们举办的百日读书节活动，看到了他们大力营造书香校园，开展师生共写随笔的活动。为书香人生奠基，这正是新教育"六大行动"之一。至今为止，他们已经成功举办了十届读书节，形成了富有校本特色的十大读书新理念，很好地实践了"行动，就有收获"的新教育思想。

2006年4月开始，庆平来苏州大学跟随我做高级访问学者，我对他有了更全面、深刻的了解：这是一位有思想、有梦想、有追求、有激情、有行动的校长。他带领诸城实验中学全面发展、不断追求卓越。学校、教师和学生在成长的同时，庆平本人也在不断行走和成长着——在繁忙的管理事务中他一路读完了教育硕士、博士，成为山东省首届齐鲁名校长。

庆平在中学语文界也颇具影响力。作为全国中语会常务理事，他把引领全国语文教师"追寻教育理想，享受教育幸福。过一种幸福完整的教育生活"和践行新教育的"六大行动"当作自己的使命。我曾经两次应邀参加由庆平主持的全国中语会课堂教学研究中心年会，深深感受到他作为一名语文老师，为全国语文教学改革的发展所付出的努力。

庆平在学校文化建设方面颇有建树。作为一位中学校长，他没有像许多学校那样把分数作为唯一的追求目标，而是坚持自觉的文化意识。他认为，文化是学校的灵魂，校长的重要使命之一就是用文化提升教师、学生的素养，提升管理的品位，从而把学校建设成富有人文情怀、师生共享的精神家园。为此，他任诸城实验中学校长以来，一直致力于学校的文化建设，用文化驾驭全局，走新型的学校管理之路，进行了一系列建设学校文化的创新实验，取得了丰硕的教育成果，引起了全国教育界的广泛关注。

庆平在学校管理方面屡有创新。作为一名勇于开拓的改革者，他带领诸城实验中学突破常规，锐意改革，将落实进行到底，靠创新赢得领先。在全国公办学校中首家引入ISO9001国际标准化质量管理体系，提升学校管理境界；实施责任教师制度，为学生成长助力；开创"六要点教学法"，在选课走班上破冰前行。创新教育改革理念转化成为教育生产力，为学校发展带来了生机与活力。

庆平善于思考和总结，写了许多关于教育的论著，我还为他的《改造我们的学校——一个中学校长的思考与行动》一书作序。

2012 年，我随民进中央考察团来诸城考察农村社区建设，诸城良好的政治、经济、教育和文化发展的成就给我留下了深刻印象。记得那天晚上，我与时任诸城市委的陈汝孝书记和李庆平局长，畅谈诸城新教育发展的前景，一直到很晚。

可惜，不久之后，庆平生了一场大病。接任他的是现任局长李熙良先生。

让我印象特别深刻也非常感动的是，熙良局长上任的第二天，就风尘仆仆地带队参加了霍邱召开的新教育实验区工作会议，这是他到教育局工作的第一个会议。接下来的几年，从日照、新疆到苏州、金堂，他几乎参加了每年的新教育的重要会议，从未缺席。

为了把诸城的区域新教育推上新的高度实验，他主持制定了《关于全面推进新教育实验的实施意见》，把新教育实验作为诸城市"创办促进人民幸福的教育"的重要抓手。他坚持把新教育工作放在诸城教育改革发展的重要位置，对于新教育的所有项目全力支持，使实验学校从 2012 年的 26 所，增加到 409 所，并且引领所有学科老师，倡导家庭、社会深度参与新教育实验。

诸城市新教育如火如荼地开展，除了"二李"局长的鼎力支持外，更有"二王"的具体操刀。"二王"之一，就是教研室的王德主任。王德主任是诸城教学指导与管理的业务领头人，自 2012 年诸城加入实验区以来，他就致力于把新教育实验的理论和行动与常规教学进行融合与协调。新教育一直呼吁，新教育实验不能和日常教学分离，不能做成两层皮。在这个探索的过程中，王德主任既是指挥员，又是行动者，为新教育的深入扎根和茁壮成长，作出了突出的贡献。

"二王"之二是诸城市教育局教科所王元磊所长。元磊一直是两位李局长的忠实助手，也是新教育最亲密的朋友和最得力的元老与干将。从 2004 年开始，大大小小的新教育会议上，都可以看到元磊他那瘦弱而坚强的身影。元磊是一个低调务实的人，新教育的所有会议，他从来没有缺席过任何一次。新教育的所有事情，他都认真落实；新教育的任何通知，他都努力照办。一个实验区，有这样一个实实在在、兢兢业业的新教育人，既是实验区的骄傲，也是新教育的福分。

诸城是新教育之火最早燃起的地区之一，从一个人、一所学校，到2012年诸城整体加入新教育实验，成为全国第36个实验区。新教育从此扎根诸城这片文化的热土。在市委市政府的大力支持下，在李庆平、李熙良先后两位局长的带领下，诸城新教育人，立足自身实际，创新工作机制，强化行动研究，在融合中创新，在创新中行走，才会涌现出了像府前街小学苏茂山、文化路小学王洪珍这样的优秀校长，和姜蕾、钟春梅这样的榜样教师。正是这样的坚持与创造，几年来，在新教育的舞台上，能不断看到诸城新教育人的精彩展示。他们用行动为新教育大家庭增添了一抹亮色。

2016年，诸城高考在原来就比较好的基础上，再一次取得了新的历史性突破。新教育不追求分数，但不惧怕考试。分数只是对诸城新教育人额外的奖赏。如今，诸城新教育已经在幼儿园、小学、初中、高中、特殊教育学校全面覆盖、全面推进，我相信，诸城新教育还将步入一个更加有声有色的新阶段。

李志强：
校长、书家、诗人

我认识一些诗人，也知晓不少书家，更熟悉无数校长。但是，能够把这三个角色兼任，而且每一个都完成得非常出色，大概就数焦作市人民中学的校长李志强先生了。

我经常读志强的诗。他在教育在线网站的"书香校园"栏目里开设了"李志强旧体诗"专栏，那些诗词写焦作的山水，大气磅礴之中透露出他对于家乡的深情；那些诗词写人生的情怀，宏大叙事之中流淌着他对于生活的挚爱；那些诗词写教育的得失，褒贬抑扬之中折射出他对于职业的思考。最让我喜爱的是他为学校写的一首校歌：

疏星暗去，红日欲东升。晨号响，闻声起，正衣冠，净门庭。操场任驰骋，舒筋骨，充精力，清肺腑，强体魄，壮心胸。指点江山，铁臂夸遒劲，翼比苍鹰。正青春年少，意气贯长虹。破浪乘风，鼓帆行。

做云间鹤，山巅树，天岸马，人中龙。须勤奋，有志者，事竟成。戒骄盈，自主修学业，能合作，不盲从。书万卷，路万里，浪千重。莫道艰难险阻，高山上，我敢为峰。走苍茫大地，射虎挽雕弓，谁是英雄？

读着这首激情澎湃的《六州歌头》，我们可以想象人民中学的师生们会用怎样的姿态和心思去学习、锻炼和生活。在焦作期间，我主动提出去看看志强的学校。虽然尚未完全竣工，但已经能够感受到学校浓厚的文化气息。学校设计了"绿意迎宾""云蒸霞蔚""风荷凝碧""正气干云""春华烂漫""七贤余韵""飞絮飘雪""高山仰止"校园八景,从立意、命名到造型,甚至连树种选择都由他亲自操刀。

学校的每栋建筑都有一个儒雅的名字,办公楼称为"砺耘楼",两栋教学楼分别是"相长楼""格致楼",学生餐厅名为"箪瓢堂",他也分别为每个楼名写了四字一句的铭文,如砺耘楼的铭文是:

勤学为砺,善教为耘;勤学善教,砥砺耕耘。教贵善诱,诱贵得人;愤悱启发,导引如神。治学严谨,强记博闻;弄潮学海,德隆望尊。德崇仁厚,学尚精深;爱生如子,诲语谆谆。师道千秋,力戒因循;千里足下,高山微尘。

相长楼的铭文是:

教学相长,重在双方,日教日学,振羽颉颃。学知不足,始能翕张,如鸿戏海,若鹤翱翔。教后知困,于学何伤?困知勉行,历久弥刚。学亏教困,自反自强,师生互动,日月同光。杏坛春满,桃李芬芳,前途似海,来日方长。

格致楼的铭文是:

师为导引,学贵自得,格物致知,早有先河。天道苍苍,日月盈昃,地无四维,所系者何?人生茫茫,纷纭因果,身体发肤,我知几多?追根溯源,应能探索,洞幽烛微,须费琢磨。细能察漏,勤可补拙,寸阴是竞,慎勿蹉跎。

这些铭文言简意赅,读起来朗朗上口,便于记诵,也寄托了校长的思考与期待。

学校有亲水亭一座,亭子的四面有四块悬匾,分别是"荷风""怡心""听涛""倚翠"。与悬匾相对,设楹联四幅。"荷风"一面的楹联是:沐月华而酣眠得清风而曼舞,出淤泥而不染濯清涟而不妖。"怡心"一面的楹联是:雁影涛声学耕胜地,诗情琴韵梁栋摇篮。"听涛"一面的楹联是:一抔足成丘一勺亦可海,三载应遏志三省始修身。"倚翠"一面的楹联是:神定如山心静如水,品端为尚学高为尊。这些寓教育于环境之中的楹联,也无不出自志强之手。

　　志强以为,诗写得好坏并不重要,诗意的生存与栖居才是人生的旨趣所在。所以,志强的诗词从来不是无病呻吟,大部分是在工作和生活的场景中与友人唱和的。有唱必和,来而无往非礼也,是他的基本信条。在志强的唱和诗词中,和张丙辰局长的最多。与张局长的唱和,也不是志强为了溜须拍马,讨好上级,他们之间的唱和交往早在张局长来到教育局之前就已经开始了。而且正因为他与局长的这层特殊关系,志强放弃了许多机会。他的座右铭是:"你不努力,谁都救不了你;你坚持努力,也没有几个真想或者真能够遮拦住你的人。"

　　从他们之间的几首唱和诗中,也可以窥见他们的情怀与视野。如张丙辰写道:

大业中兴教为先,老骥何须频着鞭。
曾因边草思骏马,最怕薄暮望夕烟。
勘乱无私惟民意,公正有志效前贤。
落日楼头怅望处,目送归鸿又一年。

李校长则唱和道:

殷勤驽马敢争先,骐骥趱趋须重鞭。
志士犹堪绝大漠,良谋岂可化飞烟。
茅庐三顾图王道,枯骨千金为募贤。
壮岁怎能思薄暮,泱泱大业正当年。

张丙辰局长感叹时光如水,担忧自己虚度年华:

叵耐日月太匆匆,谁解燕然未勒功?

教苑每思旌旗动,龙泉屡作风雨鸣。
臂有蛮力能屠狗,心无良策难雕龙。
惆怅不忍临晚镜,因怕须长称老翁。

李校长则唱和鼓励:

流年似水自匆匆,育苑何忧无显功。
润物无声因雨细,惊蛰有意寄雷鸣。
羯胡塞北擒伏虎,诸葛南阳起卧龙。
点水蜻蜓终叵耐,论功还是主人翁。

在绛县的新教育现场会后,张丙辰写了一首《绛县又见朱永新先生感怀》:

谁为教苑开新声?大道丹心惠师生。
盛夏江南播时雨,严冬塞北布惠风。
欣见孩提戏平林,喜听书声入霜钟。
我对此景三稽首,幸继陶公有朱公。

志强也唱和了一首《为张丙辰君又见朱永新先生诗感赋》:

物欲横流世不平,阳关当道路难行。
杏坛罕见师徒义,学海频吹剽窃风。
童子久违童子戏,书香乍起书香浓。
魂归育苑托朱子,穷漠欣闻蕙草青。

志强不仅诗好词佳,也写得一首好书法。他是中国书法家协会会员,也是焦作市书法家协会的副主席,2002年曾经入选首届中国书法"兰亭奖",2003年入选首届"杏花村杯"中国首届电视书法大赛,还获得过河南省行草展一等奖。要知道，这些奖项连许多职业书法家都是不容易拿到的。

我看过志强的许多书法作品，如《焦作新教育实验简报》的题款，就出自他的手笔。人民中学办公楼上的校训"舍我其谁"，潇洒自信、大气磅礴，也是他亲手写就。甚至在焦作的许多学校，都可以见到他的墨宝。

我收藏有志强的两幅墨迹。一幅是2007年我到焦作介绍新教育实验，晚上与志强等一起用晚餐，席间听说他的书法造诣深厚，就表示希望一睹他的书道风采。没有想到，第二天晚上，他就亲自把写好的书法送到我下榻的焦作宾馆。书法的内容是关于新教育的书香校园的："门第曾因此道扬，校园今日有新章。人文自在书香后，且把青丝做羽裳。"很遗憾，那天晚上我正好去登封出席"禅宗少林音乐大典"开幕仪式，未能见到志强并与他深谈。细心的志强把书法交到宾馆前台，并嘱咐服务员一定要送到。同时发短信嘱我不要忘记去取。为怕我对他的字迹看不真切，还专门在短信上附上释文。记得我回了这样一条短信："非常感谢，让我们携手共圆新教育之梦！"

另外一幅是在新教育实验于萧山举行开放周时，他和张硕果带领47位焦作新教育人参加会议，也带来了他唱和张丙辰局长的那首诗。我最喜欢其中的那句"童子久违童子戏，书香乍起书香浓"，我想，如果今后新教育建自己的博物馆，我一定会把志强的这两幅书法送去陈列。为此，我和卢志文院长特意与志强展开书法，合影留念。

志强不仅书法好，人品也好。他经常从书法中参悟人生，反思教育。他曾经对我说，写字与做人其实是相通的，"要想达到高境，必先临摹高人"。他的人生境界，也是在临摹中求提升。他以为，这样的提升虽然与"创造"远了点，但路不至于走斜。他曾经写过许多书画研究的文章，其中一篇研究徐文长的长文，对于徐文长的"高书不入俗眼，入俗眼者非高书"，有他自己独特的理解。他这样说道，"除了自己替自己蹩脚的字找理由之外，无论如何解释不了《兰亭序》为何人所共赏的。我最看不惯的是那些不想下真功夫却要用歪嘴理论以证其高的那种东西，欺世盗名，贻害无穷"。

值得一提的是，志强曾经也写过一篇《从书法习练中参悟课堂教学》的文章，介绍了自己学习书法的过程，也讲了书法与教育的关系。他认为，教育教学的管理应该善于学习别人成功的经验。"这正如临帖，写不好我们临就是了，在亦步亦趋之后，成长自在其中矣。"

他主张不必过早地张扬自己的教学风格，因为没有足够的继承，只能将自己的"风格"陷于无本之木、无源之水。他以米芾集古字为例，最初为时人笑柄，但如今谁不承认米芾的书法艺术成就居"宋四家"前列呢！他还用一个"大"字书写的几重境界，来说明课堂教学也有不同的境界，颇有见解。

当然，志强最钟情最投入最擅长的，应该还是校长这个角色。在人民中学"砺耘楼"的正厅，有一个名为"高山仰止"的雕塑群。这是志强的好友、著名雕塑家薛俊猷先生创作的以孔子、陶行知和苏霍姆林斯基为题材的教育家人物群雕，周边陈列的是精选的古今中外20位教育家的教育思想精髓。之所以取名为"高山仰止"，是因为志强希望自己和学校的教师能够以这些伟大的前贤为榜样，"虽不能至，心向往之"。

其实，在焦作的新教育人中间，我最早认识的应该是志强。1997年，中国教育学会中青年教育学者分会在焦作召开，我有幸参加会议，并且在会上被邀请作为焦作市的教育现代化顾问。当时，在会上会下忙得团团转的"干活的人"，就是李志强。那时他还在市教育局办公室工作，兼领教育现代化办公室副主任之职。

做教育局工作的十多年间，志强先后做过办公室秘书、办公室副主任、大中专教育科科长、电教馆长兼信息中心主任、基础教育科科长等职，考察了全国名校不下百所，多次向领导请缨，希望能到学校工作。

有一件事对他的震动非常大。2004年，在担任市教育局基础教育科科长期间，他参与带队考察了河北衡水、山东潍坊、江苏泰兴、徐州等地的多所学校，回来后的考察报告在全市引起很大反响，市教育局也专门下文，要求全面推广衡水中学的经验。然而，会开了，文件发了，工作布置了，但却没有收到任何效果，甚至连反响都没有。他意识到，教育行政管理力量有时也是非常苍白乏力的。"许多很有分量的文件，都仿佛是高高举起的重锤砸在了海绵上，连个声息都难以听到。许多基层领导似乎都是太极高手，你一次次挥出的重拳，他仅仅是一扭腰，便轻易地把你的劲儿化为虚无。"这使他暗下决心，到学校做校长，从改变一所学校开始做起！

第二年，焦作市部分学校校长竞聘时，李志强义无反顾地报了名。虽然没有如愿担任实验中学校长，但是终于有了一个自己的舞台，他当上了市第十三中学的校长。十三中是一所力量十分薄弱的学校，原来职高与初中并存，2000年职高部被分离出去之后，学校几乎到了办不下去的边缘，一百多个教师，招的学生还不到80人。2004年中招时，及格率、优秀率、平均分在市区40多所初中排名倒数第三。

穷则思变。志强提出，尽管学校是"四流的生源，三流的设施，二流的师资"，但也要用"一流的努力"，把学生培养成才。2006年，李志强把诱思探究学科教学论引入十三中，2007年，他又把新教育实验引入十三中，一个直接解决课堂教学效率问题，一个渐渐润泽学校风气。经过近三年的努力，学校教师逐步学会了用研究的方式对待课堂教学，学会了读书与写作，学生的成绩也节节攀升，2007年，及格率、优秀率、平均分等各项指标就开始进入市区学校前列。

2008年，十三中并入新成立的人民中学。志强从学校的一砖一瓦一草一木开始打造，在一片废墟上建设了一座如前所述的现代化学校。他为这所学校确定了价值追求和文化取向："宁可没有现代化，也不能没有文化；教师宁可没有高学历，也不能没有高学养；学生宁可没有骄人的学科成绩，也不能没有教养。"希望能够用文明化解粗蛮，以人文化育童蒙。通过建设优雅的校园、塑造儒雅的教师，来培育文雅的学生。

在"新教育实验""毛虫团队"蒸蒸日上的焦作市，人民中学是第一个开展新教育实验的中学，志强也是"最铁杆"的中学校长。从2007年运城年会开始，在新教育的重要会议上，总能够看到他的身影。近年来，他的学校在营造书香校园、师生共写随笔、培养卓越口才、聆听窗外声音方面做了大量的工作。学校不仅建有可供学生随时借阅新书的"读书馆"，还在教育在线网站开设了班级或个人的主题帖。在实验班级，教师和学生只用三分之一的学时便学完全学期的课程，然后有计划地开展拓展性阅读与写作，做到课外阅读课内化。

作为新教育实验的网络平台，教育在线网站为新教育的传播、完善和发展起了重要的作用。志强也是教育在线的优秀网友,他的两个主题帖《大河风——李志强教育随笔》和《李志强旧体诗词专帖》,早已经成为精华,人气很旺。他还组织了部分网友到焦作参加笔会,引来了不少才子能人。他介绍说,之所以开主题帖,一是为了方便与自己学校的老师交流意见,二是也想给大家做一个常读常写的榜样。"校长不读不写怎么给老师们做表率?"用自身的行为为师生做榜样,是志强管理学校的基本要求。

志强不仅在自己的学校开展新教育实验,而且为新教育实验在焦作的全面推进,作出了许多不可替代的重要贡献。他是张丙辰局长的诗友,经常彼此唱和,切磋诗艺,耳濡目染之间,对于教育行政部门下决心把新教育写进《政府工作报告》,作为焦作素质教育的突破口,多少起了推动的作用。而作为张硕果的支持者和高参,志强也是竭尽全力。他心里想的远远不只是一所学校,而是焦作的教育。这不由让我想起了他们学校的校训——"舍我其谁"。在志强看来,这并不是狂妄,"而是一种大气,是一种精神,是一种气概,更是一种人生的实践"。

他说,我们的老师无论比别的学校老师收入多还是少,都一直默默奉献着自己的才华与智慧,这对于教育事业来说,就是舍我其谁;我们的行政人员看到一些同学有了不合规范的行为,无论别人怎么回避,自己都要出面管一管,这就是舍我其谁;我们的同学看见有公物被损坏,不是漠然置之而是主动向老师报告,这就是舍我其谁;我们的师生在校园里看到掉到地上的纸片,不等责任班级的同学前来打扫,弯腰捡起来放到垃圾桶里,这就是舍我其谁!同时,这还是一种精神,是一种境界,是一种责任,也是一种高尚品格外化出来的主人翁行动。他解释说,看到别人做好事不习惯甚至不屑一顾,是你还没有这种精神、这种境界、这种品格;看到应当做的事情不去做等着别人来做,是你把净化灵魂、积蓄品质、培养习惯的好机会拱手让给了他人;明知道是好的事情不敢去做害怕别人笑话,是你心中还没有真正树立自己的浩然正气;自己不愿做,又看不惯别人做,总要千方百计挑毛病说怪话,不是积极行动投入建设而是唯恐破坏得不够,这种人真的应该去看看医生了,不然的话,害别人的同时害自己也是确定无疑了。所以,以一个校长的身份,全身心地投入焦作新教育的事业中，其实也是一种"舍我其谁"的精神。

离开焦作的时候，志强送了我一本他的新著《期待是美丽的》，巧得很，是我们民进中央的开明出版社出版的，感到特别亲切。这本书中有许多值得一读的美文，如《"毁"与"诲"的辩证法》《以文化涵养文化》以及关于学校、关于校长、关于课堂等问题的小语。

我问志强，为什么取这样一个书名？志强的答案是：如果做教育的没有了期待，没有了对期待的美好憧憬，不可能做好现实的事情。做教育的人，要像周弘对待孩子一样，有一种"花苞心态"——稚嫩是成熟的花苞，懒惰是勤奋的花苞，弱小是强大的花苞，粗蛮是文明的花苞。只要你有期待，花苞总是会开放的。只要你在期待中，总会看到花苞开放的那一刻。

前些年，志强离开了焦作，离开了他深爱的学校，去一家教育出版社工作。但是，他告诉我，他仍然关注着新教育的进展，关注着新教育的人与事，而他所在的出版社，也将会努力记录新教育的发展。

周信达：
"首席教师"

在 2012 年新教育年会前夕，收到了浙江省宁波市鄞州区塘溪镇中心小学周信达校长的一封来信，希望我为他即将出版的新书《校长 6 年》写序。

说句老实话，像这样要求写序言的事情实在太多，精力有限不可能全部应承，一口回绝又于心不忍。只能先拖拖再说。我回答：正在全力以赴准备新教育年会的主报告，暂时没有时间。

没有想到，周校长参加了我们在山东临淄举行的新教育年会。会议期间，他特地对我说：朱老师，不要忘记给我写序言啊！

年会以后，仍然有许多的事情要做。写序言的事情又忘记了。

没有想到，周校长搬来了"救兵"，请我在苏州大学的朋友帮忙，提醒我答应他的序言。并且告诉我，就等序言下厂印刷了。

我问道：是哪家出版社？他告诉我，是吴法源策划的源创教育系列，由福建教育出版社出版。

吴法源兄是我敬重的出版家。他有一双善于发现的眼睛，敏锐地发现了许多一线老师的优秀作品，许多人的第一本书，是由他出版的。我们也有过很好的合作，《教育的解放》《过一种幸福完整的教育生活》等书，就是在他的鼓动下出版的。

而福建教育出版社的黄旭社长也是我的朋友，我们合作的"新教育文库"和教师阅读研究中心，为推动教师阅读做了一些颇有成效的工作。

有缘的人，总会相会。这一切缘分的缘由是：周校长与新教育有缘。

周校长是浙江边远山区的农村小学校长，而且是教美术的"小学科"的校长。但是他的名头却不小——年轻的特级教师、浙江省第 21 届"春蚕奖"的获得者……

周校长的名字经常见于《中国教育报》《中国教育学刊》《中小学管理》《中国美术教育》等报刊，学术专著《透析基础美术教育》由人民美术出版社出版。

周校长与新教育的缘，不在于他参加了今年的新教育年会，而在于他的学校是按照新教育的理念行动的。他在给我的信中说：我是新教育实验的忠实追随者，您的《我的教育理想》一书给了我丰富的精神养分。您提出的新教育实验"六大行动"在我校富有成效地实践着，我们通过"阅读之星"评比来营造书香校园；通过"讲师生自己的故事"来实践师生共写随笔；通过"开放式教育"来聆听窗外声音；通过开设"课程超市"和倡导教师"特色发展"来构筑理想课堂；通过数字化校园的创建来建设数码社区；通过"十有社团"来培养卓越口才。您的教育思想，在我的《校长 6 年》这本书中有着很好的落实。

读了《校长 6 年》以后，我知道，他不是为了取悦我这样说的，而是实实在在地按照新教育的理念去做的。这本书共七章，内容涉及名人教育、特色发展、正视差异、课程超市、经典阅读、活力校园、守望理想。其中关于阅读与理想的许多论述与实践，与新教育的理念完全契合。

新教育人是一群守望理想的追梦人。周校长的这本书也是用"守望理想"作为最后一章的名称。他写道："教育是育人的事业，需要用理想来引导；教育是百年大计，需要用理想来坚守；教育是崇高的使命，需要用理想来奠基。心有多远，脚步就有多远。教育需要有一颗开放、包容、书写着大爱的心。守望教育的理想，践行理想的教育，怀揣美好的憧憬，既要仰望星空，又要脚踏实地。"我相信，这是他的教育心语。

为理想而活着，是我们共同的尺码。

我特别欣赏周校长把自己作为教师一员的态度。他一直认为，校长的管理阵地在学校，管理的对象是全体师生。但校长首先是教师中的一员，是学校名副其实的"首席教师"。如果中小学的校长不能够把自己的根扎在课堂，不能够成为汇聚美好事物的中心，就很难有真正的凝聚力。周校长之所以能够把一个小学科做出大文章，之所以能够把一所普通的农村学校带上一条追求卓越的道路，与他厚实的教师基本功分不开，更与他这种自命"首席教师"的心态分不开。

希望有更多的"首席教师"校长出现在我们的校园。

游和平：
追梦人的朴实情怀

这些年来，新教育实验的理论与实践受到越来越多的一线校长和教师的欢迎。许多没有参加实验的学校，也开始按照新教育的理念行动起来。许多校长和老师与我见面的时候，经常说的一句话就是：我们也是追梦人！

是的，我之所以一直对中国教育充满信心，之所以能够坚守新教育的事业，就是因为我看到，在我们的教育界，活跃着这样一群人：他们没有因为教育问题重重而灰心丧气，没有因为各种压力而放弃努力。游和平校长，就是他们中的一个代表。

我与和平校长没有见过面。年前他来信说，一直在关注着实践着新教育实验，虽然没有正式加盟，但是也可以算是一个编外的"部队"，随时可以"作战"的。他告诉我，看过我 2010 年 7 月在河北桥西全国第十届新教育年会上所作的"文化，为学校立魂"的主题报告，非常感动。他们学校正是按照新教育学校文化建设的理念来实践的。不知道他从哪里知道了我的手机号码和邮箱地址，于是，通过手机短信和电子邮箱，我们有了文字之交的来往，一来二往，自然就相识了。

于是，网上网下，多少知道了和平校长的一些情况。他是井冈山下一所省级重点高中的校长，是一位十分敬业、好学、颇有思想的校长。在十年校长的生涯中，他潜心于井冈山老区的高中教育。探索十年，他蹚出了一条符合校情的办学路子，把一所名不见经传的山区中学办成了"江西人民满意的十大品牌中学""江西高中教育业十强单位"。他的办学经验经常常在省市宣讲，诸多媒体宣传报道过他们的成绩。和平也因此获得首届全国中学十佳新锐校长、江西省特级教师、江西省模范教师、江西省师德先进个人等荣誉称号。一路走来，他艰难跋涉，痴心不改，无怨无悔，实属不易。

前不久，和平告诉我，他将自己十年来对教育的探索与反思等，整理汇成《追梦——一位中学校长的心路历程》一书。希望我写点文字。

相逢何必曾相识，我们都是追梦人。为追梦人的《追梦——一位中学校长的心路历程》写点想法，自然也无法拒绝。所以，不久前，我利用闲暇时间，从电子邮箱里仔细地翻看了该书稿，给我的印象是：非常朴实。

书稿的语言很朴实，几近白描，直叙其事，直抒己见；更为朴实的是表现在追梦人的情怀。一是责无旁贷的教育情怀。他以"教育一个学生，改变一个家庭，带动整个社会"为己任，不忘"为学生的终身发展与幸福奠基"的宗旨，善待每一个学生，用欣赏的眼光去面对每一位学生的差异，给不同潜质的学生以不同的选择，主张"能以健康的身体与心理融入社会、主动关爱他人并帮助他人"就是成功的人生！每一天，为明天。教育的过程，就是师生共同成长、共同创造的过程。二是彰显特色的文化情怀。文化，是立校之魂、治校之策、强校之路，是一所学校综合实力的体现，是可持续发展的重要保证。和平对校园文化建设情有独钟，不仅有宏观思考，而且有微观探索。颇有影响的"一切为了师生，一切依靠师生"的办学理念的提出与实践，蜚声江西教育界的"中学生业余党校"，独占鳌头的艺术教育，得天独厚的校本课程，别具一格而又是学生最爱的校园文化节、科技节、体育节等等，打造成精品，凸显其特色。校园里的每一面墙，每一扇窗，每一棵树，每一条道，都是文化积淀的自然流露。生活在这所校园里的师生，呼吸的是文化空气，目睹的是文化景观，感受的是文化氛围。沁人心脾的校园文化，无所不在，无时不有。总的来说，和平是与新教育有缘分的，是熟悉新教育的基本理念的。希望他能够进一步走进新教育，成为我们共同体的一员。

和平的这本书虽然不是一本系统的理论著作，内容与文字书稿也还未尽善尽美，但是，一位中学校长的心路历程却是淋漓尽致地呈现在我们面前，让每一位读者都能触摸到追梦人的情怀，甚至他的喜怒哀乐。

愿和平的梦能够梦想成真，愿天下所有的教育追梦人梦想成真！

赵红婷：
最好的教育风景在教室

张家港的赵红婷老师发来一本关于小学数学课堂观察的书稿，希望我能够为她写点文字。

我很愉快地答应了。理由有三条：第一，她是来自苏州的老师。张家港是苏州的一个县级市，我在苏州工作生活了 30 年，其中担任分管文化教育的副市长 10 年，对这个城市有着深厚的感情。爱屋及乌，对这个城市的人，对这个城市的老师自然有着特别的感情。第二，她是来自新教育网络师范学院的老师。网络师范学院是新教育培养优秀教师团队的重要渠道，我是网络师范学院的校长，尽管我没有亲自到网络师范学院担任讲师，但是一直在关注着网师，对于网师学员的成长也非常在意。第三，这本书的主题是关于课堂观察的。新教育实验一直认为，课堂是新教育最重要的舞台，一个优秀的教师，应该学会认识课堂、理解课堂、热爱课堂，应该把自己的根深深地扎在课堂，让自己的生命在课堂里开出一朵花来。所以，尽管手里的事情很多，我也愿意为赵老师的新书写点什么。

于是需要走近赵红婷老师。1994 年，毕业于无锡师范大专理科班的她，踏进了张家港市云盘小学的校门，先后承担过小学数学各年段的教学任务。在十多年的教学实践中，她自觉地将培养学生的数学素养、让学生学会数学思维作为自己的教学追求，比较关注学生的心理特征及其数学现实，创设有数学味的教学情境，引领学生经历数学的"再创造"过程，并逐渐形成了简约、扎实的教学风格。功夫不负有心人，她因此多次在市级以上公开教学，并在苏州市小学数学青年教师评优课比赛中获奖。2006年9月,被评为张家港市小学数学学科带头人。

2007年至2010年,赵老师被借调至市进修学校,担任小学数学脱产培训班的指导老师。在进修学校的三年,由于相对宽松的常规管理,以及较为浓郁的研究氛围,使她有了更大的学习和思考空间。也就在这个时期,她正式参加了新教育网络师范学院的学习,跟着网师的课程精读了一定量的书籍。在培训他人的同时,也努力进行着自我的培训,这是她成长的"拔节"期。正如她在《与新教育的不解之缘》一文中所说的那样,在遭遇新教育之前,她一直是浑浑噩噩的,想要上进,却找不到方向。邂逅新教育后,她才开始认识自我,并逐渐认同了教师这一职业。

这是一本关于小学课堂观察的书。毋庸置疑,课堂是教师教育教学的主阵地。课的质量高低不仅决定着知识的巩固性和深广度,还决定着学生正确世界观的确立、对知识和学科的热爱,以及对人类所创造精神财富的尊重。可以这样说,课堂教学的效果直接影响到每个学生能否得到全面而有个性的发展。观察和剖析课堂教学,对于提高课堂教学效率、提升教师专业素养,起着至关重要的作用,应该成为整个学校工作的重中之重。在这本书中,赵老师运用新教育实验理想课堂的理论,从观察教师的行走方式和学生的学习状态两个方面系统地展开论述,颇有深度。

在观察教师的行走方式方面,最值得一提的是赵老师能够自觉地关注数学知识本身的存在价值,而不是简单地进行解题能力训练。她认为,数学课堂终究是不同于其他学科的。数学有其本质特征,每个知识点都有其独特的存在价值,学习数学最重要的就是引领学生经历一个数学化的过程。因此,她把第一个视角投向"关注数学知识的存在价值",强调对于数学文本的解读,强调数学知识的"源头"。关注数学的本质特征,让学生感受数学本身的独特魅力,体验数学的哲学意境和文化韵味,掌握数学的思想方法,等等,这在许多数学课堂上,往往是看不见的风景。

在具体的策略上,赵老师提出了关注提问和引导的实效性,教法和学法的最优化,对于课堂的动态生成和课堂的细节,也有许多真知灼见。如注意课堂中出现的不同声音，处理好课堂中"计划"与"变化"的关系等。

在观察学生的生存状态方面，赵老师强调应该努力激发学生学习数学的需求，了解学生真实的思维状况，让学生经历数学探索的过程，特别是提出要站在儿童的立场看课堂，这是非常重要的课堂教学与课堂观察主张。很多时候，我们并没有真正了解学生的真实情况。我们一厢情愿地用自己的想法去揣测孩子们的想法，自以为了解了学生的情况，事实上，仅了解到一些浮于表面的状况。所以，她从探寻学生真实学习状况这一美好意图出发，注意让学生与问题直接"相遇"，让学生经历知识重构的过程，关注学生的"认知盲点"和"思维连接点"等。

应该说，一位在一线的小学数学老师，能够自觉地对课堂进行如此深入、具体的剖析，是难能可贵的。通读赵老师的著作，不仅可以看到新教育实验对于她的影响，也能够感觉到她如饥似渴地学习当代课堂教学理论的历程，尤其是佐藤学教授和陈大伟教授对她的影响。2011年，在常州召开的新教育实验国际论坛上，我有机会与佐藤学教授和陈大伟教授深入交流，也对他们扎根田野、坚守课堂的精神感受很深。其实，理解课堂，不仅需要像佐藤学、陈大伟这样的学者走进课堂，更加需要像赵红婷这样的一线老师掌握理论，把自己的感受、经验上升到理性的层面。一线教师的理论自觉，是改造我们的课堂，改造我们的教室的根本动力。

对于新教育来说，最好的风景永远在课堂，在教室，在校园！

王羽：
让新教育扎根在农田

在新教育的版图上，安徽有两个闪闪发光的亮点：一个是霍邱县新教育实验区，另一个就是安徽五河第二实验小学。它们都在农村，它们都执着地信任和践行着"让师生过一种幸福完整的教育生活"的新教育理念，它们因此都已经成为所在地区教育领域的一面旗帜。

不久前，我收到五河二小王羽校长的来信。她自豪地告诉我：作为安徽省首家新教育实验学校，自从2009年加入新教育实验以来，一直没有懈怠。三年来，在新教育的润泽下，无论是学校的面貌，还是师生的精神面貌都发生了巨大变化。由一所小小的、以留守儿童为主的城乡结合部薄弱学校，成长为当地已具有一定影响力的实验学校。它的崛起，让当地很多教育人了解了新教育理念，很多人深深被"过一种完整幸福的教育生活"感染，其中包括当地的两任县教育局局长。

王校长告诉我，在参加新教育实验后，许多老师围绕营造书香校园、师生共写随笔等行动，写下了许多教育叙事、读书笔记和感悟随笔，她准备把这些文字收集起来，以"过一种完整幸福的教育生活"为核心精神，给老师们出一本书。希望我能够为她们的著作写一篇序言。

从广州至山东调研的路上，我用了几个早晨和晚上的时间，从头到尾读完了这本小书。全书共分为四个部分：第一部分"课堂——生命牧养的快乐家园：教学"，第二部分"教师——灵魂唤醒的心理医师：心育"，第三部分"视野——教育现象的理性观察：剖析"，第四部分"读书——专业提升的心灵鸡汤：感悟"。

严格地说，这还不是一本真正意义上的新教育著作，而是一份尚属稚嫩的行动记录，而且其中有些提法我也不是十分同意，如把阅读作为"心灵鸡汤"等。但是，课堂、教师、视野、读书，的确是学校教育生活的几个最主要的关键词，是决定学校卓越或者平庸的重要问题。选择这些问题，让老师们阅读、思考、探索，是有意义的。老师们抓住这些问题，脚踏实地地行动起来，则更是难能可贵的努力。

为了减少我的工作量，王校长在我的博客中选了《过一种幸福完整的教育生活》这篇文章，希望作为代序。我婉言谢绝了。为什么？因为我曾经多次被王羽校长感动过。我知道，她多次带领着团队远赴焦作、海门等地学习考察新教育；她曾经多次组织"新教育茶香会"，以温馨的方式进行实验研讨和推广；她带头在教育在线上建立了名为"我们的脚印——五河县第二实验小学行走足迹"的主题帖；她去焦作讲述自己与新教育的不解之缘；她数次为校内外老师进行绘本示范教学；她亲自主持"开展共读共写，实现师生共同成长"国家"十一五"课题子课题的研究项目……为了表达对王羽和五河二小老师的敬意，我理应专门为他们写下我的感受，为他们的行动喝彩、加油。

而更重要的原因，是我对农村新教育的特别关注。在三天前参加的"教育与中国未来"30人论坛上，我还说到中国教育最关键的难点是公平。教育不公，尤其是城乡教育的不均衡，一直让我忧心忡忡。仅拿教育经费来说，农村和城市的教育差距非常大，农村教育经费只占全国教育经费的35%左右，而农村人口远远超过了65%……农村教育就像一片幅员辽阔却日渐贫瘠的农田。

但是，在这样的大环境下，除了向上要不断建言、敦促政府出台更多措施，向下，我们自身仍有潜力可挖。一位有着教育情怀的普通教师，就足以为教室里的孩子点亮一片朴素而美丽的星空，就像一位勤恳的农夫足以改变自家农田的生态。只要一块块农田如此改变，大地必将随之缓缓改变。就像山西绛县，自2004年开始开展新教育实验以来，历经数载，已经初见成效，晨诵、午读、暮省的儿童生活方式已经在绛县的每一所村小生根开花，新教育的理想课堂、每月一事、教师专业发展等课程也已经成为绛县教育的重要特色。

我一直希望有更多的农村学校和农村地区践行新教育，让新教育惠及更多的农村孩子。所以，听到王校长对我说，虽然她们"还在路上，依然还弱小，但是我们的梦很大，情怀很大。我们要做一所新教育精神下的具有中国气质的农村学校，并为此坚定不移"时，我被她的这番话深深打动。

建一所新教育精神下具有中国气质的农村学校——这也是我的期待，我的梦想！中国教育，农村是最短的一块板。农村学校变化了，中国教育就变化了；农村孩子成长了，中国教育就成长了。

因此，这本小书，是一所年轻的农村新教育学校在重重压力下，勇敢踩出的第一个新的脚印，相信接下去，还有更美丽的风景期待着我们发现与欣赏，也会有更漫长的道路等待着我们去探索。只是，既已认准一条道路，何必去打听要走多久？只要前行，今天的每个脚印都是昨天的梦想！

辑三 为了种子的深耕

"我是一粒种子，一粒新教育的种子，我有无数次前世今生的轮回，但是我最看重当下的力量——曾经化为淤泥，换来今日芳香，无论遭遇什么，我都坚信自己，一次比一次芬芳。"从2010年开始，新教育的种子计划项目正式播种，2011年开始，新教育的萤火虫亲子共读项目正式启程。

经过十年的辛勤耕耘，种子已经生根开花、枝繁叶茂，结出了累累硕果。经过九年的振翅飞翔，萤火虫已经遍布城乡，立足教育，辐射社会，以亲子共读推动全民阅读，让新教育成为当地文化生活中的美好风景。

郭明晓：
中国飓风

国际惯例中，台风的命名一度仅以女性的名称命名。"大西洋来的飓风"这个充满力量的网名背后，也是一位叫郭明晓的女性。这位后来被大家昵称为飓风、被我尊称为飓风大姐的新教育榜样，无论是作为一线教师，第一次在新教育的海洋上出现，就如同一阵飓风一样横扫心田，惊心动魄，让人难以忘怀，还是后来退休之后，她既未退更未休，为新教育担任义工，先后担任新阅读研究所常务副所长、新教育首席培训师、新教育种子计划首席专家、说写课程首席专家等重要职务，在全国新教育教师心中刮起一阵又一阵飓风，以至于大家后来都不习惯叫她真名，而是把"飓风"这个网名叫到了众人耳熟能详的程度。

见到飓风的网名，是在2009年年初，她在教育在线论坛发了帖子。那个帖子吸引了众多网友，因为她在记录着自己冬泳的经历，大家纷纷对此抱以敬佩和赞叹。

第一次见到飓风老师是在2010年新教育桥西年会上。这一天，她从神秘的网络世界来到年会的盛典上，讲述她参加新教育这一年的故事。飓风再次在会议上兴起风暴。她的故事一开讲，就让全场的与会者肃然起敬。风暴过后，会场先是一片寂静，接着是暴风雨般的掌声。

她的故事是这样开始的——

有一天，她和家人在外面吃完饭出来，老公、女儿提议逛逛，她却对他们说："你们逛吧，我要回家了。"老公和女儿问她回家干什么，她竟然说回去做网师的作业。女儿笑妈妈:"你这么大年纪了,不要在荣誉面前昏了头,你学那么多来干什么呀,你马上就要退休了!"她严肃地回答道:"越读网师,越觉得自己浅薄,越觉得自己应该多读点。别说退休啊,你们想想,要是我能活80岁,那我55岁退休,就还有25年的时间,这25年的时间要是用来学习,可以学好多东西啊!"女儿揶揄地说:"看你这样,你应该上大学才行啊!"她也幽默地回答:"你们别激我,要是把我的潜能激发出来,我真要去参加高考了。不是有比我还老的人参加高考吗?"老公最后打圆场说:"你快乐,我们也快乐!支持你,去上大学!"

我还清晰地记得,在这次年会上,飓风讲述了她和新教育的美丽邂逅。那是2008年11月在成都的一次会议上,她听到新教育研究中心干国祥老师、马玲老师等讲晨诵、午读、暮省和新教育儿童课程,一下子"眼睛亮了起来"。于是,她迫不及待地到教育在线注册,并且给自己取了一个颇有力量的网名:大西洋来的飓风。

我不知道飓风为什么给自己取这样一个名字。虽然名字只具有象征的意义,但名字对人的激励功能是值得关注的。古今中外就有许多人通过改名激励自己,如聂耳、鲁迅、盖叫天等。现在,因为有了网络,不必像过去那样改名,每个人都可以轻轻松松为自己取一个网名,但名字毕竟蕴含着梦想和期待。大概是因为大西洋来的飓风力量强大,摧枯拉朽,她是想借此表达自己强烈的成长渴望和一往无前的勇气吧。从为自己取这样一个网名以来,飓风确确实实用她的行动,她的精神,她的追求,她的坚韧,践行了这个名字的意蕴。这些年来,她不仅是对新教育,甚至是对中国教育勇敢地说了一声:我来了!我是大西洋来的飓风!

作为新教育网络师范学院的学员,从2009年开始,她的年度叙事每年都能够从千余名学员中脱颖而出,成为最受尊敬的"十佳年度叙事"之一。如2009年,她先后阅读了近200本绘本、数十部童话,还有近十部理论书籍。2010年,她又跟随网师读完了《论语》《中国哲学史》《静悄悄的革命》《心理学》《教育的目的》《给教师的建议》等一大批理论书籍。2011年,在继续大量阅读、继续带领孩子晨诵午读暮省、继续开展完美教室探索的同时,她的班级童话剧正式起航。2012 年,她演绎了飓风版的"在农历的天空下",把新教育的农历课程推向了新的境界。2013 年,在即将告别讲台之际,她仍然研发并实施了"生命的孤独与丰盈——狄金森诗歌之旅"的课程,并与孩子们排练了《青鸟》《影之翼》的童话剧。就这样,飓风每一年都会在网师学员中形成一个不大不小的风暴——要知道,网师中可是强手如云,甚至还有一些优秀的大学老师呢!

飓风大姐的这些年度叙事我不止一次地阅读过,每次都会在我的心中掀起感动与感慨的波澜,每年我也会在自己的博客中推荐。从她的叙事中我们可以看到,只要有梦想,就会有成长。飓风经过的地方,就会留下痕迹。五年的时间,1700 多个日子,飓风没有停止过阅读、思考、写作,没有停止过晨诵、午读、暮省,没有停止过给父母写信交流,也没有停止过她的冬泳。每一年,她都用长篇教育叙事反思自己,都用横渡金沙江来激励自己。

2013 年年底,飓风邀请我去了一趟她的家乡,为宜宾的校长和老师们讲"过一种幸福完整的教育生活",她希望新教育的种子能够在她的家乡开花结果。记得那天我们从罕台新教育实验小学赶到宜宾时,已经是凌晨两点左右。第二天讲完,匆匆离开宜宾,飓风所在的人民路小学校长陈刚等把我送到机场。也是这一路,我又从另一个侧面了解了飓风。

陈刚是一位数学特级教师。他告诉我,飓风老师的新教育风暴已经在学校刮起来了。他介绍说,没做新教育前,飓风就是一位敬业、优秀的语文老师,还是学校的教导主任,每天除了完成教学任务,还要处理纷繁复杂的各种事务性工作:安排临时代课、听青年教师的课、组织教研活动、参加上级会议、主持课题研究等等,常常工作到深夜。

走进新教育后,飓风更希望扎根课堂,于是郑重地辞去了教导主任工作,全身心投入新教育实践:参加新教育网师学习、研发开展各类课程、研习理想课堂、进行童话剧创作表演……为缔造完美教室不懈努力,和学生一起成长。

陈刚老师说,新教育的特有魔力加上飓风老师的超凡毅力,使她青春焕发,迎来了自己教育生命最辉煌的高峰,她和她的学生们正一起"过一种幸福完整的教育生活"。

这样的飓风,自然是人人不愿放弃的珍宝。2013 年 11 月,飓风老师办理了退休手续，一心憧憬推动新教育在全校实践的陈刚校长几次三番盛情力邀，终于留下了飓风老师，继续为学校培养种子教师、推动新教育工作；同时，因为飓风老师的新教育实践，当地教育主管部门又返聘她回到工作岗位，专门成立"郭明晓工作室"，在全区招收五个徒弟、引领三所学校，推动新教育在翠屏区的实践；更重要的是，在新教育萤火虫团队"点亮自己、照亮他人"的精神感召与吸引下，她又接受聘任，成为种子计划项目首席培训师，承担了全国新教育种子教师的培训工作。

2015年，和以往一样，飓风又用一年生命，书写了一页新的篇章。和以往不一样的是，我们可以明确地看出，飓风在这一年，实现了"种子需要土地"到"土地需要种子"的超越！

参加新教育实验之后的飓风，已经完成了生命中的重要蜕变。她自觉地用新教育的生命叙事和专业发展理论武装自己，自觉地寻找生命的榜样，自觉地阅读、写作、思考、实践，因此，她成为新教育完美教室的缔造者，她成为新教育的榜样教师。退休的她，本可以功成而退，安享晚年；也可以总结人生，撰写书文；还可以继续在教育一线耕耘，成为更有影响的新教育名师，成为一个花开原野的卓越种子。她已经拥有了自觉从大地汲取营养的本领，她会不断地开花，闻名天下。

这种选择，是很多优秀老师的选择，也是很正常的选择，无可非议。

但从新教育作为一个发展中的共同体来说，"石头汤"的比喻决定了共同体的形式：只有新教育人都为这锅汤奉献出一部分，这锅汤才会更加鲜美。新教育的百花园里，一花独放不是春，田野中需要更多种子开花绽放。

这样的转变，与其说是角色身份的转换，不如说是精神生命的拔节。在2015年的叙事里，飓风诚恳地记录下了自己在这一步人生转折处的反思：从被儿童文学作家童喜喜在"新孩子乡村阅读公益行"中玩命工作的震撼，到对《读写月报·新教育》执行主编李玉龙英年早逝的反思，她终于纵身一跃，正式接受了新教育新父母研究所的邀请，成为新教育首席培训师，成为新教育萤火虫团队的一员，为了更多的种子，她自觉自愿地转换了角色，从"种子"变为"土地"，为更多的"种子"提供滋养。

"落红不是无情物,化作春泥更护花",这句话,说易行难。从某种意义上,这句话是从优秀到卓越的分水岭。因为知识是无穷无尽的,一位教师在教育知识上的探索和寻求也是没有止境的。卓越是在优秀止步之处的前行,因此,卓越教师不是指一个人多么完美,而是指这个人真正具有一种不断追寻也不停奉献的精神。

飓风做到了。

飓风在新教育萤火虫团队之中,践行着"成为土地"的承诺。并且,她进一步指出:是她自己需要成为土地,是她主动愿意帮助他人,而不是被动服务于他人,服务他人而实现自我价值已经成为了她的自觉追求。是在这样的人生目标下,她更加贪婪地读书,更加疯狂地工作,更加用心地写作。她自觉地把自己享受生活的时间用在帮助那些新教育种子教师的成长身上。为此,她差不多每个月都要重读或者精读一本教育理论著作,每个月都要帮助年轻教师备课、改稿、打磨生命叙事剧,每个月都要奔赴全国新教育实验区进行培训指导。

助人者天助,助人者助己。如果我们看一下飓风在2015年写下的文字,我们也会发现,她的理性思维与理论自觉更强了。在《爱伴我们前行》这篇近三万字的文章中,她用教育学、心理学的理论,剖析了自己与韦春鸣同学的交往历程。如何从母性之爱走向父性之爱,再走向自信自爱?如何与学生建立起信任的关系?她不再是过去认真记录教育生活的郭明晓,而是一个自觉地用教育心理学理论进行案例研究的新教育人。是的,理论一旦为一线的教师所掌握,就会变成改变教育的力量,也会变为自我成长的力量。

前几天与飓风一起参加河北邢台县新教育实验区启动仪式。我和她聊起新教育的未来,聊起正在编写的《新教育晨诵》,聊起新教育种子教师的故事,看到她眼中透露出的憧憬与坚毅。我隐隐感觉,这位飓风大姐,在团队工作中已经蓄积了新的能量,正在酝酿一场新的"风暴"。她一方面在继续学习着,在悄悄地聚集新的能量,一方面也在摧枯拉朽地创造着,扫荡陈旧,推陈出新。

飓风老师的成长故事、教育故事,在为更多教师如何创造幸福完整的教育、打造幸福完整的人生,提供一个切合实际的指南。这些年来,她所到之处,几乎每一场讲座,都能够刮起一股不小的新教育风暴,生命因此燃烧,教育更加美好。

  在中国，像飓风大姐这样的老师，既少，也多。说少，因为事实上像她这样的老师并不多见；说多，是她把神圣寓于平凡之中，每位老师只要愿意，都可以像她一样掀起自己的飓风。我相信后者，也深深期待着！

王元磊：
在新教育的三生石上播撒种子

新教育实验从1999年萌芽，成长至今已有20个年头了。这段时光，在苍茫历史上只是短暂一瞬，具体到任何人而言，却是一段不短的时光。

这些年中，最让我感动的，莫过于那些和新教育一起前行、一起成长的新教育同仁。其中，新教育种子计划公益项目的常务执行长、山东省诸城市教科所王元磊所长，就是这样一位新教育的得力干将。

2016年7月，新教育年度研讨会在山东诸城举行，我在致辞中特别致谢了诸城教育局的"二李二王"。这四人是诸城新教育团队引领者、开拓者，"二李"是市教育局先后两任局长李庆平和李熙良，"二王"是市教研室王德主任和元磊。

元磊姓名中的"磊"字，由三块石头组成。他参加新教育实验至今的历程，也可以分为三个阶段，就像三块不同形状、不同光彩的三块行动之石。

元磊加入新教育的时间，要追溯至2003年。那一年6月18日新教育官方网站教育在线成立不久，王元磊就成为了网站论坛中的一员。当时论坛中唇枪舌剑好不热闹，元磊却显然属于低调的类型。更多的时间里，他不是发帖而是回贴，多是追问少是回答，留下的只言片语，能够看出思考，却毫不张扬，更不至于伤害到他人。他的语言风格，和"语不惊人死不休"的网络世界准则格格不入，因此，那时的元磊并没有引起太多人关注。

我真正注意到元磊，是从2004年开始。那一年，时任诸城实验中学校长的李庆平先生带领团队参加新教育会议，元磊是他的得力干将。那时我就发现，元磊性情温和，踏实勤勉，行动敏捷，虽然言语不多，但偶有发言，必然是真正有所思考。

紧接着一年后，由山东省教育厅举办的"山东省学校文化建设现场研讨会议"在诸城实验中学召开，元磊作为承办会议的挑大梁者，就和诸城实验中学里朴素的环境、浓郁的书香一样，给人们留下了深刻的印象。看见这样乐于做事、能干成事的人才，我也为庆平校长感到高兴。

立足于一所学校，对营造书香校园、师生共写随笔等新教育行动，兢兢业业地落实，这就是王元磊的第一块石头：以推进学校发展为目标的新教育工作。

2012年，诸城整体加入新教育实验区，元磊的岗位也从学校到了市教育局。从一所学校到一片区域，不仅是面积上的改变，也是行动模式的调整。

如果说在一所学校里开展新教育实验，就像一位农夫，需要脚踏实地，需要日复一日地默默耕耘，那么，在一片区域上开展新教育实验，则要像一只蜜蜂，需要采撷百花之长，同时又四处传播花粉，促使百花更好地绽放。元磊却结合这两者，一方面，自己不断成长，所有新教育的重要会议，都能看见他的身影，任何会议上看见他，都在认认真真地学习；另一方面，他也毫不吝啬地把自己的智慧播撒到更多人的心田之中，协助更多人成长。

最让我感动的是，王元磊不局限于诸城实验区一地之局限，以主人翁心态助力新教育整体更好地发展。

2013年夏，新教育研究院在推进一项工作，号召实验区派优秀的新教育教师到北京参加工作一年。优秀教师是无价之宝，优秀教师的调动也牵涉方方面面，是莫大的烦恼。诸城实验区却在李熙良局长、王德主任为首的全力支持下，由元磊亲自落实此事。

事后我听人说起，为了完成好这项工作，元磊几乎把整个诸城市优秀教师全部排查了一遍，又悄悄走进几所学校走访了重点对象，最后一对一地面谈，深入了解后确定了姜蕾老师。选拔出好老师后，为了让好老师安心在北京工作，元磊不仅细心制定了周末回家的差旅费由教育局报销等规定，而且一年中的重要评选都惦记着为这位老师申报。

一年期满，新教育方面又需要姜蕾老师在北京再工作一年。元磊再一次亲自去姜老师家中做思想工作,又去姜老师所在的学校和校领导沟通,还找姜老师的丈夫细致交流……最后,在他耐心细致的工作下,各方共同拍板:把姜蕾老师的丈夫也送到北京,让一家团聚,让姜蕾老师心无旁骛,全力以赴投入新教育工作……

此事最后有了一个圆满的结局:不仅新教育的这次工作,因为两位诸城老师增光添彩,两位诸城老师也得到了长足发展,成了诸城新教育骨干。

这件事特别典型地体现出元磊心有大局的情怀与风范,让所有参与此事的新教育同仁深受感动。

事在人为。近些年来,诸城新教育发展特别迅速,得益于诸城有一批优秀的新教育人。

我一直记得,熙良局长上任第二天,就亲自带队奔赴霍邱,参加了当年的新教育实验区工作会议。那是他到教育局工作后的第一个会议。这些年,对于诸城新教育的任何探索,熙良局长都是大开绿灯,全力支持。

我也一直记得,王德主任对于新教育的深刻理解,他通过教研室的一系列工作,致力于把新教育实验的理论、行动与常规教学进行融合与协调。他为诸城新教育的茁壮成长、特色发展,作出了突出贡献。

元磊幸运地置身于这样的团队之中,埋首于一个区域,低调果断,真抓实干,这是他的第二块石头:以推进区域发展为目标的新教育工作。

从 2018 年 6 月开始,元磊又有了新的起点:在著名儿童文学作家、新教育种子计划公益项目负责人童喜喜执行长的邀请下,他走马上任,担任了种子计划项目的常务执行长。

我完全相信,新教育种子计划公益项目,会因为王元磊的加入,有着进一步发展。种子计划是我一直非常重视的新教育项目之一。我一直期待新教育种子计划深耕一线,能够为教师成长不断提供新的力量。该项目启动于 2010 年 11 月 29 日,曾荣获"中国好教育奖——助力教育热心公益项目"。该项目致力于免费长期跟进培育一线教师,助力一线教师更为高效轻松地落实新教育的各大行动、课程。迄今已经先后有近 2000 位注册种子教师,活跃在全国各个新教育实验区校,几乎都是当地的榜样教师。

我完全相信，元磊是担任这一职务的最佳人选。他的低调，不是做样子，而是在名利面前坚决推辞。几年前，在一次全国大型的教师评奖中，我准备推荐王元磊。当我派人找他要资料时，他却婉转而坚定地拒绝了，而是推荐了诸城的另外一位老师。这种成人之美的心胸和情怀，不是人人都有的。

2018年6月20日，我在北京首都师范大学附属小学参加该校郭丽萍老师所在班级的毕业典礼。郭老师就是新教育种子教师，她、学生和学生父母们在六年时光中的共同成长，让与会的领导、嘉宾、媒体都赞不绝口。王元磊作为种子计划常务执行长前来参会，在会议发言中，对新教育的理念理论如数家珍，对郭丽萍老师的具体教学点评到位，对区域、学校、教师如何推动的经验侃侃而谈。那一瞬间，我心中浮现出15年前元磊腼腆微笑的样子，深切感受到时光对一个行动者的馈赠，又是感慨，又是欣慰。

2018年8月11日至17日，"新教育萤火虫之夏（2018）暨全国第九届新教育种子教师研训营"在山东诸城举行。因为报名者踊跃，活动不得不分为两场举行。来自全国各地共计1300多名新教育同仁欢聚一堂，进行高强度的研修，得到了各方盛赞。山东诸城作为新教育示范实验区的魅力，也因此得到了又一次彰显。

2018年年底，种子计划的网络培训进行了全新课程规划，精心打磨的教师成长专业课程，以音频课加文字提纲的方式，便于一线老师以微信为工具，利用碎片时间随时学习，一经推出就得到了教师们的热烈好评，推出两个半月，已有种子教师5229人次进行了全面学习和热切交流……

在这一切的背后，是新教育种子计划管理团队的完善，倾注着常务执行长王元磊的心血。新教育种子教师，这支独特的新教育团队，汇聚了主动追寻梦想、不断渴望成长的一线教师，从积极践行新教育的各类课程，到全面承担《新教育晨诵》的选编和撰稿，一直在自我突破中不断成长。

新官上任三把火，元磊还会带给我怎样的惊喜？我满怀期待。

这就是元磊的第三块石头：烈火一样的热情，钻石一般的坚定，以"心为火种、生生不息、点亮自己、照亮他人"的精神，向着空间的更远处，向着时间的更深处，永远探索，永远在路上。

还记得在我发起新教育实验之前，有人读了《我的教育理想》后，表示我在书里写得容易，这些理想不可能真正落实在生活中。转眼这些年过去，新教育实验尽管和我的理想还有距离，但是，已经真切地改变了许许多多师生的生活，让"过一种幸福完整的教育生活"不再仅仅是梦想。

每一点成绩的取得，都是因为在教育一线上，活跃着像王元磊这样的新教育人。他们作为拓荒者，最初面对的不是鲜花掌声，而是荆棘丛生，顽石遍地。是他们矢志不移地播种、耕耘，不知不觉中，在时光里有了绿荫，有了果实。

一切成绩的取得，更是因为王元磊们的坚持。他们面对新教育实验，就像面对三生石前许下的誓言，不离不弃，坚持行动。他们真正活出了新教育的模样，于是，他们也成了新教育最好的传播者。其实，关于三生石的传说故事，最早版本就是两个男人的友谊。幸运的是，在这些年的新教育探索中，我也和无数这样的新教育同仁缔结了友谊。

教育，是慢的艺术，是人类得以发展的唯一方法。新教育，是一种新的理念，新的行动，更是我们对未来寄予的新的希望，代表着我们心中涌动的美好期待。我相信，当我们一起更为持久地努力，在新教育的三生石上坚持不懈地播撒下种子，日复一日地尽心耕耘，我们终将看见一朵又一朵新的鲜花为世界绽放，一篇又一篇新的传奇被人们书写，一段又一段新的歌谣在天空下唱响。

李西西:
不说话的"南瓜"

人们常将电影称为继诗歌、舞蹈、音乐、戏剧、雕塑、绘画之后的第七艺术,或许,我们可以更直接地把电影称为浓缩的人生。在方寸之间,在那以分钟计算的时光里,观众通过观看别人的故事,回味着自己的酸甜苦辣,收获着不同的人生感悟。在这个信息时代,影像传播的威力也越来越大,电影更是以其综合艺术的高度,以视觉文化的方式,在悄悄改变着人们的生活,甚至潜移默化地影响着观众的人生。

电影的感染力、传播力、影响力、教育力,都是如此强大,新教育实验也非常重视电影的教育功能。这些年来,许多新教育人都从不同侧面,探索着如何把优秀电影融进新教育的各项工作中,尤其是进行课程的全面研发与深入开展。

作为新教育电影课项目负责人的李西西,是其中研究最为专注,耗费时间也特别长的一位。甚至可以说,他的这个电影课项目,是我千呼万唤"催"出来的。

西西从 2011 年 9 月加入新教育实验,没过几个月就主动提出他要研制电影课项目。我当时一听,就寄予了很大的期待。因为我知道,西西是一位儿童文学作家,有着儿童般的善良真诚,也有着作家特有的文学气质。他一直认为,优秀的电影,可以让人们同时看见三重世界:理想世界的影子,生活世界的镜子,心灵世界的自我,所以优秀的电影就是一本伟大的人生教科书。

同时,我知道西西还是一位编剧。他担任编剧之一的《天上掉下个猪八戒》

是一部备受欢迎的动画片，不仅在中央电视台热播，还获得了很多奖项。对影视创作的多方面了解，也培养出他良好的审美情趣。如何将电影之美与教育之需结合，如何让电影能够更好地从课程的角度切入，发挥更大的作用，这是让他苦思冥想的问题。

可从电影课项目立项开始的这几年里，我每次见到西西，几乎都会催问研制得怎么样，他每次总是回答快了，快了，却一直没有动静。直到这个明媚的5月，他突然把一部《好电影养成好习惯》的书稿送到我的面前。

虽然耗时四年多，但是，在看见书稿时，我很欣慰。

这部书稿在新教育已有研究的基础上，西西和他的团队以新教育"每月一事"的主题出发，围绕着勤俭、守规、公益、环保等12个主题，分为低、中、高三个年龄段，从低段的幼儿至小学一年级，中段的小学二年级至小学五年级，到高段的小学六年级至初中，每个年龄段每个月对一部电影进行详细导赏推介，对一部同类电影进行简单推介，一共推荐了72部优秀影片，实用性很强。

更重要的是，和现在一般可见的电影教育类图书不同，西西和团队在创作的过程中，把详细推介的每一部影片都分为影片信息、影片赏析、教育要点、共鸣共行、相关推荐五个方面进行深入探讨。这样的研究框架设计，让每部影片的导赏既有骨架又有血肉，兼具可读性和操作性，既有知识的积累又有叩问的启发，不仅能够帮助师生更好地理解习惯主题的内涵，还以主题为核心，进行了更为丰富的拓展。

如果说有什么不足，那么最遗憾的是碍于篇幅所限，这部书稿里少了电影课叙事的环节。我一直认为，记录那些观赏电影中发生的师生交流、亲子碰撞，本身也是教育的一部分。所以交出书稿，不是研究的结束，而是研究进入新阶段的开始。

当然，在西西交出这份电影课研究的成绩单之前，我也知道他这些年在新教育里并没有闲着。他把属于舞台的光鲜给了别人，自己则悄悄退到了幕后。新教育团队的专职人员不多，他一直身兼数职，从每一年的新教育工作月历等各类资料的设计，到新教育萤火虫团队承办的各种会议的手册、资料袋、会议背景、会务证等的设计，从没有邀请过专业设计团队协助，都是由他一个人完成。当团队越来越庞大，事务也越来越多时，他甚至承担起了会务工作、财务工作、外联工作。西西不是那种特别擅长和人打交道的人，但他率真的性格，温和的处事方式，包容的态度，让他在工作中被越来越多人了解，赢得了越来越多人的信任和喜爱。

值得一提的是，在新教育晨诵研制中，西西不仅提出了结合学生年龄段，以诗歌构建世界文明体系的建议，还围绕自己的建议列出了供参考的优质作品。他多年博览群书的积淀，跳出教育看教育的宽阔的视野，不由得让我刮目相看。

就在看见这部书稿的同时，我更高兴地听西西介绍说，这几年来，其实相关分主题的研究一直在同步进行，另两部电影课的研究作品也会在一年内陆续出版。

我相信，教育是润物无声的过程，教育研究需要厚积薄发的力量。有了这些年的积累，接下去西西率领的新教育电影课项目组，一定能陆续推出更多更好的成果。当电影作为一种寓教于乐的教育内容和教学工具，就会有更多师生因此而享受到幸福完整的教育生活，收获完整幸福的人生。

见证着西西这几年的悄然成长，总让我不由得想起同为儿童文学作家舒比格写的那段意味深长的话："洋葱、萝卜和西红柿，不相信世界上有南瓜这种东西。他们认为那是一种空想，南瓜不说话，只是默默地成长。"

王丽君：
一朵玫瑰的蓝色新生

这半生与教育结缘，我走过的学校、走进的教室不计其数。看过许多地方，甚至在那些被人忽视甚至遗忘的角落里，我都看到有教育的嫩芽在吐露新绿，有教师的生命在不屈成长。这些艰难的美好，常常让我动容，甚至热泪盈眶。在这些故事中，有一间教室让我至今无法忘怀——

那是 2012 年 4 月，在石家庄桥西新教育实验区开放周上，作家、新教育新父母研究所的所长童喜喜推荐我走进了该区的一所位于城乡结合部的普通新教育小学，参加了其中一个班级的实验展示活动。

在展示中，该班的数学老师讲了自己如何在教室里种下了蒜苗，带领学生们丈量蒜苗长度、计算每日生长；该班的美术老师讲了自己如何教学生捏泥人，又如何反倒被学生的迅速成长上了一课；该班的音乐老师讲了自己如何把音乐融入新教育晨诵，如何用专业发音帮助一个音带患病的孩子免遭手术之苦……老师们朴实而真挚，庄重中又带有几分羞怯、拘谨地讲述着自己的教育故事。

最有趣的是，该班的学生父母代表是三位母亲，她们同时上场，三个人却都满脸通红，讷讷说不出话来。主持人介绍说，听说要上台发言，全班没有一个父母敢上，最后她们仨约好一起行动，才算走到了台上……

最动人的，当然是这个班的孩子们。他们童声朗朗地诵读诗歌，介绍自己从进校开始的恐惧到如今对学习的喜爱，他们向客人赠送亲手捏塑的泥人儿，那人物造型许多是源自平日课外阅读中的积累，是脑与手的结合……看看他们黑亮的眼睛，明媚的笑脸，无论是诵读还是手工，他们的一举一动里洋溢着自信与从容，生动地诠释着什么是教育，什么是幸福。

那是一间原本极其普通的教室，那是一群原本极其普通的老师，那是一群原本极其普通的孩子与父母。那样的物与人，在我们身边本来俯拾皆是。正因如此，这群人共同创造出的那份近在身边的幸福，才如此真切，动人至深——这一幕分明是说，哪怕在不尽如人意的现实里，我们照样大有可为，教育依然魅力无限！

我坐在台下看着，心中充满了感动，澎湃着激情，眼中止不住热泪。

这感人一幕的缔造者，也是活动当天的主持人——蓝玫（王丽君老师）。

曾有网友给我留言说，新教育"所推动的教育改革是最难的一个领域，那就是推动千万教师教育方法的变革"。其实，教育改革牵一发而动全身，是否最难往往是相对而言，但新教育实验的确是以教师专业发展为起点。因此，新教育20年，有无数教师为其倾力付出，以行动书写新的教育故事，有无数教师在其中成长，让生命逐渐吐露出独特芬芳。蓝玫就是其中之一。

现任新教育新父母研究所的执行所长蓝玫，在遭遇新教育之前，有着曲折的从教经历。

刚参加工作时，年轻的她只记得父亲那句"当老师是个良心活，你要好好教书，对得起自己的良心"的叮嘱，为此，她尽心尽力教导学生。让她高兴的是，她觉得自己很快就成为了一个"好老师"。好景不长。没过几年，因为感觉在单位遭受了不太公平的待遇，性格倔强的她奋起反抗，结果却受到了长达十多年的雪藏和封杀。

她也曾憎恨环境恶劣，也曾抱怨命运不公，也曾在麻将桌前颓废度日……她的人生，一度失去了方向。2009年，在朋友的推荐下，喜爱上网的她稀里糊涂地走进了教育在线网站。在这里，她给自己取了个网名叫"蓝玫初绽"。"初绽"二字是她跃跃欲试又心存胆怯的心声。她自己也没想到，这个名字如同一个预言，成为她接下来人生的写照——

遭遇新教育，蓝玫压抑数年的教育激情顷刻间就被点燃。通过在新教育网络师范学院的学习，她不断提高自身素养，通过教室里新教育课程的开展，坚持知行合一，通过网上、网下与其他老师的交流、研课，反复琢磨品味……她对新教育如痴如醉，像是着了魔。

她发现以前自己努力工作，是为了得到别人的认可，证明自己。可走进新教育后，她终于发现了教育的真正魅力，教育渐渐成了她心灵的真正归属。在桥西新教育实验区中，蓝玫成为新教育骨干，在她所在的城郊小学里，她更是全校的新教育核心，学校的一群老师，尤其和她搭班的各学科老师因为她的影响，对新教育更为投入与痴迷。

由于蓝玫在新教育上的出色表现，她担任了学校的中层管理工作。但她只有一个要求：坚持带班。在新教育里绽放的蓝玫，她深深懂得教育最真切的幸福，来自师生共同成长的快乐。她的学生都出自父母是打工者、农民、小商贩的家庭，这些父母中工作最好的是一位公共汽车司机。而这些孩子不仅以出色的表现赢得全国各地来访教师的交口称赞，还征服了《光明日报》《中华儿女》等媒体，纷纷予以大篇幅报道。

就这样，2009年走进新教育的蓝玫，2010年成为新教育种子计划公益项目第一批资助的种子教师。其后，她加入了新教育萤火虫亲子共读项目，以教室为基地，发动班级里的学生父母、带动全校的学生父母、面向学校周边的有心年轻父母，开展亲子共读公益活动。

就在蓝玫发现了教育的新大陆时，有两条路同时在她面前展开：一条路，是刚刚开始推动新教育的长安区邀请她调往该区升任副校长，并且对方许诺校长职位一直空缺，等她资格足够时直接晋升；另一条路，是童喜喜成立的新父母研究所，正在招募人员从事家庭新教育的研发推广工作。

有一首诗里写着："一片树林里分出两条路——而我选择了人迹更少的一条，从此决定了我一生的道路。"蓝玫选择的也是后者。她辞去公职，放弃了正式的编制与稳定的收入，从此彻底投身教育公益事业。

蓝玫没想到，她在离开教室后的几个月里，多次梦回教室，醒来忍不住流泪。几个月里，每次走进别人的教室，心中总是恍惚，总觉得自己应该走上讲台。她的家就在原来工作的学校旁边，当她发现自己教过的那班孩子去郊游时，她在楼上悄悄目送大家，直到所有孩子走远……"当初我并不知道离开教室、离开孩子会让我这么难过。如果重新来过，也许我会选择留在教室。可是面对已经选择的道路,我无怨无悔,我唯一能做、唯一要做的是:帮助更多家庭,让更多孩子享受到教育的完整幸福。"蓝玫说。

在新的土地上,蓝玫以家校共建为切入点,从对教师与学生父母的双向引导、沟通对话着手,全力开展新父母课堂、种子教师计划、萤火虫亲子共读等公益项目。她忙忙碌碌地四处奔走,为教师分忧,与父母对话,与孩子交流……她不断与人分享着自己的成长,也在分享中收获更多,由此更快地成长。

蓝玫的故事,多次感动过我。2011年,在"朱永新教育作品"首发式上,童喜喜邀请蓝玫和她的学生们带来了精彩的童诗表演,还送我一本全班集体创作的绘本《有这样一个新的孩子》,孩子们又写又画,描述出"我心中的朱永新"的模样,这是迄今为止我最喜欢的礼物之一。

重新扎根于新的土地之上的蓝玫,则让我在感动之余,满怀欣喜,愈发期待。蓝色,是天空的颜色,也是新教育Logo的主色调。这朵玫瑰历经火红的青春之后,从容而坚定地朝向天空生长,尽情吐露芬芳。我相信,历经岁月,这芳香将越来越浓郁。

蓝玫进入新父母研究所后,开始了新教育研究推广的专职工作。她从一间间教室开始,带领一批老师认真推进新教育课程;她从给老师们写每周一信起步,引领学校的家校共育工作,逐渐赢得了父母们的认可……在我们的合作终止后,她已经调离学校,还有老师念念不忘地对她说:"怀念和您在一起工作的时光。我一定会坚持带孩子们晨诵,带孩子们阅读,感谢您让我看到了这些课程的美好。"

当蓝玫在校长岗位上刚刚适应,又迎来了一个新的机遇:新教育研究院和一家公司合作成立了新家庭教育研究院。童喜喜向我们推荐她去担任副院长,辅佐著名家庭教育家孙云晓的工作。机遇往往也是挑战。云晓是我的好友,工作严谨扎实,雷厉风行,蓝玫是否能够配合得好?坦率地说,我开始是有些担心的。但蓝玫对工作的韧劲让我欣慰,我也陆续从云晓兄那里听到了越来越多的好消息。我发现,对于一个专职新教育人来说,迎接机遇,直面挑战,是成长最大的捷径。

让我欣慰的,是蓝玫在《中国父母基础阅读书目》研制工作中的表现。她作为我的项目助手,承担着统筹、协调工作,粗略浏览了数百本图书,仔细精读了数十本图书。阅读的力量在她身上逐渐体现出来。无论是对书目整体架构提出的建议,还是针对具体书目作出选择,她从开始的战战兢兢,到后来的从容应对,她的专业水平、她的思考和分析,逐渐站位高了,视野宽了。我发现,对于一个专职新教育人来说,重视阅读,知行合一,学以致用,是成长最大的法宝。

童喜喜又向我们推荐蓝玫,她兼任了中国教育学会家庭教育专业委员会的副秘书长,被聘为第一批"中国教育学会家庭教育专业委员会讲座专家"。她撰写的《家校之间有个娃——低年级的娃儿这样教》《家校之间有个娃——中年级的孩子这样教》受到教师与父母们的欢迎。

在新教育正在茁壮发展的今天,一个专职新教育人应该如何成长?蓝玫默默地交出了一张自己的成绩单。

当然,我期待蓝玫交出更好的成绩单。比如,作为新教育实验网络师范学院的教务长,该如何更好地掌握网络教学的特点,为一线教师成长服务?作为新教育在家庭教育上的研究者与探索者,如何把理论的深度结合一线的践行,交出自己的学术文章?作为新家庭教育研究院的副院长、新父母研究所的副所长,如何提高管理能力,引领团队前行?这些都需要蓝玫进一步好好思考,努力前行。

蓝玫近几年的成长,我认为,不仅对新教育培育人才有启发,也能够为更多渴望成长的年轻人提供借鉴。前不久,我在进行大学生创业调研中曾经指出,应该鼓励大学生创办社会企业。如今几乎所有大学生创业都是办公司做企业,很少有创办社会企业、做公益组织的案例。创造物质上的财富,当然是个人也是社会所需要的,但在这样一个转型时代,中国也需要、甚至更需要有梦想的人,投身到公益组织中,从事不以盈利为目的的公共事业。我想,经济的财富终归是有限的,精神的幸福才是无穷的。

希望蓝玫能够不断成长,不辜负新教育的重托,在新教育的田野上继续汲取营养,创造生命中更美的绽放。

顾舟群：
小舟在远航

她是新教育海洋中的一叶小舟。

她是苏州一所普通新教育学校的一位普通的小学女老师。

她是所在学校里的新教育名片，还是一位影响了周边很多老师、影响了网络上一大批老师的新教育宣传者。当然，这位普通的老师，在新教育的世界里远远比她在苏州的知名度要高。

她就是顾舟群。

顾老师是苏州工业园区斜塘实验小学（原名为娄葑第二中心小学）的老师，一位曾经是代课教师的普通老师。2006年，她所在的学校成为新教育读写绘儿童课程的实验基地。短短一年之后，在山西运城的新教育年会上，她就作为新教育榜样教师上台发言。她的那番话，让包括我在内的许多人为之动容，流下眼泪。

在参加新教育实验的这一年里，顾老师在自己的教室里全力开展读写绘儿童课程。按照实验要求，她还以"小舟成群"的网名在教育在线论坛上发布主题帖。从实验开始，她白天给孩子讲绘本、晚上整理课堂实录、撰写教育随笔、上传读写绘作品，她一封接一封地给家长们写信沟通，迫不及待地分享孩子们的成长……

就在顾老师全身心地投入、享受着教育生活的美好时，命运却对她露出了狰狞的一面：她的先生因车祸不幸逝世。接连好多天，她的灵魂似乎随着先生去了另一个世界，无法吃喝、无法言语，全靠打点滴维持生命。

这时，朋友把顾老师遭遇的不幸发到了教育在线网站上，四面八方的祈祷与祝愿向她汇聚而来，尤其是班上孩子与家长的声声呼唤：

"顾老师振作起来，我们离不开你，孩子更离不开你！"

是这些声音，重新点燃了顾老师的生命激情。她把全部的情感倾注到教室里、倾注到孩子身上。又过了一年，她带的那个入学时比平行班差十几分、全年级后20名孩子大部分都集中在此的班级，变成了同年级里的佼佼者。尤其是她教的语文科目上，这些孩子展现了惊人的写作水平，在"姑苏晚报杯"小荷现场作文竞赛中，她班上参赛的十几个孩子几乎个个获奖，让大赛组织者都赞叹不已……

我一直追看顾老师的实验帖。记得在不幸发生时，我几乎是第一时间从网上得知消息，并对她说："命运经常如此，只有坚强面对。同悲。"我相信在听到顾老师发言后为她流泪的人们，和我有着同样的感触：我们不仅同情她的遭遇，更重要的是叹服于她如此坚强、执着，用教育点燃了自己的生命，最终驱散了命运的阴霾。

从开始践行新教育实验的2006年到现在，已经过去了六年。顾老师一直这样行动着、记录着、成长着。文如其人，她的文风并不华丽，但是朴素、真挚、实在，贴近生活、给人启发。有些教师自身很优秀，却不愿把自己的东西与人分享，顾老师却特别乐于奉献，助人为乐。

从她的实验主题帖上、从全国各地其他老师写的文章里，我不断看到不同老师同声感谢她给予的帮助。

顾老师的成长，恰好验证了我的一个观点：教师是否优秀，差异不在于其他，而在于做不做。相当多的教师是不做的，只是得过且过地混日子，拿着一张教育的旧船票，每天重复昨天的故事。如果一个老师肯做、能用心去做、能坚定地做，就一定能成为优秀的老师。

2011年年底，积累了丰富的师生共读经验的顾老师成为新教育萤火虫亲子共读项目苏州分站的负责人。新教育萤火虫是一个公益项目，旨在推动亲子共读，将父母深度卷入，成为教育的共同体。顾老师充分运用这个公益项目平台，从教室走向社会，组织各种社会公益活动，将这些年自己与孩子们的共读经验传授给父母们。顾舟群在这个舞台上，不断成长，自我超越，践行着新教育萤火虫"点亮自己照亮他人"的使命。这些年来，她带领的萤火虫分站，成为全国优秀分站，影响力越来越大。

几乎与此同时，应出版社之邀，顾老师将这些年所写的给家长的信结集出版。这是来自一线的最真实的声音，是一位教师与一群家长心灵的交流。尽管这本书主要还是感性地记录实践，从理论涉猎、学术视野的角度上看，可能还不够丰满，但它恰恰也是这本书的优点：这些文字与身为父母的读者之间几乎没有任何距离，完全是结合具体事例、手把手地指导父母做好家庭教育。

我知道，顾老师这本书的出版，还经历了一些周折。新教育义工、作家童喜喜2009年年底和顾舟群相识。喜喜老师听说了顾舟群的故事，就鼓励她把文章整理为书稿，还承诺如果没有地方出版，喜喜老师会向出版社推荐。但顾舟群拖拖拉拉，两年也没完成，喜喜老师见一次面催一次。2011年，她终于抓紧时间整理出了书稿。喜喜老师赶紧推荐给当时与新教育合作的一家出版社，顺利出版。

所以，顾舟群的书出版时，也是喜喜老师找我为顾老师的专著作序。我在序言中写道："人生如海。在风浪里，一叶小舟能走多远？顾舟群老师用自己的行动给了我们答案：只要认准方向，再大的风暴也无法阻止小舟的远航。"

我一直认为，真正的好老师，是越来越明亮的光芒，在带领孩子们阅读时，自己的生命也因此发光。就像顾舟群老师这样。

我相信顾舟群老师的明天，还会让萤火更加明亮。我相信会有越来越多的老师，在新教育田野里绽放光芒。为此，我有理由期待，随着她的继续前行，我们将领略到更多新的、美的风景。

张硕果：
中原大地上的第一粒种子

在焦作，活跃着一群新教育的种子。

她们都参加了新教育"毛虫与蝴蝶"的阅读课程，她们彼此温暖，相互促进，共同成长，从孤单、犹豫、徘徊到坚持、坚定、坚守，一路走来。她们用文字记录着成长，用行动诠释着理想……

而在她们的随笔和故事中，都不约而同地提到一个名字——张硕果。

在焦作，曾经因为一个人带动了一个团队的成长，又因为一个团队影响了一个地区的教育。这个人，就是张硕果老师。她是焦作新教育的第一粒种子，也是焦作新教育发展中不能不提及的一个人。

和张硕果老师的第一次见面大约是在2006年年底，当时，焦作市教科所的周秀龙所长和张硕果老师来到苏州，想邀请我赴焦作讲学。周所长说，虽然他们没有参加新教育实验，但是他们一直推崇新教育的理念，相信阅读和写作对于师生生命成长的意义，并且希望有一天新教育能够在焦作开出一朵花来。

记得我们是在我家附近的"两岸咖啡馆"见面的，这也曾是新教育人经常聚会的"据点"。我曾经对许多新教育的朋友说，也许有一天，"两岸咖啡馆"会被写进新教育的历史的！那天，我们聊了很多。

周所长告诉我，张老师虽然年轻，却是焦作为数不多的河南省中小学教育教学专家、教育硕士。从谈话中也可以看出，张硕果老师对新教育人追寻理想的精神充满向往，对于新教育实验的基本理念和行动也并不陌生。

2007年春天，"灵山—新教育"贵州支教行动正式启动。在考虑人选的时候，我向新教育研究中心推荐了张硕果老师。作为焦作市教科所的一名普通教研员，她和来自全国各地的几位优秀志愿者一起，奔赴贵州遵义凤冈县绥阳一小和龙泉二小，进行了为期一个多月的支教活动。当时的她并不知道，这次特别的经历将影响和改变她整个的教育生命。张老师说："就像《人鸦》中的瑞夏德，在鸦群中的经历让他的生命发生了改变。对我而言，在'魔鬼团队'中的这段特别的经历，则开启了我教育生命的另一串密码。"

谈到自己的过去，张硕果说，以前，和很多老师一样，她也热衷于通过各种各样的比赛，通过各种各样的公开课，通过各种各样的奖项来证明自己，也先后获得了省优质课一等奖，以及年轻的拔尖人才、省教育教学专家等称号，取得了一大堆让同龄人羡慕不已的各种荣誉。但是，经过这次支教的历练，她才真实地感觉到，那些曾经让她引以为豪的东西，其实并没有带给她太多的充实与幸福。只有把自己的生命融入孩子的生命，只有让自己的生命激情点燃教师的激情和梦想，给孩子带来真正的成长，才是最有意义的教育人生。

贵州的经历，让她重新思考教育，重新思考人生。当时和她一起支教的研究中心专家如"巍巍中条"（高溧霞）、"秋叶"（刘洁）等，都没有像样的学历，也没有大堆的称号，但是他们每一个人都把教育视为生命，都在疯狂地读书，疯狂地工作，疯狂地生长。在这样的团队氛围中，张硕果老师也很快被大家感染，抱着书一本本地"啃"起来。她在日记中写下了这样的话：

每个人都有一个外壳，人在壳里，是很安全的，别人在外面，看不到真正的你。但同时，生长也是很困难的，因为没有空间，只有束缚。出于自我保护也好，出于其他什么目的也好，总之，人们一般是不愿意把自己完全暴露在别人的面前，不愿意把这个壳打碎的。而要成长，却必须先打破过去，打破历史，曾经怎样都不重要。把自己打碎，像土粒一样地打碎，这也许是泥土成为花朵的唯一可能。我对自己说，每天要记住关上两扇门，昨天的门和明天的门。

张硕果意识到，在这样一个相互对话、不断促进的团队中，如何打破自身的壁障，让自己快速成长才是最为重要的。因此，她把过去的一切悄悄放下，为自己寻找了一个全新的起点。从高三课堂走入了小学课堂，从历史课堂走入了儿童课程。她在融入团队生活的同时也开始反思，自己真正需要的是什么？她说："我不想通过任何纸片来证明自己，只想通过自己的话语、自己的思想、自己的文字来证明自己，只想让自己来证明自己。"在回程的途中，她难掩收获的喜悦，兴奋地告诉我，一条新教育的毛虫就要出发啦！于是，成为一粒新教育的种子，让新教育惠及身边的教师和孩子成了她的梦想。"做一粒新教育的种子，践行自己的理想"，这条短信也表达了我对她的希望。

后来，张老师用行动告诉我，她在用自己的教育生命去努力兑现这句话。

回到焦作，张硕果俨然成了新教育的一位虔诚的传教者。她开始不断言说新教育，推广新教育儿童课程。一个学校接着一个学校，一场报告接着一场报告，就这样，张老师不断地在寻找有着同样教育理想与激情的"尺码相同的人"。为了解除大家对儿童课程的神秘感，她主动站在了小学课堂上为大家示范上绘本课。一些老师的教育激情被点燃，一批焦作的"毛虫"开始聚集，一群新教育的"犟龟"开始上路。

一位署名"同样挚爱新教育的人"的农村教师在张硕果的帖子下留言："我是一位农村小学教师。在新教育的路上，我有幸结识了您。您对新教育的无比挚爱，对新教育的深入理解，以及您对新教育的执着追求，让我深深地震撼。在新教育的路上，不管遇到多大的困难与挫折，我都会像您一样勇往直前，决不退缩。我更希望在您的支持与帮助下，在孩子们小学生涯的最后日子里，给他们一个开心、充实、幸福的毕业生活。"

修武县方庄矿学校署名红霞的老师在听完张硕果的报告后发来了这样的短信："真的很欣赏您对新教育的理解，这改变了我18年来对教育的看法甚至人生的理解。无论是作为人师还是人母，我都会坚定地、幸福地一路走下去！"

像这样被她唤醒的老师还有很多，她们虽然未曾谋面，也没有任何行政命令的约束，但大家却走到了一起。新教育的第一粒种子，终于生根发芽，开始自下而上地生长起来。

在焦作大大小小的教室里，第一批上路的"毛虫"老师们悄悄地进行着新教育变革，晨诵、午读、暮省的儿童生活方式，读写绘和阶梯阅读，师生共写随笔……教师的行走方式开始改变，她们从日常教育教学中突围，选择了全新的专业成长方式，而她们的改变也让孩子们更多地徜徉在美好事物中，教育变得更加润泽而美丽。焦作新教育实验的影响也开始不断扩大，越来越多的老师和家长开始投入其中，新教育的故事也被她们口耳相传。新教育开始成为焦作教育界的一个流行词汇。就这样，一个人，加一个人，再加一个人，当越来越多的教师内心的成长愿望被激起，焦作新教育实验的星星之火终于有了燎原之势。

水到渠成的时候到了。新教育的理念与行动，深深地打动了正在苦苦寻觅素质教育之路的张丙辰局长。2008年8月18日，焦作市教育局邀请我和新教育的榜样教师常丽华老师，到焦作作了一场新教育报告会。这次报告给了焦作的"毛虫"老师以及其他正在观望的老师们强烈的心灵震撼。原来可以这样做老师，原来教育可以如此精彩！而张丙辰局长也当场宣布："焦作会用自己的方式全面推进新教育实验，让新教育真正在焦作开出一朵花来！"

就这样，焦作新教育实验正式拉开了帷幕，焦作的新教育，从一个人的蹒跚行走，发展到一群人的结伴而行，再发展到教育行政部门的大力推行。"新教育""毛虫与蝴蝶""幸福完整的教育生活"开始越来越多地走进焦作老师的视野。

借助天时、地利、人和的有利条件，张硕果继续一路寻找那些"尺码相同的人"，一路发现那些可爱又可敬的榜样教师。越来越多的优秀的"毛虫"汇聚在她的身边。"蜗牛的家"、"如意吉祥"、"大杨树"（均为网名）、巫静、张艳芬、王丽娜、张艳、赵莉莉、赵素香、"麦苗青青"（网名）……特别令人感动的是焦东路小学55岁的尤晓慧老师，虽然即将退休，却一直在用行动践行着新教育儿童课程，她从一个对电脑一窍不通的老师，成长为教育在线的优秀"毛虫"。她用行动告诉大家，新教育实验没有门槛，如果有，唯一的门槛就是行动。一提到这些"毛虫"老师们的故事，张硕果总是如数家珍，眼中充满了幸福和骄傲。

2008年年底，张硕果和她的团队迎来了属于自己的庆典。"冬天里的童话——相约焦作，对话新教育"全国新教育深度研讨会在焦作召开，来自广东、安徽、山西、江苏等200余位省内外新教育追梦人分享了焦作新教育的成果。对于焦作的"毛虫们"来说，这是一次隆重的庆典，也是一次幸福的相遇，更是一次额外的奖赏。会上焦作的"毛虫们"讲述了自己和孩子们共同书写的生命传奇，她们身上特有的那种韧劲，那种燃烧着的教育激情，让大家深深感动着。安徽五河实验二小就是从这次会议后开始走上了新教育之路，今天已经成为安徽省首家新教育挂牌学校。

2009年9月18日，对于焦作新教育来说，是一个永远不会忘记的日子。焦作市新教育实验动员大会在市教育局二楼如期举行，来自焦作市六县五区的教育局局长、副局长、中小学校长、科研负责人240余人参加了会议。张硕果在会上作了"走进新教育"的专题报告，全面介绍了新教育实验的相关理念、操作，如数家珍地讲述了许多发生在新教育教室里的生动鲜活的故事。

张丙辰局长则满怀豪情，作了新教育的动员讲话。他讲述了自己在海门新教育年会上看到的情景和感受："我真实地感受到了新教育的春风扑面，感受到了新教育的盎然生机，感受到了新教育的澎湃活力。两三千人对新教育实验那种朝圣般的圣洁情感，令我感动。"他指出，新教育实验是我国当代素质教育模式的一种探索，对素质教育的研究与改革有着重要的意义。新教育的宗旨与素质教育完全吻合，也为焦作全面落实素质教育提供了抓手。

在这次会上，焦作市区域推进新教育实验方案正式颁布，第一批新教育实验学校正式挂牌，新教育实验研究室正式成立。会议还没有结束，张硕果就收到了赵素香老师发来的手机短信："张老师，今天应该是我们焦作毛虫团队的又一次隆重的庆典！"

种子虽然已经开花，但是如何能够让焦作的新教育之花永远盛开？张硕果和她的团队又开始了新的旅程。在市区学校已经全面展开新教育实验的基础上，她们开始深耕细作，向农村学校进军，关注更多农村的老师和孩子们。孟州、沁阳、修武、博爱等各县区都全面启动了通识培训，而张硕果也不再是单枪匹马，常瑞霞、巫静、张艳芬、王丽娜、赵素香、张艳、赵莉莉等近30位实验教师成了新教育培训师。她们中间有人作报告，有人讲图画书，有人上晨诵，有人召开父母会，有人现场答疑……《教育时报·课改导刊》在头版以"焦作新教育，让梦想开出花来"为题对焦作新教育的发展作了专题报道。平顶山、周口、洛阳、开封等地的部分学校在焦作新教育团队的引领下也开始走向一种幸福完整的教育生活。

为了推进初中新教育的开展，焦作市教育局还在修武县第二实验中学举办了"我们正在涨潮的海上——焦作新教育实验初中现场会"。200多位中学校长、科研负责人参加了会议，大家见证了新教育在修武二中的实践，许多人发出了"想不到在初中开展新教育实验也有如此大的空间""初中新教育同样精彩而迷人"的赞叹。

就这样，张硕果每天忙碌着，辛苦着，幸福着，书写着。她告诉我，曾经一度，她也曾追问自己，这样的付出真的有意义吗？这样的付出究竟有谁会在乎呢？

但是，一想到自己曾经看过的一个故事，她就不再犹豫，不再彷徨。故事大意是：在一片海滩上，每次退潮都会有很多鱼留在海滩上，生命岌岌可危。一个小男孩儿一条接一条地把鱼扔回大海。路过的人说，这些事情每天都会发生，你这样做有谁会在乎呢？孩子指着手上的鱼说，这条鱼在乎，被我扔进大海里的每一条鱼都在乎。

张硕果说："我们这样做，谁会在乎呢？也许，每一个'毛虫'老师班里的孩子们在乎，那些孩子们的家长在乎。对于这个世界，我们真的改变不了什么，我们能够改变的只有自己。唤醒一个教师，就等于唤醒了几十个孩子，唤醒一个校长就等于唤醒了几百个孩子。我们的改变，我们所做的一切，这几十个孩子在乎，这几百个孩子在乎。我们从来没想过要做一番惊天伟业，但让身边的孩子能享受到童年的幸福，享受到成长的快乐却是我们最大的心愿。"

是的，生命的意义是什么？新教育的价值在哪里？张硕果说出了新教育人的共同心声：因为我们这样一群人的存在，正在影响和改变着一部分人的生活，让更多的人享受着教育的幸福，这也许就是我们的生命价值之所在吧。

赵素香：
百花千卉共芬芳

新教育实验，在一线蓬蓬勃勃，轰轰烈烈。与此同时，推进的过程是艰难的。这个过程中，有人热血沸腾，有人将信将疑，有人半路退出，也有人中途加入，但更多的是坚持和坚守。

一次，一位没有署名的老师在QQ中给焦作市新教育负责人张硕果留言，说有人向教育局反映，说自己擅自给学生推荐阅读书目，并同时将她告到了纠风办。对于一个普通老师来说，这无异于晴天惊雷！看到这个消息，张硕果在QQ中写下了一封长长的信，告诉这位老师："引领孩子走向高品位的阅读是没有错的。新教育在焦作能够走到今天，我深知老师们的付出有多少。一切风雨都会过去，我会永远支持你的。"看到留言，这位老师终于按捺不住自己激动的情绪，感动之余留下了自己的真实姓名。

于是，张硕果老师立刻拨通了这个老师的电话，一打就是一个小时。

之后她又拨通了学校校长的电话，详细介绍了该老师在实验中的艰辛和努力、孩子们的成长和变化，并寻求校长的支持。

这位老师就是马村工小的赵素香老师。她是焦作新教育团队的一员，更是这个团队改变教师生存状态的一个缩影。在经历这次风雨后，她变得更加坚定而执着。在践行新教育实验最初的三年时间中，她在教育在线留下了几十万字的记录，这些文字见证着她和孩子们一路成长的历程。她的行动也感动着班里的每一位家长。王宇晴的父母在帖子下留言："赵老师，我们永远支持你！你为毛虫们所花费的心血，会在他们翩然化蝶的瞬间得到永恒的补偿！"

就这样，赵素香老师的执着打动了父母，感动了领导。在每天琅琅的诗歌声中孩子们与黎明共舞，在每个午后，孩子们静静地打开一本书，在每一个黄昏，父母和孩子手中都捧起了书。孩子们的进步父母看到了，学校领导看到了。从"陪读妈妈进课堂"到"睿智家长"的评选，一个最令人羡慕的家校共同体在赵老师坚持不懈的努力下终于建成，而赵老师也迎来了自己成长路上的庆典。

她和班里的孩子一起接受了《中国教育报》记者的专访，她本人也从焦作四万名教师中脱颖而出——2009年5月21日，赵老师作为2008年度焦作市四万名教师中唯一的一位小学功勋教师，受到了市政府的嘉奖，市委书记亲自为她颁奖。赵老师在获奖感言中说："是新教育，让我知道教育原来可以如此美丽；是新教育，让我和孩子们拥有幸福完整的教育生活，感谢新教育！"

2008年，我到焦作市参加新教育活动，在焦作市马村区工人村小学，一所处于城乡结合部的普通小学，见到了赵素香老师、王丽娜老师和她们班的部分家长委员会代表，他们一起讲述了在实验过程中和孩子共读共写共同成长的故事。

在新教育实验中，赵素香老师为了让父母能更多地了解、参与和支持实验，她每学期至少要召开三次全体父母参与的家长会。每次家长会她都会首先带给父母一首直抵心灵的新教育晨诵诗和一个绘本故事，《爱心树》《等一会儿，聪聪》《犟龟》……这些经典的绘本故事让家长们感受到了新教育儿童课程的魅力。就这样，无须更多地说教，父母就知道自己该如何去做了。

另外，赵素香老师还经常利用业余时间召集针对部分父母的沙龙活动，不断地通过校信通给父母发短信，不定期地给父母写信，促进和父母间的沟通与交流。通过家长会，他们班许多优秀的父母凸显出来，像刘怡然、崔靖文、王宇晴这些孩子的父母，为班级工作和全区的新教育推广工作都作出了很大贡献。

正如文章开头所说的，赵素香老师在实验中也曾受过委屈和误解，但赵老师最终坚持了下来。她说，是大多数学生父母的理解和支持给了她在新教育路上继续前行的勇气与决心。有一位父母在赵老师的班级主题帖下这样写道："赵老师，我们都替您难过和抱不平。您把爱无私地给了孩子们，替父母承担了太多的责任。我们做父母的永远支持您，为了孩子们，请您再走一步！"

2011年，赵素香真的又走了一步：她加入了新教育萤火虫亲子共读公益项目，成立了萤火虫焦作工作站，又把工作从教室向社会推进了一大步。

新教育萤火虫项目邀请喜爱阅读的教师担任站长，提供阅读推广的天地、展示自我的平台、阅读方法的引领、家校共育的技巧；通过教师站长，去引领父母，为父母们提供亲子共读的交流、家庭教育的常识、个案成长的跟踪。

这一次，赵素香找到了更大的舞台。她把焦作分站做得红红火火。她带动、影响的父母们，远远超出了她的教室，几百位父母、上千位父母……不断向社会上扩大着她的影响力，传播着新教育探索的知识。一期又一期的活动，让她赢得了社会各界的赞誉。焦作市图书馆专门提供了场地、授牌，将活动向全市推荐。

这些年以来，像赵素香这样在新教育萤火虫亲子共读公益项目中进一步成长，从优秀变为卓越的新教育老师，已有数十位。是这样的一群人，播撒着自己独特的芬芳，又百花千卉共芬芳地诠释着新教育最生动、最鲜活、最美丽的模样。

苗麦青、黄永明：
监狱教育的新探索

      幸福在哪里，
      朋友啊告诉你，
      她不在教鞭下，
      也不在分数里，
      她在诗意的晨诵中，
      她在美妙的午读里。
     啊，幸福就在你闪光的暮省里！

      幸福在哪里，
      朋友啊告诉你，
      她不在灯光下，
      也不在题海里，
      她在温馨的共读中，
      她在快乐的共写里，
     啊，幸福就在咱共同的生活里！

      幸福在哪里，
      朋友啊告诉你，
      她不在霓虹下，

也不在酒杯里，

她在理想的愿景中，

她在田野的行动里，

啊，幸福就在你芬芳的果实里！

幸福在哪里，

朋友啊告诉你，

她不在名利下，

也不在地位里，

她在悲悯的情怀里，

她在合作的精神里，

啊！幸福，就在这全新的教育里！

2010年4月10日，在焦作市团结街小学听到这首歌的时候，我的眼睛湿润了。不仅是因为麦苗青青（苗麦青）那甜润而深情的演唱，更因为她和那群焦作的新教育毛虫的激情和梦想。

上午9点半左右，在张丙辰局长等人的陪同下，我来到了团结街小学。学校并不大，校园也不张扬，但是，一进校门，就可以看到许多童书装点的墙壁和新教育的文化走廊。

我很快被带到二楼的一间教室，参加一个以"幸福在哪里"为主题的毛虫沙龙。苗麦青老师的先生将新教育实验带到监狱中、孙茜老师的"教育在线网上夫妻店"、"大杨树"（常瑞霞）老师的农历课程等故事，虽然过去在教育在线曾经看过，但是亲耳聆听她们的声音，依然感动不已。

苗麦青告诉我们，她是一个为爱痴狂的人。新教育又被称为心灵的教育，每当她想起新教育共同体，就会想起这样一句话：一粒麦子不落在地里死去，仍旧是一粒；若是死了就结出许多籽粒来。她认为，这就是新教育团队的精神，她向往这个破碎的美丽。

她讲述了参加新教育实验以后曾经如痴如狂的一段经历。

"对不起，待会儿我就打扫卫生。"这是她不断对老公重复的话。

"谢谢你，下顿我一定让你吃现成饭。"这是她坐在电脑前，老公端着饭送给她时，她感动的话。

"孩子，抽空我一定去给你送点好吃的。"这是孩子周末回家，她抱有歉意的誓言。

"忙完这一段我马上回家看你们。"这是她在电话里经常留给父母的念想。

而"新教育""毛虫与蝴蝶""晨诵、午读、暮省""共读、共写、共同生活"这些词语，才是她生命中的主旋律。她说："不知道它们是我每一分钟的生命，还是我生命中的每一分钟。"

她还讲述了发生在她们家的一个真实的故事。由于她的激情甚至疯狂，她那当狱警的先生也深受感染，多次提出把新教育实验带到监狱教育中去。"你们的'毛虫与蝴蝶'，适合不适合我们的犯人用？"

面对先生的多次提问，她都是不假思索地用一种轻蔑的语气回绝，先生总是沉默。

但是，苗麦青老师后来发现，一向不上网的先生开始搜阅"新教育""毛虫与蝴蝶"的有关资料了；家里的有关"新教育""毛虫与蝴蝶"的书、简报等资料，莫名得"丢失"了；电脑桌上放着一本手抄本，里面全是摘录教育在线帖子里的话。

再后来，她发现先生居然说了很多新教育的"行话"，张口干国祥，闭口朱永新，还有"瘦尘"张硕果等。他真诚地对苗麦青说："教育不是道德教唆，而是心灵滋润，这恰恰是我们做不到的，但新教育却能，它是心灵的鸡汤，我要让我们的服刑人员也过上一种回归朴素的生活方式……"

他还特地给监狱领导写了一份建议书——《关于进行"特别的爱，献给特别的你"特殊教育实验的建议》：

监狱领导暨监狱教育科：

我狱进入中心监狱后，办公环境均发生了大的改变，干警面貌焕然一新，素质大幅提高。教育改造为改造罪犯的三大手段之一，在监狱领导的指导和支持下,我们在这方面也作出了举足轻重的贡献。

由全国知名教育专家,现任苏州市副市长的朱永新先生提倡的"新教育实验"是一项避免道德教唆,而重在心灵滋润的读书工程。他运用"晨诵、午读、暮省"等回归自然的朴素方式,让人在读书中长智、读书中省悟,旨在提高人的整体素养、整体素质。倡导师生共读、亲子共读,做"尺码相同的人"(有共同语言、共同追求的人),活动开展以来,效果极为显著,被称为继"希望工程"之后的"新希望工程"。

作为改造罪犯三大手段之一的"教育改造",长期以来处于说起来重要、做起来次要、忙起来不要的地位,虽然近年来有所改观,但"盛名之下,其实难副",教育在改造罪犯的作用方面显得与其地位不符。中心监狱,作为我们国家为数不多的拥有一流硬件设施的监狱,能否在教育改造方面走出一条前人没有走过的道路,并作为我狱的"形象工程""亮点工程",为罪犯的改造及实现监狱宗旨作出一定的探索和努力呢?我认为借鉴"新教育实验"的一些做法,结合罪犯特殊教育,开展"特别的爱,献给特别的你"的"特殊实验"是一条切实可行并行之有效的办法。

具体做法如下:

一、监狱成立"特殊实验"项目课题组,由主要领导挂帅、主管领导负责、业务科室承担具体业务,由各监区推荐2~3名事业心强、理论水平较高的干警作为成员,亦可依托监狱法学会的框架进行。

二、项目课题组成立后,首先在课题组的组织下,要求全狱干警每人推荐一篇(部)对罪犯有教育、警醒、鞭策作用的文章或书籍。

三、在罪犯中开展"你最喜欢的一本书(文章)"推荐活动。

四、将干警和罪犯推荐的书目进行筛选,分别集册成书,作为实验教材,下发给参与实验的人员。

五、在具体的教学过程中,采用"晨诵、午读、暮省"的方式,通过亲子共读、警犯共读、犯属共读,让他们真正地"共同生活"。

具体操作如下:晨诵由早带班干警带领读书或读几篇文章,午读亦然,暮省由课题组成员带领。首先讲一个感人的或哲理性的故事,然后带领全体参与人员做2~3分钟的反省，反省一下当天的改造情况、学习情况等，可抽3~5名罪犯学员作3~5分钟发言，最后由课题组组长成员作总结，提出下一步要求。

六、利用网络平台和书信、电话等通信联络方式开展干警与罪犯亲属、罪犯与亲属子女的读书心得交流。监狱设立网址和专用邮箱、热线电话，为罪犯及其亲属子女提供交流平台，并设专人进行网络及邮箱、电话的监督检查工作，并登记记录在案。适宜交流的内容放入平台进行交流，不利于交流的进行删除或剔除。

七、在实验组骨干成员组织下，由各监区选送家庭条件较好、文化层次较高、家属乐于配合干警帮教的罪犯，成立示范班，对全狱的实验活动进行示范。

八、采用走出去、请进来的办法对实验组成员进行培训，并定期交流，相互弥补不足。可由监狱组织分期分批到"新教育实验"搞得好的地市学习观摩并与专家交流，也可将"新教育实验"发起人朱永新先生、项目组负责人干国祥先生、常丽华女士、张硕果女士请来给干警和罪犯讲课，进行交流。实验组成员也要定期进行讲课交流，相互指出不足，以利于下一步实验有序进行。全体实验组成员要定期召开会议，总结经验，搞出实验成果，形成固定模式，并通过监狱、省部局，申报科研成果。

以上所述，是我在接触了新教育实验后被其中许多催人泪下的事例感动后产生的一些想法，很不成熟和稚嫩，讲得可能也不太明白，仅作为建议提出，敬请批评指正。

此致
敬礼！

建议人：黄永明
2007年12月8日

他对妻子苗麦青说，他准备通过这种共读共写的教育生活方式让犯人也能和亲人、狱友以及干警们在心灵深处过上共同的生活；他说他正在考虑选什么样的书和以什么方式、怎样进行共读……然后在网上开个主题帖，名字就叫

"特别的爱,献给特别的你"。

苗麦青有点儿遗憾地说,如果不是先生后来生了一场大病,也许他就会和我一样干这件有意义的事了。他说话的样子很幸福……而这幸福像波一样辐射给了我,我除了幸福之外还很感动。是新教育让我们真正共同生活在一起。我想,如果他梦想成真,那他真的就在做一件让世界变得美丽的事情了。

说这段话的时候,苗麦青的脸上充满了幸福。

2011年东胜年会在内蒙古召开,年会现场来了两位特殊的学员,正是黄永明和他的同事。鉴于黄永明所做的一系列新教育工作,鉴于在教育中取得了显著成效,他们决定在监狱中正式启动新教育探索。我满心欢喜地和他们交流着,听他们描述着种种计划。希望新教育的成功经验,能够为更多人送去新生的希望、成长的力量,哪怕阻隔着一道高墙。

孙茜、常瑞霞：
幸福在哪里？

焦作新教育中，有不少新教育的"幸福之家"。比如孙茜老师的故事与苗麦青的故事异曲同工，但角色却是倒过来了。孙茜是在先生的影响下走进新教育的。

2007年7月，她那当中学教师的先生受校长委派去山西运城参加了全国第七届新教育实验研讨会。回到家中，从进门的那一刻开始，先生就滔滔不绝地向她"唠叨"新教育实验。听着从先生嘴里不断冒出的"亲子共读""师生共读""毛虫与蝴蝶"等字眼，孙茜老师如坠云雾之中。先生不由分说地"发号施令"："9月1日起，你就带着孩子们一起晨诵、午读、暮省吧，我做你的坚强后盾！"

就这样，2007年9月1日，孙茜这条"毛虫"开始上路了。当时，她产假刚满，孩子只有半岁，为了有时间做新教育实验，她就和孩子住在离学校比较近的母亲那里。虽然和先生每周见一次面，每次谈话的主题却离不开新教育。

10月的一天，快递员为孙茜送来了一套绘本书，一看，竟然是先生从卓越网上为她订购的。先生说："二年级的孩子适合上绘本课，这十本书是我送给你的礼物。把这些故事讲给你的学生听，他们一定会喜欢。"

为了让孙茜能够上网与专家交流，先生把家里的电脑搬到了母亲那里，并且帮助她在教育论坛上建了一个毛虫小窝，希望她能够坚持记录孩子们的成长足迹。见孙老师迟迟没有行动，他又在论坛里半埋怨半鼓励地写道："唉！这间小屋是有些冷清啊！为了我们的果果，阿茜付出的真是太多了，不忍看到一只刚刚起步的毛虫就在迷离中止步，就让我做你最亲密的毛虫吧！朱老师说只要行动就会有收获，美丽的夏洛也说只要织起网就会有收获，我们将一起收获女儿的成长，直到女儿收获我们读书的背影。"

看到孙老师三天打鱼、两天晒网，先生就会发短信："人气还是不太旺啊！阿茜，咱们的果果要是睡了，你就上来和我交流一下。"

先生出差的时候，也不忘"检查工作"："俺在省城呢！上来顶一下老婆的帖子。小毛虫们最近的活动不是很积极啊！难道……同志们加油啊！"

就这样，深夜成了孙老师与先生的幸福时光，同在一个城市的夫妻，通过教育在线论坛谈阅读，论教育，如切如磋。如他们研究共读的问题，先生写道："1. 我们为谁而读？2. 我们读在孩子之前了吗？3. 考虑到孩子的个性了吗？4. 有多少书是我们读过的并发自内心想读给孩子听的？我们可爱的家长们不妨也讨论一下……"周末回家，他们仍然会继续网上的讨论主题。

孙老师与先生的"温馨小窝"也感动和吸引了许多父母参与。学生周云帆的妈妈发帖子说："孙老师，你好！初次来到这里，满心是感动，以至于下班了，忍不住要说几句，感动的是你对二（3）班孩子们的用心，感动的是你们夫妻间的只言片语，感动的是你们每天与时间大战，感动的还有那个待哺的可爱的小果果，有太多的感动此刻让自己觉得自责，'忙'不是给孩子的理由。太多的感受日后我们会一起交流。来到小屋很温暖，让我们共同努力吧！"孙老师的先生捷足先登："看到嫂子加入这个小屋激动得很——这里是我们和孩子们共同成长的空间，果儿、帆帆、二（3）班的所有孩子们。"孙老师也不甘示弱："看到你能来这个小屋坐坐，我内心的喜悦是无法用语言表达的，能把周云帆培养成一个爱读书的孩子是我的愿望，也是大姐的愿望，让我们一起努力吧！"

李娟老师和"大杨树"老师的故事也同样感人。李老师介绍了她如何在家长的支持下与孩子一起阅读童书。她告诉我，因为新教育，她和家长的心连在了一起，彼此牵挂，互相理解。在她的班级，"61×3"是她和她的毛虫父母们的一个密码，"它代表着我们曾经为了新教育、为了孩子，多么的心相连，那么的幸福过！"

大杨树（常瑞霞）老师介绍了她如何通过儿童课程，通过与家长的书信交流,"沉浸在一种全新的教育生活之中"的幸福感。她告诉我,看到孩子们的成长与变化,自己每天都沉浸在激动与快乐之中。她已经下定决心:"无论别人做不做,我决不放弃这种教育方式。因为我已为新教育剃度。"

一个小时不到,我不断地被一个个感人的故事感动,不断地拭去眼眶里的泪水。是啊,"和绿叶约定,一定会看到葱茏;和鲜花约定,一定会看到灿烂;和种子约定,一定会看到成长;和岁月约定,一定会看到厚重"。我看到,新教育正在焦作,在这些平常的学校,在这些普通的教师身上,慢慢地开出花来。

当我特地到教育在线网站上去重温这些故事的时候,我发现,它们基本上发生在老师们最初遭遇新教育的那段时光,那是一段"激情燃烧的岁月"。她们是否依然在坚守呢?她们的故事是否值得我继续言说呢?

我发了一条短信向张硕果老师询问。硕果告诉我,她们还在做新教育实验,只是在教育在线论坛上不像以前那样活跃,孙茜老师的孩子太小,苗老师的先生心肌梗塞,大病一场,之后家事不断,最近又开了新帖。

其实,我认为,她们是否继续坚守也许不是最重要的事情。重要的是她们曾经拥有,拥有那段刻骨铭心的经历,拥有那段幸福的时光。从新教育生命叙事的理论来看,她们有过精彩的篇章。但是,能否把自己的生命锻造成为真正意义上的传奇,还取决于她们能否彻底战胜自己,不断面对各种危机、困难和挑战。

幸福在哪里?这是一个永恒的话题,需要用一生去寻找。

尤晓慧、王丽娜、赵莉莉：
我要飞得更高

生命就像一条大河

时而宁静时而疯狂

现实就像一把枷锁

把我捆住无法挣脱

这谜样的生活锋利如刀

一次次将我重伤

我知道我要的那种幸福

就在那片更高的天空

我要飞得更高飞得更高

狂风一样舞蹈挣脱怀抱

我要飞得更高飞得更高

翅膀卷起风暴心生呼啸

飞得更高

一直在飞一直在找

可我发现无法找到

若真想要是一次解放

要先剪碎这有过的往

我要的一种生命更灿烂
我要的一片天空更蔚蓝
我知道我要的那种幸福
就在那片更高的天空

我要飞得更高飞得更高
狂风一样舞蹈挣脱怀抱
我要飞得更高飞得更高
翅膀卷起风暴心生呼啸
飞得更高飞得更高……

这首《飞得更高》是每一个新教育人都非常熟悉的歌曲，每次新教育大会上都会被反复播放，它被新教育网络师范学院定为"院歌"。

每次听到这首歌，我总会被新教育人那种成长的渴望、向上的力量感动。

这次到焦作，再次被这样的渴望、这样的力量感动着。

2010年4月10日，早晨7点50分，我们来到了焦东路小学。从一间间教室里传来美妙的晨诵声，诗歌就这样开启着孩子们每一天的黎明。焦东路小学是焦作市最早开始新教育实验的学校之一。现在，新教育已经从语文学科发展到其他学科，并且涌现出了像郑李艳、张艳芬、尤晓慧这样的榜样教师。在题为"幸福的路一起走"的沙龙活动中，校长与老师们讲述了许多感人的新教育故事。最打动我的，是即将退休的"老毛虫"尤晓慧老师的故事。

作为一名老教师，在她的教育生涯即将结束的时候，遇到了新教育。最初她曾想：每天忙碌地备课、上课、批改作业，额外还要做晨诵、写随笔、带着孩子阅读，等等，自己已经快要退休，还有必要这么费劲去尝试一项新的实验吗？

但是，出于对孩子的热爱，出于对美好事物的追求，她还是与她班里的60多个孩子一起上路了。刚开始尤老师对电脑一窍不通，打字速度也非常慢。但她还是请学校新教育共同体的老师帮她在教育在线创建了一个毛虫之家，因为不太会打字，尤老师就让女儿帮忙把自己想要对家长们说的话发在帖子上。尤老师说，当她第一次在电脑上敲打出像样的文字时，她竟然像一个小孩子考试得了100分一样欣喜不已。

做着做着，尤老师开始对读写绘入了迷，她几乎每个星期都要和孩子们分享一个绘本故事，进行一次读写绘练习，孩子们每次的写绘作品她都会发在毛虫之家，让家长和孩子们一起分享。同时，她也开始大量阅读教育理论书籍与童书，从《薛瑞萍班级日志：心平气和的一年级》到《窗边的小豆豆》，从《朗读手册》到《爱的教育》，另外，还和孩子们一起共读了大量的童书：《我和小姐姐克拉拉》《石头汤》《了不起的狐狸爸爸》《跑猪噜噜》《小猪唏哩呼噜》《苹果树上的外婆》《一百条裙子》《绿野仙踪》等。尤老师深有体会地说："几十年的教师生涯所读的书加起来，还没有走进新教育以后读得多。""有美丽童书陪伴的童年实在是太幸福了，我不知不觉地也在这阅读的幸福中和孩子们共同成长。"

尤老师的执着得到了校长和同事们的认可，教研组的同事们戏称她为"老毛虫"。她的故事在市里举行的新教育交流研讨会上也感动了与会的领导和教师。而她们班的主题帖也被教育在线推为"优秀主题帖"，这是尤老师没有想到的额外奖赏。尤老师几次在发言中说："我承认自己是一条又老又笨又很执着的老毛虫。也许在短时间内我无法成为最肥硕的那只，但是我会一直坚持，即使有一天我退休离开了最爱的课堂，不能再和这群可爱的小毛虫共同阅读，我还会将晨诵、午读、暮省——这种回归朴素的新教育生活方式坚持下去，去感染我身边的朋友或邻家小孩。"

"新教育人永远年轻，青春不老"，这是我对尤老师的印象，也是我对她的祝福。

与赵素香老师有着同样传奇经历的还有王丽娜老师，她俩是马村工小的新教育"双生花"。2007年9月，王丽娜老师带领班里的72个孩子开始了新教育之旅。一开始，她就清晰地意识到，新教育必须有"新"父母，一定要让父母与孩子一起成长。在家长会上，她不厌其烦地讲亲子共读的好处，讲绘本故事。她不断地用书信的方式与父母们沟通，发现榜样，让榜样言说。慢慢地，学生父母开始通过书信与她交流、谈心，亲子共读成为班级文化中一道美丽的风景。

她借鉴了"三人组日记"的形式，三个孩子一组，共买一个日记本，每人每周写两篇日记。如果每周的两篇日记都被评为"优"，即可荣获本周"优秀小作者"的称号。期末进行统计，获得一定数量的"优秀小作者"，可以被评为班级"写作明星"。她把日记作为学生"暮省"的方式，阅读孩子的"三人组日记"，是她了解孩子的重要渠道。

她还进行了学生自编童话和校园小说的尝试。在共读了《爱丽丝漫游奇境记》以后，孩子们好像意犹未尽，于是王老师就鼓励大家编童话，要求每人创作一本童话集，结果一本本童话书诞生了。有的孩子一下子竟写了十几章。

在共读了《女生日记》以后，孩子们感觉这样的创作并不困难。于是，王老师又鼓励学生们利用国庆长假创作自己的校园小说。没有想到，假期结束后，大多数孩子都创作出了一本七八千字的校园小说。

更加有挑战意义的是，在共读了黑柳彻子的《窗边的小豆豆》以后，孩子们非常向往巴学园，称巴学园是学习的天堂，是一个充满关爱、理解、没有歧视的学校。王老师想，再过两个月孩子们就要毕业了，小学生活会给他们留下些什么呢？她萌生了一个想法：让孩子们写一本小学生活回忆录，既是对小学生活的总结，也是送给自己的一份毕业礼物。在马村工小，几位孩子为我朗读了他们的"回忆录"片段，童趣童真、诙谐生动的文字，让在场的老师们赞叹不已。

"把最美好的东西给最美丽的童年"，这是我对于马村工小的印象，也是我对新教育学校的期待。

我曾经参加过一次新教育实验成果展示活动。在张硕果老师的讲述中，焦作的新教育人物一个个闪亮登场，她们的故事打动了前来参加卓越校长峰会的1000多名局长和校长。其中，最让我感动的，是来自中站区造店回民学校的赵莉莉老师，我记得她的故事就是以"我要飞得更高"为题的。

赵莉莉是一位来自农村的普通教师。她的改变，是从一场报告开始的。2007年8月，我和常丽华老师应邀在焦作作了一场新教育实验的报告。她说报告结束以后，她就直接找到了教科所的张硕果老师，激动地说："我也想成为一只新教育毛虫！"她许下诺言，要让一所普通的农村学校因为她、因为新教育实验而骄傲。

当天，她在自己的教育日记中写下了这样的文字："一个在安逸、迷茫、颓废中高高兴兴消沉的生命，在新教育的牵引下，开始了一个新我的熔炼。"

回到学校，她就为自己的班级建立了主题帖"读书吧，像走在朝圣的路上那样"，引领一群学生开始走上了毛虫之旅。当时学校还没有人做新教育实验，她就开始了一个人的摸索。因为需要在网上发帖子，自己又没有电脑，只好每天下午放学后等其他老师下班回家后，她再用学校的电脑写帖发帖。刚开始打字太慢，以至于每次回家，家里人都早已吃过晚饭了。从学校回家的路上，有很长一段路没有路灯，无论是夏天的群星闪烁，还是冬季的漆黑寒夜，她从来没有胆怯过，她说，自己心里有一团火，所以很温暖很充实。

她告诉我们，她和一群可爱的学生，在童书铺成的黄砖路上，正欣喜地做着一件让这个世界变得更美丽的事情。简陋的教室墙壁上，贴着她送给班里孩子们的三句话：让黎明之光在晨诵中升腾，让生命成长在午读中拔节，让亲子共读在暮省中静放。

她告诉我们，在通往幸福的崎岖小径上，她一直坚持与孩子们的父母相互扶持，虽然走得蹒跚艰难，但她相信，她们每一个深深的脚窝里终会开出一簇簇美丽的鲜花。所以，她与父母和孩子们一起粉刷教室的墙壁，一起编排、演出新教育的课本剧，一起抄春联，一起到森林公园观察树木，一起收获成长的艰辛与喜悦。

她告诉我们，在体育老师、音乐老师和父母们的帮助下，她正在努力让班里每个孩子掌握一套传统拳术套路（太极拳），吹奏一种简单乐器（竖笛），熟悉一种美工技能（剪纸）。她希望自己的孩子不是一个只要分数而没有文化之根的应试机器，希望看到穿越岁月后班里那些小种子用生命开出的小花。

她告诉我们，她其实并不孤单。她的努力始终在焦作新教育团队的鼓励和指导之下，而她也感动了所在区域的领导和校长们；2009年5月，中站区乡村学校新教育研讨会放在了她的学校举行；一群教师在她的鼓动下组成了一支乡村毛虫小团队,《新教育垄上行》的主题帖也记录着她们成长的足迹。

现在,赵莉莉老师已经是当地小有名气的新教育毛虫了。她有多篇文章在《焦作教育研究》和《教育时报》上发表,她还先后到焦作市人民中学、孟州市育新小学等学校给老师们讲述自己的成长故事,与前来取经的温县、博爱、沁阳等兄弟学校的老师们分享自己的新教育实践。去年的海门年会上,她被评为全国新教育实验先进个人。

2010年年初,中站区教育局局长还亲自奖励给她一台电脑。赵老师把这些都看成是额外的奖赏。她清晰地认识到,自己不是为新教育之名来,也不应是为现实之利往。她知道,自己要的是一种幸福完整的教育生活,是和孩子一起幸福成长的生活。她说,正如新教育网络师范学院院歌中唱的那样:我知道我要的那种幸福,就在那片更高的天空。

是啊,在焦作,像尤晓慧、赵素香、王丽娜、赵莉莉这样的老师还有许多,她们都很普通,很朴素,她们都把自己的根扎在教室里,把自己的生命融在孩子们的生命之中。她们也都有一个共同的特征:飞往那片更高的天空。

敖双英：
每间教室都是生命的原野

客观环境的艰难，让每位扎根乡村的教师都有一段可歌可泣的故事。然而，只有少数教师能够突破困局，将精神的感人泪水升华为智慧的灿烂笑容。

她却做到了后者。

虽然她也有许多让人掉泪的故事，却不是那种凄凄惨惨悲悲戚戚的乡村教师。

她充满活力，乐观开朗，勇于追求专业，不仅扎根乡村教室，更努力探索如何让山里娃也能享受到最好的教育。

认识她，是在2007年。那时，她是一个曾经外出打工又回到校园，一个曾经迷茫又不甘堕落的乡村女教师。那年暑假，她自费参加了在山西运城召开的新教育实验年会，不仅教育激情被再度点燃，更觉得寻到了教育的方向。会后她回到自己的教室，立即开始了寻梦之旅。

身为山区教师，她的月收入迄今不足2000元，但她倾其所有"武装"着自己的教室。积沙成塔地攒了六年，如今她的教室拥有一流的教学设施：3000多册经典童书、录音笔、照相机、摄像机、台式电脑、手提电脑、网络、投影仪、电视机、影碟机、扫描仪、封塑机、打印机……她说："一个爱打扮的女子，买到美丽的新衣会感到幸福，而一个爱上讲台的老师，打扮自己的教室同样会感到幸福。"

虽身在乡村学校，但她的学生们拥有令名校学生艳羡的学习生活——

每天早晨6:50，师生开始雷打不动的晨练半小时，晴天登山、雨天跳绳。

天气晴好,一边锻炼,还一边在晨曦里吟诵诗歌、演唱歌曲,在山顶诵读、讨论。

放学前半小时、晚餐后一小时的傍晚时分,则是阅读时间。天气不好,师生们就在教室里静静看书,否则要么到花坛边读书,要么干脆到校外开展阅读分享。

入夜,她组织学生进行读书心得交流。孩子们争着分享所得,展示自我。不分台上台下,师生其乐融融。她以前教过的部分学生也时常返回学校传经送宝,因为他们已被聘请为小小辅导员。

白天,当然按学校的课表上课,只是在迅速完成规定的教学内容外,她的班级还有更为丰富的"特色课程"——

周一,电影课程。从低年级段的《大闹天宫》《狮子王》,到高年级段的《放牛班的春天》《孔子》,孩子们入迷地看,生动地写,一叠观影心得笔记见证着几十部电影带来的成长。

周二,旅游课程。音乐课和午休之后,用来"游览"祖国各地:欣赏当地民歌,了解当地民俗,讲述当地传说,为旅游过的地点出版一份旅游手抄报……师生在教室里基本"神游"了全国所有的省、市、自治区,孩子们精彩的旅游手抄报,也贴满了教室。

周三,童书共读课程。她和孩子们共同阅读着《草房子》《一百条裙子》《永远讲不完的故事》《德国,一群老鼠的童话》等经典童书,心灵被纯真与美好不断滋养着,共同的语言和密码、共同的价值和愿景在潜移默化中创造着。

周四,预习课程。为下周的功课进行全面准备。

周五,书信课程。她的孩子们很多都是留守儿童,孩子们在信中向父母交流汇报一周来的学习生活,这不仅是教学的一部分,更是幸福人生的奠基,帮孩子学会交流、赢得亲情、懂得感恩。

周六、周日,艺术和自然课程。她免费为孩子们开办表演、舞蹈、剪纸、书法、劳技五个兴趣班,孩子们自由选择参加。于是,有时排练童话剧,让孩子们更深入地体验各种角色,有时师生结伴走进山村,了解家乡,阅读大自然这本无字书,随着学生年龄的增长,还越来越多地开展环保、绿化、交通设施等考察活动，让孩子们学会手脑并用、知行合一，在了解家乡现状中，增强社会责任感……

丰富的课程，润泽的课堂，立体的阅读，长期的坚持，使得她的这群最普通的山村学生们个个身手不凡。十多位孩子的写绘作品发表在《家教与成才》《中国教师报》等十几家报刊媒体上；省、市、县里举行的写作、书画、文艺大赛中，十多位同学获得一、二、三等奖；全镇运动会上，连续多次获得同年级组精神文明代表队第一名、团体总分第一名、团体接力比赛第一名；县里举办的"探寻红色三湘——做四有新人"的征文活动中，全班18位同学囊括了年级组全部奖项……

而她也没有想到，许多"额外的奖赏"由此接踵而来：2008年，获得"第二届运达喜来登乡村教师奖"；2009年，她的教室被评为新教育"十佳教室"；2012年7月，被评为新教育"完美教室缔造者"，同年9月获得湖南省"最美乡村教师"称号，12月又被《教师月刊》评为"2012年度教师"……

教学之路从不会一马平川，她当然也会遭遇各种困难，但她却一直笑得灿烂："我只是发现了，我这么普通平凡的山区一线老师也能找到真正的幸福——真正明白自己站在讲台上的价值之后，我面对的挑战越大，创造的价值越大，赢得的幸福越多。"

她，就是敖双英，一个网名"桃花仙子"的山区女教师。尽管身处偏僻山区，条件有限，她却运用教育智慧，把窄小教室扩展为辽阔原野。她和学生们的生命，正在这同一片原野上尽情绽放。

丁莉莉：
美丽的紫色

"美丽紫色"是威海的一位美女校长丁莉莉在教育在线的网名，正如"玫瑰"是窦桂梅校长的网名。这两个人，这两个名字，总让我联想起美丽、青春与活力。

记得有一年在翔宇小学见到她。她是来看望师父卢志文的，并带来了厚厚的书稿向师父请教。临别的时候，她对我说："朱老师，能不能给我写篇序言？"说完，对志文兄莞尔一笑。我知道，这是师徒俩给我下的圈套。我喜欢这个圈套。

认识紫色，是在2004年山东省诸城举行的一次学校文化建设研讨会上。我应陶继新先生的邀请作了一场关于新教育实验的报告。会议期间她提问题、照相，那高挑美丽的身影，勤奋好学的作风，给我留下了深刻的印象。2005年的成都新教育研讨会上，她又主动承担了会议的现场直播工作，那副青春洋溢的笑容，让许多新教育人感动了许久。当我把威海高新区神道口小学营造书香校园、建设数码社区、打造理想课堂的新教育课题组鉴定证书颁发给这位年轻的女校长的时候，我由衷地感到，年轻真好，而富有敬业精神和创新激情的年轻更好。

为此，当她真诚地邀请我为神道口小学60周年校庆题词时，我不由得写下了"美丽的神道口，紫色的书香园"，把她的网名与学校的名字巧妙地镶嵌在一起。也寄托了我对于这位年轻校长的莫大希望。

这个希望果然没有落空。经历过北京会议、湖北监利支教团支教行动、威海新教育讲学和运城会议之后,紫色校长成为新教育实验的忠实"传教士"。她在威海地区全心传播和推动实践新教育实验,在她所在的神道口小学用心做新教育实验。在她的推动下,威海新教育实验区正式启动,她自己也担任了秘书长的工作。她领导的学校也是书香四溢,阳光灿烂。更令我感动的是,她始终没有停止过记录和思考,在繁忙的工作之余,她用清新的文字,非常用心用情地把智慧的火花凝结升华成了一片富有感人魅力的紫色教育星空。阅读着她送给我的书稿,走进这片星空,我看到了她坚定执着的教育理想、紧贴地面行走的教育实践和渲染紫色情怀的教育诗意。

紫色校长的教育是充满理想的。我认为,没有或者缺乏教育理想的教育工作者,无论是学者专家、领导、校长还是普通老师,都是走不远的。紫色校长的"阳光教育追梦路",形象而又理智,真情而又冷静地向我们展示了一个年轻教育管理者一心"向着明亮那方"的新教育理想追求。思想永远是行动的先导,而理想更在思想之上。如果没有这份不灭的火热理想,是一定无法在新教育天地里走出这样一条富于勇气和激情的"阳光文化"探索之路的。看着一篇篇火热的文字,似乎可以感受到她那火热的理想,其实,这也许是紫色校长最想传递给每一位读者的紫色情怀。

紫色校长的教育是根植于实践的。紫色校长19岁从一名普通教师干起,一步步扎实走来,丰富多彩的教育教学和管理实践始终伴随着她成长、探索的脚步。她28岁就开始担任校长,并被评选为2006年度"威海市十大杰出青年"和2008年度全市"素质教育优秀校长",这份成功归根结蒂来源于她紧贴地面行走的实践态度和行动。这位在海边成长起来的年轻校长,有着大海一样的胸怀。她不是叶公好龙,更没有沽名钓誉,而是真的卷起裤腿下水了,如一个不知疲倦的"赶海者",把新教育理想和理念扎扎实实、一个细节一个细节地融进了学校的制度设计、人本管理和阳光文化之中,融进了她自己的一言一行中,幸福完整的教育生活正缤纷多姿地映上神道口小学师生甚至他们的父母和社区人的真心笑容。尽管还有很长的路要走,但毕竟她和她的同事们已经上路,这份执拗的勇气和投入正是新教育人最宝贵的品质。

在第一篇文章《就这样上了路》中,她在结尾处轻轻地说出了四个字"一起走吧"，我真的被触动了。同是天涯追梦人，相逢何必曾相识。相信他的书会吸引又一批赶海追梦的人。

紫色校长的教育是彩色的。在她的教育星空里，教育不是黑白、机械的，而是诗意、鲜活的。激情流动在字里行间，我们看不出从事教育的苦和累，因为她早已经用火热的教育理想和诗意把压力转变成了动力，把被动转化成了主动，把忍受演绎成了享受。如同看一座山峰，你从低处仰视，感受到的是压力和险阻；你从高处俯瞰，领略的就是驾驭和自如。难怪每一次新教育的会议，总会有她那不知疲倦的身影。

紫色校长的教育是用心经营的。用头脑做教育的是聪明人，用心做教育的是智者。用心做教育，就能够享受教育的诗意和幸福。消极地做教育，往往既耽误了学生，又亏待了自己，永远享受不到完整幸福的教育生活。我曾经在威海参加过她们学校的一个读书活动，每一个细节都是那么用心。对于一个基础薄弱、经费紧张的学校，没有用心去感染人、感动人，是不会达到那个境界的。

特别值得一提的是，女性对于鲜花和色彩总是特别敏感，紫色校长更是这样，她非常有个性地把自己对教育的热情投入和理性思考满怀深情地寄托在了高贵雅致的紫色花系上面。这种独特的表达方式着实让我们领略了一个年轻的女性教育管理者灵魂深处对于教育的另一种形象塑造和解读、品味，感受到教育的浪漫诗意和她本人丰富的内心世界。看来，在某种意义上说，教育真的是有颜色的。能够看到教育的颜色，是需要诗意的教育之眼的。所以，紫色校长说，她愿意把她的个性染成紫色，把诗意的教育涂成紫色。

那么，我们就一起走进美丽紫色的教育星空吧！

倪颖娟：
一间不完美的完美教室

第一次见到倪颖娟，是 2009 年 7 月，那是在新教育海门年会上。当时，她是江苏省海门市海门镇中心小学二（1）班的班主任。她所在的学校，是一所小到简陋的普通乡镇小学，因条件所限，学校的操场与教学楼之间隔着一条马路，学生想进入操场，必须排着队由老师看护着穿过马路。

但是，就在这样一所学校的这样一间教室里，倪颖娟一直在默默耕耘。

从 2005 年 9 月海门成为新教育实验区，在全市开展推进"每月一事"工作开始，当时担任着学校少先队总辅导员、随后兼任德育主任的倪颖娟一边带着一个班，一边投入到这项实验中，像个陀螺一样旋转起来。

紧接着，新教育儿童课程的研发与推动，再一次如雷鸣电闪般重击着她的心灵。在网络上的研讨、在海门团队中的熏陶，大家彼此的关爱与互助，成为她前行的力量。教育在线网站上，《毛毛虫上路了》《小青虫的梦》等主题帖记录着她一路前行的脚印，也记录下她的心声："我也要让教室里的生命都美好起来，我才不虚此生，以后孩子们走在自己的人生路上，也不虚此生！"

所以，当我第一次见到倪颖娟时，她就已经向世界捧出了一枚甜蜜的果实：她的教室，荣获了"全国新教育十佳教室"的称号。

她那间教室里的孩子，一部分是当地土生土长的农民的孩子，另一部分是四处漂泊的打工者的子女。倪颖娟就带着这群孩子，通过阅读经典，与众多崇高的灵魂交流；通过主题探讨，与众多伟大的心灵对话；通过自省思考，让孩子们用不同的方式创造。倪颖娟一直记得班上有个非常自卑的学生，就在这样的过程中脱胎换骨，从一个少言寡语、站到人前就脸红的孩子，变成了演讲比赛冠军、校合唱团小歌手……

2010年，新教育缔造完美教室项目在海门实验区全面展开，倪颖娟更是英雄有了用武之地。她成为了海门完美教室工作室的第一批核心成员，并且和班级里的其他科任老师迅速组建了团队，不仅班徽、班旗、班诗、班歌、班级公约、班级愿景、班级日历等一一出炉，更合作开发出许多颇具特色的班本课程：数学老师的"玩转魔方世界"智力游戏课程、"走进数学王国"思维训练课程，英语老师的英语短剧表演课程、英语美文诵读课程，音乐老师的排笛课程，美术老师的风筝课程、泥塑课程、手工课程，体育老师的易拉罐体操课程，科学老师的气象课程、养蚕课程……当然，她自己也在娴熟驾驭儿童课程的基础上努力创新：围绕四季开展的"四季歌"诗歌课程、"天真的怪老头"谢尔·希尔弗斯坦诗歌课程、"热爱生命"汪国真诗歌课程。孩子们的生命，在这些丰富而美好的课程中日益舒展、成长、丰盈、茁壮……

这样的一间教室，正符合了海门新教育人在缔造完美教室时所提出的愿景："教室是图书馆，是阅览室；教室是实践场，是探究室；教室是操作间，是展览室；教室是信息资源库，是教师的办公室；教室是习惯养成地，是人格成长室；教室是共同生活所，是生命栖居室。"

但是，创造并拥有了这样一间教室的倪颖娟，仍然没有就此止步。

放眼，萤火为繁星。

2012年3月，儿童文学作家、新教育新父母研究所所长童喜喜和研究员时朝莉应邀前往海门，五天内为全市所有幼儿园开展25场亲子阅读讲座。

在此之前，倪颖娟早把推动阅读视为自己的分内之事，也把推动亲子阅读视为缔造完美教室的一部分。所以，尽管学生父母普遍文化程度偏低，但她一直通过家校信、家委会、班级QQ群、便笺、短信、家访等多种方式，力图加强与学生父母的联系，影响、改变学生父母，希望达到"父母好好学习，孩子天天向上"的良好教育效果，把父母卷入到教育共同体中。这些事，倪颖娟做得认认真真，但一直面向自己的教室，就像一位勤劳的农民耕耘着自留地。

童喜喜等一行人一周的行动，如同一束强光，猛然把教室里的倪颖娟照亮。

她似乎是一夜之间突然发现：在自己的教室外，还有更多父母对阅读一无所知。而这样的父母分布在不同的教室里，他们不仅不会协助孩子读书、老师教书，而且往往还可能成为先进教育理念的阻力，阻碍着教师的教学工作更加有效地开展，妨碍着孩子从优秀到卓越的学习和成长。

很快，倪颖娟就向童喜喜主动请缨，成立了新教育萤火虫亲子共读公益项目海门分站，并且顺理成章地担任了站长。

这个决定，是因为一种巨大的遗憾，还是一种强烈的责任？是源自深沉的爱，还是源自沸腾的一时激情？谁也说不清楚。腼腆的倪颖娟自己的理由是："发现这件事值得做，虽然我的能力有限还是很想做，就做了。"

没有多少人知道，这个"站长"意味着什么：从最初的两位义工到现在扩展为有60多人的义工团队，力量在一点点汇聚；从线上原创讲座到线下亲子读书会现场，理念在一点点渗透；一年多的时间，举行80多场活动，包括30期线下亲子读书会、30期线上原创公益讲座、18期校园小分站亲子阅读培训讲座、5场作家见面会等，作为一个纯公益团队，在没有资金来源的情况下，倪颖娟经常自己悄悄掏钱购买筹备活动所需物品，一点点打磨活动细节；当然，还有萤火虫海门分站QQ群中近千名父母随时可能提出的阅读疑问，需要耐心而愉快地解答……

功夫不负有心人。在所有萤火虫义工的努力下，新教育萤火虫海门分站不仅组织了丰富的活动，而且锻造出有力的团队。他们从一个工作站变成海门城乡星罗棋布的许多站点，很多学校相继成立了"萤火虫之家"的"镇小站""东小站""临小站""中南国际站""和小站"等校园小分站，南通、如东、启东、安徽、深圳、北京等地父母也纷纷加盟，影响力在一点点扩大。今天的海门萤火虫义工，已经成为了海门教育的满天星，成为海门教育的一张小巧但精美的名片。

完美，人世为教室。

一分耕耘一分收获。倪颖娟的故事也渐渐地从海门走向了全国。在连续两届荣获全国新教育"十佳教室"称号后，她又先后获得教育部评选的全国优秀教师、中国网评选的"中国好教师"、新教育萤火虫全国优秀义工、感动南通人物（群体）提名奖、萤火虫全国优秀分站、优秀儿童阅读推广人、海门市书香教师等。

我曾经在去海门时，专程看望倪颖娟。我非常想知道，她身上究竟蕴藏着怎样的能量，为什么能够把近百位义工、近千名父母凝聚在她的身旁？

性格内向的倪颖娟却只是笑着说，这都是团队的力量。反倒是说到她现在所教的"萤火虫教室"时，她不知不觉就打开了话匣子：利用"萤火虫教室童书漂流书包"，让每个家境普通的孩子用最少的开支，及时读到适龄的最好童书；全新探索的口头作文项目，促进孩子阅读后的思考，让父母们轻松愉悦地卷入……

但她说来说去，最后总会说到自己的不足上。她说：各种事务太多了。我感觉身不由己，没有时间真正学习提高，没有时间研发有足够长度和深度的课程，甚至会游离在教室之外。我现在最迫切的心愿就是希望自己有足够的时间守在教室里，不要因为我跑东跑西、忙这忙那而疏忽了孩子们。如果我连教室都守不住，连我的孩子们都不能因为我带给他们更多美好的事物而真正强大起来，我又有什么资格做萤火虫义工？

看着面前这个瘦小羸弱的老师，我想起了旁人说她的一些事：她自己掏钱数千元，不仅为学生们添置大量图画书，还购买了跳棋、拼图等智力玩具；她身为海门新教育讲师团成员，不仅远赴北京、上海、温州等地讲学，还走上了新教育国际高峰论坛与国际友人交流经验，更深入到海门乡间学校进行公益讲座推动阅读……我想起了她在文章中写过的一句话："我用一个教师的良知，守住一间小小的教室，我用新教育理念，雕琢着一间不断长大的教室。"

是的，世间没有完美，自然也没有真正的完美教室。倪颖娟的"萤火虫教室"正在成长中，还需要更多时间沉淀与雕琢。但是，她从自己并不完美的教室出发，以那间教室里践行的新教育理念和方法为法宝，与近百位海门萤火虫义工飞舞在海门的大地上，推动着更多的教室和家庭朝向完美。也就在这个"点亮自己，照亮他人"的过程中，倪颖娟把自己的教室已经缔造为有口皆碑的"完美教室"。

因为世间没有完美，人生也不完美。2014年，倪颖娟的丈夫突发心梗不幸离世。这是任何人都无法轻易承受的人生剧痛。从不在微博上叫苦的倪颖娟，在凌晨 1:51 发出一声悲呼："老天爷你为什么这么不开眼，我们一家一直做好事积善德，为什么还要如此对待我们？？？还我最亲最至爱的人啊！！！"噩耗令包括我在内的许多人不由得落泪。但我还是得说：纵然人生因此破碎，可我们仍然要扼住噩运的咽喉，要奋力超越苦痛，要在短暂的不完美人生中，活出精神上双份的璀璨无垠，直到在另一个世界微笑相遇。

由于各种原因，倪颖娟暂时离开了她心爱的教室。但是，她仍然没有离开教育，海门的萤火虫团队在她的带领下依然活跃，她的教育情怀依旧。祝福倪颖娟。祝福所有向着完美不懈展臂的人们。

时朝莉：
上路的"毛毛虫"

2009年4月的新教育开放周，给我留下最深刻印象的是一位普通的老师——小风习习（时朝莉）。

那一天，随着干干的《月光启蒙》把开放周推向高潮，老师们即将离开教室的时候，我被"安排"给大家说两句。情急之中，我以"把最美好的东西给最美丽的童年"为题，谈了自己对于开放周儿童课程的一些想法。然后，与大家交流分享。现场气氛热烈，提问不断。

这时，坐在第一排我正对面的一位老师悄悄地送上了一张字条。

我以为是问题，就大声读了起来：

朱老师：

循着您博客里《寻找尺码相同的人》这篇文章，我找到了教育在线论坛，走进了新教育，从此不再徘徊，不再游离。

今天，坐在您对面，我在心里静静地许下一个承诺：我要静默而热烈地走下去，带着我的孩子，几年以后，在岁月中开出一朵新教育之花。

这是我的秘密，也是许多不敢说却会这样去做的毛虫们的秘密，请您笑着藏在心里。

信后面没有名字。我看着这位身穿黑色衣裳，一脸憨厚、淳朴笑容的老师，突然冒出了一个名字：小风习习！对，就是她！

她是去年8月才开始上路的毛虫,接触新教育的时间并不长。但是,以她对新教育的热情、痴迷和坚守,可以称得上是铁杆"新丝"。在教育在线网站上,她一个人就有四个主题帖:《在路上》(专业阅读);《家有小儿郎》(亲子阅读);《黎明,我们悄悄出发——河南新郑薛港小学一年级2008冬专题》(粉红毛虫专帖);《希望,展翅飞翔——河南新郑薛港小学一年级2009春专题》(粉红毛虫专帖)。去年年底她与全班孩子以及父母包饺子的图文故事,曾经深深地打动过我,我还在她的专帖后面留言了呢!

她班上的57个孩子,都是最普通的孩子,父母亲也都是最普通的父母亲,有残疾人,有地道的农民,有做小买卖的,有不认识几个字的。但是,热情似火的小风习习,硬是把他们发动起来了。她与孩子的父母们一起读书,一起打扫教室,一起包饺子,一起放风筝,一起种树……一个教育的共同体就这样悄悄地形成。

她不富裕,甚至因买房子而债台高筑。但是,在家人的支持下,她还是用分期付款的方式买了电脑,为的是能够在课堂里与孩子们分享那些美丽的绘本。而在网络上面与书店老板讨价还价买来的200本童书,也差不多花光了她不多的薪水。

她疯狂地读书,从《第56号教室的奇迹》到《儿童人格教育》,从《教育人类学》到《教学勇气》,从《给教师的建议》到《静悄悄的革命——课堂改变,学校就会改变》,从《听王荣生教授评课》到《孩子们,你们好》,从《非理性的人》到《问题学生诊疗手册》。还有那一长串的童书:《可爱的鼠小弟》系列、《花格子大象艾玛》系列、《嘟嘟和巴豆》系列和《小魔怪要上学》《我的幸运一天》《咕噜牛》《特别的女生萨哈拉》《一百条裙子》《夏洛的网》《人鸦》《小王子》《苹果树上的外婆》及曹文轩作品系列……她是一条饥饿的毛虫,更是一只坚定的犟龟。

用了两个晚上的时间,我看完了她在教育在线的所有帖子,几乎是循着她的足迹走了一圈。我流泪了,是感动的泪,也是幸福的泪。我看到了她快速成长的历程,也看到了专家及时帮助她的经过,更看到了高溧霞、小舟成群等老师的无私援助。同时,我也看到,小风习习是如何用感恩的心,把大家对于她的爱、对于她的关注和帮助，及时地回馈给那些需要帮助的人。新教育的精神，就是在这样的过程中传递着。

  我曾经在小风习习的帖子后面留言说："为小风而感动，也为小风加油。真的，只要我们用心去做，你会发现，教育原来如此美丽！"很快，小风老师就回帖："是的，朱老师，我已经感受到了。我知道，您的心里藏着我的秘密，您也知道，这秘密不仅属于我。我只希望通过自己的努力，等我有机会再见您的时候，我会笑着坦然面对您。"读着这样的文字，往往是我人生最幸福的时光。又一个毛虫坚定地上路了，前方，一个个庆典将等待着他们。

王桂香：
新教育的麦子

2010年，在新教育桥西年会之前，我只知道一个网名叫作"河南麦子"的女教师，在网师学习很执着，很用心，但是，一直没见过她。

年会期间，"吸烟散人"来看我，知道了一些这位西北汉子的故事。大会的时候，麦子坐在散人的边上，与散人打招呼的时候，我竟然把麦子误认为散人的女儿，闹了一个笑话。是的，麦子那闪耀着童心的眼神和矮小的身材，不细看，把她当成儿童也不奇怪的。

没有想到，这位在人群中并不起眼的麦子，身上聚集了那么大的能量。在叙述自己的网师经历时，她让许多人流下了感动的泪水。一年的网师学习，她竟然一口气选了七门课程，写了68666字的作业。有一段时间，她给自己安排了这样的作息表，用五个小时做每天必做之事：读《论语今读》十则；读或批注《人间词话》三则；批改作文十篇；编写教案一篇；备课一节。用两个小时进行亲子共读：中午读《阶梯数学》，每天十页左右；晚上读《夏洛的网》，每晚15页。用少于一小时多于30分钟的时间倒走，每晚坚持。用四个小时时间做家务：拖地，整理床铺，洗衣服，做饭……

八个小时睡觉休息，还剩下四个小时呢，看书，闲聊，上网……

麦子的真名叫王桂香，一个普普通通的名字。她有着与许多年轻教师一样的成长故事。怀揣着梦想，中专毕业以后的麦子勤于学习，善于思考，很快站稳了三尺讲台，收获着孩子们对她的敬服甚至崇拜，教学成绩在全乡名列前茅。做班主任的时候，她的学生七门功课有六门的成绩是全乡第一！

优秀是卓越的敌人。这些成绩反而影响了她进一步的发展。满足的她已经没有新的目标。"大多数时候，我浏览着《读者》杂志，忙碌着班主任的琐碎事务，满足于全乡第一名的成绩。同时，对自己的明天，很迷茫，后来，索性不再想了。"

2009 年 3 月，麦子的成长意识突然觉醒。她反复拷问自己："我该怎么样做教师？我希望成为怎样的教师？我该如何为之努力？"于是，她给自己制定了短期职业规划：两年内，利用早自习辅导时间，背《论语》《古文观止》，与学生一起，每节早自习背一首唐诗或宋词。每月读三本书，人文类或教育类，并写下读书随想，记下收获。每周看三个语文教学视频。每周至少写三则教学反思日记。每月至少请一位同事听我的一节课，虚心听取意见和建议。她甚至还在网易博客上，与好友素儿、若涵结成监督同盟，对计划完成情况一周一总结，每月一总结。互相鼓励，彼此取暖。

之后的三个月时间里，她"充实愉悦地过着这种有目的的教育生活"。读了《发现母亲》《季羡林文集》《言说抵抗沉默：郭初阳课堂实录》《苏东坡传》《作文杂谈》《论语别裁》《孙绍振：如是解读作品》《阅读教学艺术 50 讲》等一大批著作。

但是，三个月后，她再一次迷茫了。她在反思日记中写道："昨晚写过上周的总结，心里却飘过一丝阴影，越来越大，纠缠着我，我不得不去反思：我的计划执行的效果在哪里？哪些地方是在做无用功？哪些计划的细节有待修改？哪些计划的细节有待补充？这样一直坚持，两年后能实现目标吗？我还要做什么？"

这种迷茫的感觉持续到了 7 月末。麦子偶然看到网师的招生简章，一下子被深深吸引住了：

虽同样身处浮躁的时代，但不肯放弃早已被许多人弃如敝履的理想，而是始终怀着一颗真诚的心，勇于承担身为教师的责任，在自己或者希望在自己的教室里，守护着最初的纯真愿望。

追求真理，求知若渴，愿意亲近那些真正伟大的书籍，尤其是那些能够帮助我们理解教育、理解人性,解决问题的专业书籍,并且甘心承受一次次的"打击",勇于不断地自我否定,将专业修炼视为终身之事;

希望自己的生命经由教学,经由学生的成长,而不是经由公开课、论文、职称评定等获得意义。

网师对于教师生命价值的描述,和对于理想境界的追寻,深深地打动了麦子。网师招生简章的题目是"寻找尺码相同的人"。麦子想,我不就是这样的人吗?我不就是这样的理想主义者吗?于是,她决定加盟网师,并且拉来了好友灰菜和艾儿一同学习,成了同学。

一年的网师学习,是刻骨铭心的,是在退却还是坚守的斗争中前行的。麦子一门课一门课地学,一本书一本书地读,《构筑合宜的大脑》《理想课堂的三重境界》《第56号教室的奇迹》《苏菲的世界》《唐宋词十七讲》《中国哲学简史》《古老的回声》……每一门课每一本书带给她的都是前所未有的紧张、刺激、快乐、痛苦……渐渐地宁静下来,丰盈起来,目标明晰起来。

2010年7月的年会上,我看着这位目光坚毅、语气沉稳的小姑娘,听着她叙述自己生命成长的故事,感动得流下了泪水。2500人的会场上鸦雀无声,许多人的眼睛都湿润了。尤其是听到麦子与姐妹这样的对话:怎么办啊,姐?做不做啊?——做,一定要做。——可是我写不出来啊。——那就继续看书然后再写。——我放弃了。——我不放弃,也不许你放弃!更加为她们的精神而感动。

年会给麦子的震撼也是巨大的。会议结束一回到河南,她难以入眠,给我写了一封长信,讲述了自己的心路历程和年会以后的打算。

麦子告诉我,7月11日上午,听皮鼓老师的报告,讲到"习"字的三层含义——一是反复地切磋琢磨,对经典进行研习,新教育称之为知性阅读,网师学员习惯称之为"啃读",即像蚕吃桑叶那样一点一点地将经典啃下来。二是学以致用,使知识成为解决教育教学问题的工具或利器。三是通过不断地学习与实践,使生命保持在一种空灵开放的状态。听到此处,她流泪了,因为觉得自己现在只是将第二层作为自己的短期目标还为之坦然呢——她看到了优秀与卓越的差距,因为作为教师,最关键的是学以致用,是要把学习知识与教学实践打通,最终在教室里找到存在的意义。

接下来听于干老师的《大地歌吟——芦滩新教育叙事之序曲》。干干说:"于是我们决定,下个月,我们将搬进这个目前还叫'卢滩教学点'的地方,我们不愿意让梦想再推迟一年萌芽,我们不愿意让新教育的承诺之果,再推迟一年结成。"听到这里,她再次流泪了,她想,自己的新教育之梦,为什么还要等待?

11日下午,听我的报告。当我讲到一个新教育的教师,应该让自己的生命在教室里开出一朵花来;讲到常丽华老师与她的孩子们的故事时,麦子更加控制不住自己的情感,泪水再次夺眶而出。她追问自己:作为一名教师,我的教育叙事就应该是围绕着教室、围绕着学生,我为什么不能从现在开始,就让新教育在我的教室里开始发芽?

回到宾馆,在马玲老师的房间里,麦子见到了"桃花仙子",见到了她带来的学生的好几本读写绘日记。在开会前,"桃花仙子"曾经把这些材料给我看,我就非常感动。整整一个大背包,全是孩子们的读写绘作品!麦子告诉我,她同样被震撼了!她震惊于学生在三年里的变化,她读到了"桃花仙子"无怨无悔的付出——嘴里说着腰疼,可是脸上却是幸福的笑容!"那一刻,我又意识到:我不能再等了。"

麦子告诉我,她与我其实并不陌生。2001年,她在《人民教育》杂志上曾经读到我的一首小诗:《享受教育》,她抄了好几遍,经常朗诵给自己听。2007年暑假,她读到了《新教育之梦》,对书中描绘出的理想中的教育很是着迷。

麦子告诉我,在年会发言时,她向2500位新教育人作出了一个承诺:"让新教育在我的家乡开出一朵芬芳的花来。"她原来想的是,等自己结束了网师的学习,再来投身新教育。可是这几天的经历,改变了她的想法——不能再等到网师毕业再投身新教育了!她决定——从下学年开始,回到七年级教室,追随新教育!

麦子告诉我,回家以后跟老公说起这几天的感受,说起新教育,一直讲了两个多小时。老公表示支持她开展新教育,并询问他这个物理教师怎么让新教育在教室里开花。麦子笑着回答:"咱们家出现一个疯子也就够了,难道还要出现两个疯子?"

麦子在信的结尾这样写道:

这些天,我的心情一直是激动着、感动着;现在回到家已经几个小时了,我还是睡不着觉,于是坐在电脑桌前,敲下这篇给您的信,给您,也给自己一个承诺:从现在开始,从下学期开始,让新教育在我们的教室里发芽、开花……

这不是心血来潮的一封信。

等到下年的年会时,我会向您,向新教育,递交一份叙事,一个属于我和学生的新教育叙事……

我把麦子的信读了又读,看了又看。我的眼泪也是流了又淌,淌了又流。这么可爱的老师,这么可敬的老师,不正是中国教育的希望吗?不正是新教育存在的意义吗?

麦子是一种精神,也是一种象征。"一粒麦子,终将不断地落入泥土,再活过来,结出许多籽粒。"河南麦子,不就是新教育的麦子吗?

郭丽萍：
小教室大乾坤

一个偶然的机会，我认识了郭丽萍，收下了这个"编外徒弟"。我告诉她，师父领进门，修行在各人，关键是要遵循成长的规律，比如按照新教育专业阅读、专业写作、专业交往的路径去自主自觉地成长。我还告诉她，应该努力把自己的教育故事书写成为一部伟大的传奇，小教室同样可以拥有大乾坤。

于是，她在一间叫作"向日葵"的小小教室里，开始了自己的新教育探索。晨诵课程、阅读课程、生命叙事课程、家校课程……她都不亦乐乎地践行着。

记得有一次我看到向日葵教室里庄子悦同学的诗集，其中有一首小诗《星星》：

> 小鸟儿呀，
> 不要急，
> 不必为食物担心。
> 天一黑，
> 你就不会挨饿了，
> 你看，
> 在天空中，
> 有着一粒一粒，
> 美味的，闪烁着的，
> 种子。

很难相信，这样的诗歌出自三年级孩子的笔下。但在向日葵班，几乎每天可以看见，几乎每个人都是小诗人，每个人都创作了自己的小说。

我多次参加这间教室的活动，拿到了一大批打印成册的诗歌与小说作品，见证着这间教室的成长。从每个学期各不相同的生命叙事剧，一年级的《犟龟》到四年级的《青鸟》，从简单的模仿儿童诗，到写出颇具哲理的诗歌；从简单的记叙文，到情节复杂生动的小说，孩子们惊人的变化，让我欣喜、欣慰。北京戏剧学院的专家告诉我，在他指导的所有学生中，向日葵班的孩子是最优秀的！

郭丽萍也在与孩子们一起成长。她每天坚持阅读教育著作，每天坚持记录自己的教育生活，每周给学生父母写家校信，她报名成为新教育种子计划的种子教师、新教育网络师范学院的学员，在网络上结交了一批志同道合的老师朋友，与此同时，她在学校带起了一行10人的新教育团队，开启了共读共写之旅……

早在2018年年初，她就把这几年的探索汇编成一本《向日葵在成长》，希望我作序。她告诉我，学校的宋继东校长特别支持。当时我拦了下来。在我的学生和徒弟中，郭丽萍灵气并不是最足，读书也不是最多，践行新教育更不是最久，我总是鼓励她慢慢来，沉住气，积累更多的素材，打磨更美的文字。我希望她悄悄地做完六年，为这间教室留下一个完整的记录，创作出让大家惊喜的作品。她听从了我的建议，放弃了出版计划，继续用心耕耘自己的教室。

没想到大半年之后，她的另外一个"师父"、种子计划的首席培训师飓风老师对我说，郭丽萍的故事挺感人的，会激励更多的普通新教育老师追寻梦想，激情从教。希望我"松口"。飓风大姐对工作要求很高，郭丽萍的成长能得到她的认可难能可贵。我有点动摇了。

不知道什么时候，郭丽萍又把书稿交到了儿童文学作家、新教育出版统筹童喜喜老师那里。童喜喜是种子计划项目的发起者，也是第一任项目负责人，对种子教师感情特别深厚。童喜喜竟然在通读第一稿之后，提出了全新的书稿提纲，从新教育十大行动的角度全面梳理，以"故事+操作"的模式给一线老师以直接的启发借鉴。郭丽萍根据提纲，利用寒假重新整理出第二稿，童喜喜再次审读提出意见，郭丽萍又完成了第三稿的修订。

当童喜喜把第三稿推荐给新教育特聘的出版顾问、资深出版人文龙玉老师，纳入了出版计划后，新的工作又开始了：文老师又从编辑的专业角度，提出了诸多修订意见，郭丽萍继续一遍又一遍地打磨着……

我知道，我拦不住这部书的出版了。而且我开始意识到，从某种意义上说，这部书稿的诞生，不正是体现"专业交往"的力量所在吗？

从浅层次看，这只是书稿出版，从深层次看，体现的是生命的成长。如果不是有种子计划、新教育网师这样的专业项目，不是喜喜、飓风、蓝玫、硕果等专家团队的引领，不是种子教师、网师学员之间互相的激励鼓舞，郭丽萍的成长不会这样迅速。包括文老师对她进行的指点，与其说是打磨书稿，更恰当地说是指导她的教育写作。正是置身于这样的共同体内，一位普通的老师才会在最短时间内爆发不普通的力量。

郭丽萍一直感恩与新教育的相遇。她写过："尽管，我只是一名普普通通的教师，教师身份让我有一份相对稳定的工资收入，纵然与奢侈品无缘，但也衣食无忧，这时候，灵魂的归属感便提上日程。自从搭上新教育这辆列车，这种归属感、幸福感距自己就越来越近，有很多时候就在身边，可感可触。"她说，是新教育，让她真正地找到了作为一个教师的尊严，找到了内心充盈的感觉。

郭丽萍是勤奋而执着的。我相信，她不会因为这本书的出版而飘飘然，更不会因此而停止自己的探索。

欣慰地写下这些文字，为向日葵教室喝彩，为徒弟加油，为更多的新教育的网师学员、种子教师鼓劲。小教室，大乾坤。再小的教室，有了梦想就会很大；再大的教室，没有梦想也会很小。在新教育共同体内，无论教师、父母、孩子，无论教育管理者还是一线践行者，每一个人都能在创造中不断获得自身新的成长。

李乐明：
造就新教育的热土家园

一位好老师意味着一间好教室，一位好校长意味着一所好学校，一位好局长意味着一片精神的热土，意味着一方心灵的家园。

在新教育20多年的耕耘中，很幸运地拥有着一批好局长。江西省定南县李乐明局长，就是其中新涌现的一位。

一线教育工作者常常说，做好教师难。其实，想做的事，涉及的人越多，难度就越大。所以，做好教师虽然难，但是做好校长更难，做好局长则是难上加难。

尽管新教育的理念众望所归，新教育的课程深受欢迎，新教育的行动也卓有成效，但是，如何把理念、行动与当地的教育实际相结合？如何在已有的基础上制订一个既切实可行，又充满可能的具体方案？这就非常考验局长的功夫。也只有如此，才能在一个区域，真正做出扎根土地的新教育实验。

李乐明局长曾经写了《爱上童喜喜说写公益课》一文，记录了他对推进新教育工作的一些感想。

爱上童喜喜说写公益课

李乐明

喜欢写文章的教育局长，常遭人问话："很重视阅读、写作吧？"

"当然，企望全部师生都成为文友。"回答干脆利落。

与年轻人交流，喜欢送人一句话："人不可有书生气，但不可无书卷气。"

用诗句来解释。范成大说:"洗净书生气味酸。"书生气除了酸,还有许多特质,回望四周,不难找到。腹有诗书气自华——苏东坡这诗句,可以解释何谓书卷气。

希望文友都有苏东坡所言气质。

可现实是,不少人不爱阅读,更不愿意写作。阅读是习惯,写作是能力。曾经去信请教童喜喜老师,如何培养习惯、提升能力。

敬爱的童老师洋洋洒洒回信,教了许多真经,受益良多。但是,我捕捉到最核心的一点是说写课,童老师却一笔带过。我理解,身为说写课的开发者、公益人,童老师避嫌。造福人的事,童老师,您何需避嫌呢?

不少人读了不少书,生活经历也挺丰富,他的脑中啊,有许许多多内部言语,可要写出来,变成书面语言,他说:"宁愿挑100斤担子上山坡。"

从内部言语到书面语言,有的人毫无壁垒,有的人似乎隔着千重山,万道壑。

如何打破壁垒?童老师有本专著《读写之间说为桥》,教你如何破冰。

"说"有这么厉害?

是的,说写训练有"秘密武器":激活生活经验,调动阅读积累,组织语言表达,不厌其烦修改,打通口头表达与阅读、生活、写作之间的壁垒,实现内部言语到口头表达的飞跃提升,进而促进观察、思考、表达、修改,每一次"提升",每一次"促进",托举着写的能力越来越强,类似"水涨船高"的意思。

我积极推动师生、家长的说写训练。有老师打趣,2019年秋季开学后,"有没有说写?"是局长的招牌问候语。

庚子年春节,新冠肺炎疫情来势汹汹,政府号召宅在家里为国家作贡献。面对灾难,用反弹琵琶思维来看,又是难得的学习机遇——寒假变暑假,时间足够多;家人朝夕相处几十天,这些年谁这么"奢侈"过?

什么样的学习能够让老师、学生和家长真正结成学习共同体?

"新阅读,喜说写"战疫联合公益课恰逢其时来到了老师、学生和家长身边。课程丰富、实用、操作简单:

儿童：每天8:30晨诵课，每天12:00共读课，每天20:00说写课。

父母：说写榜样父母课（随时）。

教师：喜读教师公益行动（随时）。

上课方式：微信群内，语音课。

公益课特邀了近300位全国榜样说写教师、优秀萤火虫义工、优秀新教育种子教师，义务陪小朋友们阅读，全程授课、集中辅导，帮助小朋友掌握阅读的方法，以知识丰富生活，在愉悦中提高能力，也促进父母和老师在陪伴中理解儿童的心灵，掌握阅读和说写的方法。

在疫情非常时期，童喜喜团队以特殊的方式，义务陪伴小朋友阅读，以课程抚慰心灵、浸润生命，唤醒沉睡的生命状态，获得抗击疫情的力量。这是何其大的情怀、爱心。

我被感染着。在中小学（幼儿园）防控工作布置会上、校长微信群中，我不厌其烦动员学校组织师生、家长参加说写公益课。并告诉校长们，组织工作的灵魂人物是教师，要想方设法调动他们的积极性，活跃起来。

有两段话可以看出我的用心。

在微信群推荐说写课程：如何抗击疫情？今有说写课程。寒假变暑假，正是练就说写本领之时。好机会，别错过。

与一位校长私聊：不要仅仅满足有多少人加入了说写微信群。我们还有不少教师没有被唤醒。要唤醒老师，行政命令靠不住，批评靠不住，一切靠他自己的觉醒。觉醒不会无缘无故，得有让他的心"咯噔"一下的东西。抗疫假期，有整段整段的时间，说写课可能就是让他心里"咯噔"一声响的"灯"，校长的作用是让"他（人）""时间""灯（课程）"组合起来，激发兴奋点。他一旦兴奋起来，辅之以表扬、鼓励，他就可能被唤醒了。被唤醒了的老师像打了鸡血，满身都是干劲，会爱上说写、爱上新教育、爱上教师这个行业。由此，他的教育生态就改变了。一个个小生态改变了，整个教育的大生态何愁改变不了！

校长、师生、家长行动起来了、活跃起来了。深夜了，有些校长还通过微信与我分享本校上榜的全国"说写小明星"；老师们也谈感受、提建议。虽然隔着冷屏，但能感受到他们那头心是暖暖的，很是兴奋。我的心也暖暖的。

一共放榜七期全国"说写小明星"，三小的孩子共有292人次上榜。一小116人次，六小66人次，五小58人次……

一个山区的孩子，当上了全国的小明星，对他该产生多大的激励啊！他今后的学习，甚至人生也可能就此改变。而他的老师、家长，是否也同欢乐、同成长？回答是肯定的。

三小的林晓春老师，从教30年，她坦言有严重的职业倦怠。去年童喜喜团队到定南开展"童喜喜说写课程全国百万公益巡讲——说写创造未来"，她抱着试试看的心情听讲座，谁知心"咯噔"了一下，她说："说写课程让我这颗冰冷的心得以复活。"她迅速实践。"孩子们对着微信的小话筒说话，飞出一篇篇文章，孩子们乐坏了！家长们惊讶了！而我陶醉在其中。"

今年2月9日，林老师发来微信："李局，我参加了童老师的义工队伍，没来得及告诉您。"文字后面特意加了两个笑脸。我能感受到林老师内心的喜悦。

隔三差五，林老师又发来不少学生的说写作文、她们班她们学校上榜全国"说写小明星"的名单、她在全国说写平台上为学生习作作的点评、她与名家交流的心得……每一个字都跃动着她内心的激动。

我想，现在让林晓春老师停下说写课、新教育的脚步，那是不可能的事情了。不信，谁试试？

关注着说写课，我不断与童喜喜老师交流，分享我的心得。曾经给童老师留言：前天和昨天，连续两次在中小学（幼儿园）新冠肺炎疫情防控工作布置会上，我都要求校长们要以说写课程丰富师生的假期生活，说写课程能够把师生、家长稳在家里，营造安全的"避风港"。

到现在，我都怀疑童老师是否真正懂了我的意思。

一个人，当他喜欢上了一件事、一样活，在不断引导、激励，进而培育成一种习惯，陶冶着他的性情，何止是丰富生活，稳在家里这么简单？

改变一个人要有许多机缘巧合。机缘是机遇、缘分，巧合是天作之合。在一个教育局长看来，童喜喜说写公益课无疑是改变师生、家长的"机缘巧合"。

童喜喜说写公益课，爱你没商量。

从文中，我们能够看见李乐明局长对教育的情怀与热爱，看到他推进新教育信念的坚定，也看到了他使用的诸多管理方法。

热情，催生出信念。一位局长，对一项公益行动、对一个课程，用"爱上"一词，就足以看出情感的深切。

信念，通过正确的管理方法，得到了落实。局长发自内心的呼喊，能够从校长、老师们的行动中，看见效果。

成效，通过方法取得，又进一步强化信念。因此，我们可以看见，李乐明在定南新教育实验区里，让新教育不仅深入人心，而且深得人心。

教育管理和其他管理不同。作为企业，可以用营收、利润、KPI来衡量绩效。作为教育，哪怕是再科学的考试，也无法衡量一颗心的复苏，更无法衡量这颗心将产生怎样的蝴蝶效应。

在李乐明局长的教育管理智慧之中，特别值得教育管理者汲取的，是这样几点。

第一，努力抓住最新的研究成果。

这些年以来，新教育推出了很多研究成果。其中，童喜喜老师率领团队研发的说写课程，作为新阅读研究所的重点课题，堪称厚积薄发，一经推出就得到国内外专家好评。尤其是其操作性强，对阅读能力、写作成绩、学习状态以及亲子关系等方面，成效显著，赢得了一线老师的广泛认可。要想抓住最新的研究成果，需要有一双慧眼，需要一双发现美的眼睛；还需要有勇气，敢于吃螃蟹，敢为人先。李乐明局长不仅敏锐地发现了，而且及时地抓住了这个项目，用力推进。

第二，从大处着眼，从小处着手。

很多人加入新教育，不知道从何做起。李乐明局长加入新教育的时间并不算长，但是他真正地用心思考，勤于行动。他从整体上，对新教育工作做了相应部署，推进着教师阅读、学生阅读等各项基础工作。然后，他抓住细节，从一个人、一件事、一个课程这样的"一"开始。有了这个"一"之后，他就拥有了当地的榜样。他再用当地的榜样，随时随地引领、鼓舞、带动其他的教育人。这也正是新教育"榜样＋底线"管理方法的运用。

我听说过一个细节，让我特别感慨：去年李乐明局长邀请新阅读研究所的新教育种子计划团队，前往定南进行教师培训，他提出要把主题定位于教师职业认同。李局长说，他听说了新教育种子计划团队的成员是一群坚定的新教育践行者，是真正的火种，他希望借此首先点燃一批定南的老师，让一批定南老师先消除职业倦怠，在此基础之上，再来谈其他。

李乐明局长的这个做法，真正抓到了教师成长的根本所在。新教育实验以教师成长为起点，在教师成长之中，我们一直强调职业认同和专业发展的两翼。职业认同是道，专业发展是术。前者皮之不存，后者毛将焉附？

新教育之路上，我也为有李乐明这样的同路人而自豪。李乐明在文章中，强调机缘，说："改变一个人要有许多机缘巧合。机缘是机遇、缘分，巧合是天作之合。在一个教育局长看来，童喜喜说写公益课无疑是改变师生、家长的'机缘巧合'。"在我看来，所有的机缘，背后都有必然。像李乐明这样智慧而勤勉，工作与写作相结合的教育工作者，无论是局长，还是校长、老师，甚至只是一位父母，都会像著名儿童文学作家童喜喜会成为新教育义工一样，成为新教育的火种。我相信，新教育之火，必将在定南熊熊燃烧，李乐明局长的行动，必将会给教师、学生以及父母们，带去快乐的生活，带去明亮的未来。

在教育的田野里，每一个地区，都有不同的生态。在新教育的推进中，需要更多的局长，结合自己的情况进行调整，躬身耕耘。在一线的探索中，需要更多的校长、老师，掌握新教育晨诵、共读、说写、电影课程、生命课程、科学课程等等最新的方法，事半功倍地行动。我更期待，有更多的局长们，率领更多的校长、老师行动起来，这不仅仅是为了做好教育，更因为这行动的过程，就是幸福完整的生活。